Judas Thaddäus Zauner, Corbinian Gärtner, Sigmund von Robinig

Chronik von Salzburg

Judas Thaddäus Zauner, Corbinian Gärtner, Sigmund von Robinig

Chronik von Salzburg

ISBN/EAN: 9783744651059

Hergestellt in Europa, USA, Kanada, Australien, Japan

Cover: Foto ©ninafisch / pixelio.de

Weitere Bücher finden Sie auf **www.hansebooks.com**

Chronik

von

Salzburg.

———※———

Von

Judas Thaddäus Zauner.

———

Ita comparatum eſt, ut de nullo minus principe
querantur homines, quam de quo maxime
licet.

PLINIUS in Paneg. cap. 46.

———

Fünfter Theil.

Salzburg,

bey Franz Xaver Duyle, Hof= und akademiſchem
Buchdrucker und Buchhändler, 1803.

Achter Zeitraum.

Matthäus,

sieben und vierzigster Erzbischof vom Jahre 1519 bis 1540.

Die aus Schladming vertriebenen Bürger, Bauern und Bergknappen flüchteten sich größtentheils in das Salzburgische Gebirge; und nur allein im Pinzgau um Zell herum überwinterten gegen 300 fremde ledige Knechte. Diese Flüchtlinge suchten nun ihrer eigenen Sicherheit wegen, unter der dortigen Bauerschaft das Feuer des Aufruhrs von Neuem anzufachen; denn der Erzherzog von Oestreich drang wiederholt darauf, daß ihnen im Erzstifte kein Aufenthalt gegeben werden sollte; und auf Verlangen desselben hatte der Erzbischof sowohl, als die Landschaft den Gebirgbauern Ermahnungen und Befehle zugehen

a 2   laſſen,

laſſen, keinen entlaufenen **Schladminger** zu beherbergen. Allein deſſen ungeachtet fanden dieſe Flüchtlinge nicht nur einen Unterſtand, ſondern ſogar
auch einen Anhang; denn etliche Bauern hatten
dem, vom Herzog **Ludewig** errichteten Friedensvertrage gleich Anfangs theils vorſätzlich, theils
aus Mißleitung keine Folge geleiſtet, und fuhren
daher noch immer fort, zu jagen, zu fiſchen, und
die Zehende und andere Grundabgaben zu verweigern. Sobald die vertriebenen **Schladminger** das
Erzſtift betreten hatten, verbanden ſich die Mißvergnügten mit ihnen, und unterſtanden ſich, in Gemeinſchaft derſelben, zu **Altenmarkt** bey **Radſtadt**
ein **freyes Fähnlein** zu errichten, obrigkeitliche
Perſonen niederzuwerfen und zu berauben, neue
Kriegsanſtalten zu machen, durch Verbreitung fal-
ſcher Poſten die übrigen Unterthanen zu beunruhigen,
und durch Schriften in den angränzenden Ländern,
beſonders zu **Schwatz** in Tyrol ſich um Anhänger zu bewerben.

Erzbiſchof **Matthäus**, welcher den neuen
Sturm ſchon lange vorausgeſehen hatte, bewarb
ſich unter der Hand bey Zeiten um fremde Kriegshülfe, und ließ ſich zu dem Ende förmlich unter
die Glieder des **Schwäbiſchen Bundes** aufnehmen.

men. *) Zugleich suchte er, als ein kluger Fürst,
die Köpfe, welche sich im vorigen Aufstande als
Anführer der Bauern durch Geschicklichkeit ausge-
zeichnet hatten, für sich zu gewinnen. In dieser
Absicht ernannte er den Kaspar Praßler zum
Bergrichter in der Gastein, und den Michael
Gruber zu einem Feldhauptmanne. Um indessen
den Friedensvertrag nach allen Artikeln und Punk-
ten zu vollziehen, um die Ungehorsamen zur Beobachtung desselben mit vereinten Kräften anzuhalten,
um die Beschwerden der Unterthanen zu untersuchen und zu heben, und um im Lande eine dauerhafte Ruhe und Einigkeit herzustellen, schrieb der
Erzbischof auf den Erchtag nach St. Paulsbekeh-
rungs-Tag 1526 nach Salzburg einen allgemeinen Landtag aus, zu welchem ausser den Ständen
auch aus allen Gerichten Abgeordnete oder Gewalthaber einberufen wurden, mit dem Auftrage,
daß

---

*) Im vierten Theil dieser Chronik S. 346 schrieb ich auf
das Wort des geheimen Raths Zapf (in Christoph von
Stadion S. 31.), daß der Erzbischof zu Anfange des
Jahres 1522 dem Schwäbischen Bunde beygetreten sey;
allein schon dort äusserte ich in der Note ein Bedenken;
und jetzt bin ich völlig überzeugt, daß er dem Bunde erst
kurz vor dem Ausbruche des zweyten Bauernaufstandes beygetreten sey, wiewohl mir die Beytrittsurkunde zur Zeit
noch unbekannt ist.

daß diese von ihren Gemeinden mit einer unbe-
schränkten Vollmacht versehen, und daher berechtiget seyn sollten, ohne hinter sich bringen
Alles, was auf diesem Landtage vorgenommen
würde, abzuhandeln, zu schließen, zu vergleichen
und zu bewilligen. Dieser Landtag nahm nun an
dem bestimmten Tage seinen Anfang, und war
um so feyerlicher, weil auf demselben die Gesandten des Erzherzogs von Oestreich, der Herzoge
in Baiern, und des Schwäbischen Bundes
erschienen. Im Namen des letztern kam hierher
Christoph Freyherr zu **Schwarzenburg**, welcher des Bundes in Schwaben Statthalter
war.

Der Erzbischof, der noch immer zu **Mühl-**
dorf wohnte, ließ durch seine Räthe und Commissarien den Landtag eröffnen, und den versammelten Ständen und den Gesandten oder Gewalt-
habern der Gerichte vorstellen: „Wie er zwar seiner Seits den vom Herzoge **Ludewig** aufgerichteten Vertrag angenommen, denselben durchaus zu
halten beschlossen, und seinen Unterthanen wegen
des vorausgegangenen Aufstandes alle Ungnade
und Strafe nachgelassen hätte; so wäre doch dieser Vertrag gegen ihn nicht gehalten, sondern
vielfältig gebrochen und freventlich übertreten worden.

den. Es wäre folglich, wenn keine ernstlichen Vorkehrungen geschähen, zum gänzlichen Verderben des Erzstiftes und der getreuen Unterthanen, ein neuer Aufruhr zu besorgen. Zu Verhütung desselben begehre er daher, daß die Landschaft dieses beherzige, und ihm zur Abstellung der bisherigen Uebertretungen des Vertrages, und zur Bestrafung der neuen Verbrecher verhelfe. Ferner gedenke der Erzbischof auf diesem Landtage eine **gute, beständige Landesordnung** aufzurichten, und sowohl den Beschwerden des Landes überhaupt, als der einzelnen Gerichte abzuhelfen; und damit die Landschaft diesem Geschäffte desto fleißiger obliegen möge, so wolle er seine eignen Forderungen *) und Beschwerungen auf diesem Landtage nicht vorbringen, noch die Landschaft jezt damit beladen, sondern er sey bereit, dieselben nach Inhalt des Vertrages und nach Ausweisung der, auf den zehnten Tag März ergangenen Ladung vor den Ständen des Bundes zu Schwaben gütlich und rechtlich erörtern zu lassen."

Dieser

---

*) Die gemeine Erzählung, daß der Erzbischof damals von der Landschaft 260,000 Fl. gefordert, ihm aber diese, nach vielem Sträuben, endlich nur 100,000 Fl. bewilliget habe, ist also falsch, und schon von Johann Baptist v. Gaspari in Archiep. Salisburg. reb. in Lutheranismum gest. pag. 57. widerlegt worden.

Dieser erzbischöfliche Vortrag wurde nun
durch die Landschaft in Ueberlegung genommen,
und nach einer Berathschlagung von mehr als
sechs Wochen erfolgte darüber am Sonntage Läta-
re in der Fasten, den eilften Tag März 1526 ein
förmlicher Abschied, welcher von dem Erzbischofe
sowohl, als von der Landschaft nebst den Gewalt-
habern der Gerichte beschlossen wurde. Der Inhalt dieses Abschiedes bestand darin:

1) „Die Landstände und die Gesandten der Gerichte bezeugen über die neuen aufrührischen
Handlungen und Uebertretungen des Vertrages
ihr Mißfallen, und versprechen bey ihrem Vermögen, Leib und Gut, dem Erzbischofe zu Abstellung und Bestrafung dieses Ungehorsams, und
zu Handhabung des Vertrages alle mögliche
Hülfe zu leisten. Zu diesem Ende wird von
der Landschaft ein gemäßer (kleiner) Ausschuß
mit hinlänglicher Vollmacht verordnet, welcher,
so lange es die Noth erfordert, zu Salzburg
zu verbleiben, und dem Erzbischofe und seinen
Räthen bey Vollziehung des Vertrages mit
Rath und That an die Hand zu gehen hat."

2) „Zu Abfassung einer neuen Landsordnung
wird ebenfalls ein kleiner, aus verständigen Landsassen bestehender Ausschuß verordnet

net, welcher mit den erzbischöflichen Räthen,
worunter auch Landleute seyn müssen, die Ge:
bräuche im Lande, die **Landbriefe**, **Landes:**
öffnungen, **Ehehaften**, **Rügungen** und an:
dere Partikularordnungen, wie auch die Lands:
ordnungen der anstossenden Fürstenthümer vor
sich nehmen, daraus eine anpassende Landsord:
nung verfassen, und solche dem Erzbischofe vor:
legen soll. Diese Landsordnung wird sobann auf
einem gemeinen Landtage, den der Erzbischof,
ungefähr bis Pfingsten ausschreiben wird, ge:
prüfet und nach Gebühr aufgerichtet werden."

3) „Soll jezt auch ein **großer Ausschuß** ver:
erdnet werden, welcher, auf Erforderung des
Erzbischofes oder seiner Statthalter und Räthe,
und des kleinen Ausschußes, bey vorfallenden
Landesobliegenheiten zu erscheinen, und zur Be:
förderung der gemeinen Wohlfahrt, und ins:
besondere zur Erledigung der bisherigen Landes:
beschwerden mit Hülfe und Rath beyzuwir:
ken hat."

4) „Was die eignen Forderungen und Beschwe:
rungen des Erzbischofes betrifft, so hat sich
dieser zwar lange geweigert, dafür auf die:
sem Landtage einen Ersatz anzunehmen; allein
auf vielfältiges Ansuchen der Landstände, und
                                        auf

auf Verwendung des kaiserlichen Bothschafters, und der Gesandten des Erzherzoges von Oestreich, der Herzoge in Baiern und des Schwäbischen Bundes hat er endlich eingewilliget. Die Landschaft hat daher demselben aus freyem Willen, zu Bezahlung seiner Schulden, und zu Wiederlösung der verkümmerten und verpfändeten Güter und Einkünfte des Erzstiftes hundert tausend Pfund Pfennige, (Gulden) bewilligt, und ihm diese Summe, vermöge eines dießfalls ausgestellten Vertragsbriefes, in den nächsten fünf Jahren zu bezahlen versprochen."

5) „Wird Jedermann aufgefordert, nicht nur allem Umgange mit fremden, müssigen und aufrührischen Leuten von Stunde an zu entsagen, sondern auch der Obrigkeit zur Abstellung alles Ungehorsams und zur Bestrafung der Aufwiegler Hülfe und Beystand zu leisten."

6) „Alles Uebrige, was in diesem Abschiede keine besondere Bestimmung erhalten hat, soll nach Ausweisung des Friedensvertrages, und des, am Mondtage vor aller Heiligen Tag 1525 beschlossenen Abschiedes gehalten und vollzogen werden."

Da

Da in dem Friedensvertrage den aufgestan=
denen Salzburgischen Unterthanen eine gänzliche
Straflosigkeit nur unter dem Beding zugesichert
worden war, daß sie bey dem Erzherzoge in Oest=
reich und den Herzogen in Baiern darum bitt=
lich anhalten sollten; so wurden noch vor dem
Schluße dieses Landtages, nämlich den 8ten und
9ten März, durch die Landschaft aus ihrer Mit=
te Abt Wolfgang zu Michaelbeuren, Seba=
stian Aigel zu Lind, Jakob Straſſer, Chri=
ſtoph Schwaiger, Heinrich Mattſperger,
Ruprecht Reiter, und Paul Vierthaler zu
Gesandten ernannt, und sowohl an den Erzher=
zog in Oeſtreich und seine Landſtände, als an
die Herzoge in Baiern mit der Vollmacht abge=
ordnet, daß sie, im Namen des ganzen Landes,
wegen des Aufstandes um allgemeine Verzeihung
und Gnade bitten sollten.   Diese Abgeordneten
waren so glücklich, den Zweck ihrer Sendung
nicht nur überhaupt vollkommen zu erreichen,
sondern auch insbesondere den, vorher so erbitter=
ten Erzherzog Ferdinand dergestalt zu besänfti=
gen, daß er die neulich gemachten Forderungen
auf sich liegen ließ.

Mittlerweile dauerten im Gebirge die aufrüh=
rischen Bewegungen noch fort, und wurden immer
bedenk=

bedenklicher; denn während zu **Salzburg** der
gleich erwähnte Landtag gehalten wurde, maßten
sich die Friedensstörer im Gebirge eines eignen
Landtages an, und hielten zu **Taxenbach** eine
besondere Versammlung, in welcher sie einen
neuen Aufstand verabredeten, und sich miteinander
verschworen. Sobald die, zu **Salzburg** noch
versammelte Landschaft von dieser muthwilligen Un-
ternehmung benachrichtiget war, schickte sie aus
ihrer Mitte eilends eine ansehnliche Bothschaft
nach **Taxenbach**, um die Aufwiegler von ihrem
Vorhaben gütlich abzuhalten; allein die Bothschafter wurden nicht nur spöttlich behandelt und mit
Drohworten abgefertigt, sondern die Aufwiegler
ließen sich sogar verlauten, daß, sobald die
Stauden rauh oder grün würden, sie allen
Adel und alle Herrschaft vertilgen wollten.
Sie zeigten auch auf der Stelle, daß es ihnen
mit ihrer Drohung Ernst wäre; indem sie eben
einen aus den landschaftlichen Bothschaftern, der
von Adel war, und bald darauf einen trefflichen
Ritter aus **Krain**, welcher Geschäffte halber durch
das Erzstift reisete, gewaltthätig anfielen und mit
Büchsen auf sie schossen. Die Landschaft empfand
über dieses aufrührische Betragen und über die
Beschimpfung ihrer Bothschaft das größte Miß-

fallen,

fallen, und bestrebte sich daher um so eifriger, dem Ausbruche eines neuen Aufstandes vorzubeugen. Der Landtag gieng indessen auseinander; jedoch blieb der kleine, von der ganzen Landschaft bevollmächtigte Ausschuß zu **Salzburg** unaufgesetzt beysammen. Auf den Vorschlag und Rath desselben beschloß der Erzbischof sich zu rüsten und zur Gegenwehre zu setzen, die fremden Rädelsführer aus dem Lande zu schaffen, und die Landsassen, welche ihnen anhängen, Anfangs mit Güte, und erst dann, wenn diese nichts fruchtete, mit Gewalt zum Gehorsame zu bringen.

Um diesen Beschluß zu vollziehen, wurden einige Räthe und Hauptleute mit Soldaten, die theils vom Erzbischofe, theils von der Landschaft angeworben waren, in das Gebirg zu den verdächtigen Gerichten abgeordnet. Ein Theil dieser Mannschaft zog unter Anführung des Hofmarschalls, **Wigulejus von Thurn** über Reichenhall in das **Pinzgau;** und der andere, welcher den Pfleger zu Radstadt, **Christoph Graf,** zum Anführer oder Obersten hatte, war für das **Pongau** bestimmt. Dieser lagerte sich zu **Werfen,** und jener zu **Salfelden,** und beyde waren angewiesen, das Gebirg hineinwärts zu durchziehen, und dann
an

an der Gränzlinie zwischen dem Pongau und Pinzgau sich miteinander zu vereinigen.

Indessen hatten sich in Pinzgau bereits zahlreiche Horden zusammen gerottet, und der neue Aufstand, den man den Winter hindurch angezettelt hatte, war zum Ausbruche bereit. Sobald der Schnee aufgethauet war, versammelten sich die fremden ledigen Knechte, welche im Pinzgau um Zell herum in Winterquartieren gelegen hatten, und machten Miene, in voller Waffenrüstung aus dem Lande zu ziehen. Den Einwohnern von Zell, die von ihnen bey dem Abzuge beschädiget zu werden besorgten, gelang es zwar Anfangs, dieselben zu überreden, daß sie sich von einander trennten, und einzeln, ohne Rottirung, aus dem Lande zu ziehen versprachen; allein diese Knechte rotteten sich gleich wieder zusammen, und verblieben in Zell, nachdem ihnen einige Aufwiegler, die diesen herrnlosen Haufen als Werkzeug zu gebrauchen gedachten, fälschlich vorgespiegelt hatten, daß sie nicht wegziehen sollten, indem man ihnen im Gebirge ferner noch einen Dienst und Sold geben wollte. Die Zeller gaben den Gasteinern durch einen eigenen Bothen hiervon Nachricht, und ersuchten sie, ihnen mit 200 Knechten zu Hülfe zu kommen, um sich gegen

diese

diese fremden Kriegsknechte, falls sie Gewalt brau=
chen sollten, wehren zu können. Allein der Berg=
richter in der Gastein, Kaspar Praßler, gab
dieses nicht zu, sondern er erstattete an den
Erzbischof einen Bericht, in welchem er ihn von
der Friedfertigkeit und Treue der Gasteiner ver=
sicherte, und sich von ihm einen Verhaltungsbefehl
nebst einem Zentner Pulver ausbath, um im Noth=
falle den Frevlern Trotz biethen zu können. Am
Samstage nach Oculi berichtete er dem Erzbischofe,
daß er, seinem Befehle zu Folge, zum Beystande
der Gerichtsobrigkeit etliche Personen aufgenommen
habe. Er bitte also, ihm für diese Personen die
Besoldung hinein zu verordnen. Der Erzbischof
antwortete ihm hierauf:

„Matheus von Gots gnaden Cardinal Erz=
„bischoue zu Salzburg rc. Unnserm getreuen Ca=
„sparn Praßlern Perkhrichter in der Gastein.
„Unsern Grus zuuor. Wir haben dein schrei=
„ben, des Datum steet zu Hof in der Gastein
„am Samstag nach Oculi Jez verschinen, darinn
„du Unns vnder anderm anzaigst, wie du nach
„Vernemug Vnsers Beuehls die Personen zu Bey=
„standt der Gerichts=Oberkait aufgenommen, und
„bestelt hast, mit begern, dir die Besoldung auf
„dieselben Personen hinein zu verordnen, vernomen,
　„vnd

„vnd an ſolchem deinem Fleiß, auch an der Hannt
„lung, vnd antwurt, ſo du ſambt den Gwerckhen
„vnd geſellſchafften ben Geſanndten auf dem Pinz
„geue gegeben haſt, genedigs gefallen, vnd Jr
„habt daran gannz Recht vnd vernünfftigelich ge
„hanndlt. Dieweil du Uns aber in ſolchem ſchrei
„ben nit berichteſt, noch anzaigeſt, wie vil Per
„ſonen, auch wie lanng, vnd vm was Beſol
„dung, oder vmb wie uil Gelts du Sy beſtelt, haben
„wir dir dizmals ſolch gelt nit verordnnen können.
„Demnach ſo Empfelhen wir dir, das du Vns
„aufs allerfirderlichiſt gründtlich, vnd lauter in
„Geſchrifft berichteſt, wie uil Perſonen, vnd vmb
„was Beſoldung, auch wie lang du Sy aufge
„nomen habſt. Alsdann wellen wir dir on ver
„ziehen ſolch Gelt verordnen laſſen. Es iſt auch
„vnſer Maynung, vnd befehl geweſen, vnd noch,
„das der Perſon zwelf, die all dem Perkhwerch ver
„wannt ſein, vnd auf dich als vnſern Perkhrichter
„warten, desgleichen ſoll vnnſer Landtrichter da
„ſelbs auch zwelf angeſeſſen Man auf den Landt
„gericht, vnd die dem Perkhwerch nit verwannt
„ſein, beſtellen, die gleicher weiſ auf Jn warten,
„vnd Jr bed euch aneinander verſtenndigen ſollet,
„ainer dem andern, ſo es die notdurfft erfordert,
„Hilf vnd beyſtanndt zu thun, vnd den Aufruerern,

„Rot:

„Rottirern vnd muetwilligen leüten nachzetrachten,
„diselben zu gefänncknuſ, vnd gebürlichen ſtraff zu
„bringen, damit merer Vnrat, vnd nachtail ver-
„huett, vnd Frid, Rue, vnd Gehorſam erhalten
„werden muge. Dabey laſſen wir es noch helei-
„ben, und iſt vnnſer maynung, das demſelben
„alſo gelebt, vnd nachgegangen werde. Vnd thue
„in dem allen gueten Vleiſ. Daran thueſt du
„vnnſer ernſtlich willen, vnd Maynung. Datum
„in vnnſerer Stat Salzburg am Mittich nach
„Letare. Anno Domini im Sechs vnd zwain-
„zigiſten.‟

Noch ehe dieſer erzbiſchöfliche Befehl in der
Gaſtein eintraff, hatten Marx Neüfang, der
ſchon im vorjährigen Aufſtande Hauptmann geweſen war, und Hanns Unpild daſelbſt ſchon neue
Unruhen angefangen, und die Landgerichtsobrigkeit
gemißhandelt. Der thätige Bergrichter gab von
dieſem Vorfalle, ſo wie von den weitern Anſtalten, welche er zur Sicherung der Ruhe getroffen
hatte, dem Erzbiſchofe ſchleunigſt Nachricht. So
lautetet ſein Bericht:

„Hochwürdigiſter Genedigiſter Fürſt vnd Herr,
„mein gehorſam verpflicht dienſt ſeyen E. frl. G.
„in aller Vnnterthänigkhait zuvor berait. Mir

b   „iſt

„ift ain beuelh von E. frl. G. aufgangen, des
„Datum fteet am Mittichen nach Letare Jüngſt
„verrucfht, zuefhomen, des Jch mit gepürlicher
„Reuerenz empfangen, vnd gehorſames Blaif ver:
„nomen hab. darinn mir E. frl. G. beuilhet,
„dieſelb E. frl. G. zu berichten, wie vil, auf was
„beſoltung, vnd wie lanng Jch die Knecht zu bey:
„ſtanndt der Gerichtsobrigkhait aufgenommen, vnd
„beſtelt hab. Darauf verſueg Jch E. frl. G.
„vnnterthänigelich zu uernemen. Das Jch erſtlich
„auf die frauenlich, vnnd muetwillig that, ſo
„Marx Neufang, vnd Hanns Vnpild gegen
„E. frl. G. Lanndtgerichts Obrigkhait alhie zu
„Gaſtein begannngen, alſo in Eyl 24 knecht aus
„paiden Gerichten alhie zu beiſtanndt beſtelt, vnd
„aufgenomen hab. deren dann das maiſt Knap:
„pen, vnd dem Perckhwerch verwannt, wiewol
„auch etlich burger darunter ſeyen. diſelben 24
„Knecht haben alſo nun acht tag gedient. Als
„mir aber obangezaigt beuelch zuefhomen, hab Jch
„nach, laut bemelts E. frl. G. beuelch zwelf der
„dapferiſten auf Jnen genomen, vnd denſelben
„Zwelfn ain Monat lanng diennſt zuegeſagt, dann
„Jch gedennckh gleichwoll, es werde von nöten
„ſein, bemelte Knecht ſo lanng ze halten, damit
„die Böſen aufruerer, vnd muetwiller geſtillt, vnd
„in

„in etwas sorg oder forcht Pracht werden; aber
„die andern zwelf werden wiederumb zu Irer ar-
„bait geen, wie vorher beschehen."

„Der Besoldung halben die 24 Knecht be-
„treffennt, so die acht tag gedienet haben, hab
„Ich Ir yedem die wochen ain Pfund Pfening
„(1 Fl.) zgeben zuegesagt. Dann Sy umb leich-
„tern Sold nit haben dienen wellen, wirdet die
„ain wochen treffen 24 Pfund Pfening.. bit Ich
„E. frl. G. in Vnnterthenigkait, welle mir daß-
„selb Gelt mit dem Palbisten zu uerordnen uer-
„schaffen, damit Ich solchs den Knechten raichen
„mög, dann Sy all genaigtes, vnd gehorsames
„Vleiß willig sein E. frl. G. in solchem, vnd
„mererm Ir getrewen beystanndt zu thuen.

„Der zwelf Knecht halben, so Ich auf ain
„neües angenomen, hab Ich auch umb kain leich-
„tere Besoldung bestellen mögen, vnd Inen ain
„yede wochen 1 Pfund Pfening zegeben zuegesagt.
„Dann Ich hab sorg tragen, Ich wurde umb
„leichtern Sold kainen aufpringen mugen; so sein
„aber das dapffer aufrichtig Gesellen, darzu Ich
„mein trawen, vnd Hofnung setzen mag. Hab
„Ich E. frl. G. vnnterthenigelich Vleiß vnd auf

b 2   „schul-

„ſchuldiger Gehorſam vnangezaigt nit laſſen wel=
„len. Wiſſen E. frl. G. derhalben mir die be=
„ſoldung auf vilgedachte zwelf Perſonen ain yede
„wochen genedigelich zu verordnen, dann Sy diſer
„Zeit ſonnſt khain aufenthaltung haben. Vnnd
„thue mich hiemit E. frl. G. in aller Vnnder=
„thenigkait beuelhen. Datum zu Hof in der
„Gaſtein am Suntag Judica in der Vaßſten.
„Anno domini in Sechs vnd zwainzigiſten Jare.
„E. frl. G.

„vnnderthenigiſter Diener
„Caſpar Praßler
„Perckhrichter in der Gaſtein.“

Da Marx Neufang bey der Wachſamkeit
des Bergrichters, welcher jede aufrühriſche Be=
wegung auf der Stelle zu unterdrücken ſtrebte, in
der Gaſtein zu wenig Anhänger fand; ſo begab
er ſich in das Pinzgau, und brachte in dieſer
Gegend, mit Hülfe der übrigen Aufwiegler, in
kurzer Zeit einen Schwarm von mehreren Tau=
ſend Kriegsknechten zuſammen. Er, und Chri=
ſtoph Sezenwein wußten ſich bey den aufrühri=
ſchen Gemeinden in ein ſolches Anſehen zu ſetzen,
daß ſie von ihnen zu oberſten Feldhauptleuten
gewählt wurden. Um den neuen Aufſtand zu be=
ſchö=

schönigen, wurde der Erzbischof nicht nur über=
haupt verläumdet, sondern auch insbesondere be=
schuldiget, daß er den Friedensvertrag gebrochen
hätte; daß er gegen seine Unterthanen feindlich
gesinnt wäre, und dieselben, mit Beyziehung ei=
nes fremden Kriegsvolkes ganz unterjochen wollte.
Wie im vorigen Jahre, so wurde auch heuer eine
Beschwerschrift, gleichsam als Manifest, aufge=
setzet, und durch eigne Bothen an die übrigen
Gerichte verschickt, wodurch diese theils mit gu=
ten Worten, theils mit Drohungen zum Beytritte
aufgefordert wurden. Diese Beschwerschrift ent=
hielt folgende ungegründete und zum Theil ganz
falsche Beschuldigungen:

1) „Den Beschwerden, welche den vorigen Auf=
   stand verursachet hätten, habe der Erzbischof
   nicht nur keinesweges abgeholfen, sondern er
   verlange vielmehr, daß die Unterthanen alles,
   was sie damals mündlich und schriftlich wider
   ihn geklaget hätten, in einer eignen Urkunde
   für falsch erklären und wiederrufen sollen.“

2) „Die Summe Geldes von hundert Tausend
   Gulden, in welche sich der Ausschuß der Land=
   schaft, auf Einrathen etlicher Unterhändler, ein=
   gelassen habe, sey eine neue Auflage, welche der
   Ausschuß auf Kosten der übrigen Unterthanen
   dem

dem Erzbischofe nicht habe bewilligen können. Mit dieser Auflage habe sich der Erzbischof gleichwohl nicht begnüget, sondern

3) noch überhin von Städten und Märkten ansehnliche Summen Gelds geborget, um gegen seine eignen Unterthanen fremde Söldner bestellen zu können."

Um die reichen Gewerken in der Gastein und Rauris für sich zu gewinnen, stellten ihnen die Rebellen noch besonders vor, daß es ihnen selbst nicht unbekannt seyn könnte, wie eifersüchtig der Adel auf sie wäre, und wie sehnlich er nach ihren Bergwerken geizte.

Der Hofmarschall, Wigulejus von Thurn, fand zu Salfelden eine sehr geneigte Aufnahme; indem ihm die dortigen Gerichtsleute zu Austreibung der fremden Aufrührer, und zu Bezwingung der ungehorsamen Inländer allen Beystand versprachen; allein im Oberpinzgau herrschte eine ganz entgegengesetzte Gesinnung. Der Hofmarschall bekam daher von dem Erzbischofe den Befehl, am Ostermondtage mit seinen Soldaten und den getreuen Lichtenbergern (Salfeldern) auszurücken, und die Aufrührer anzugreifen. Eben

die-

dieſen Befehl erhielt zu gleicher Zeit auch der
Pfleger zu Mitterſill, Peter Hundt zu Ainat=
perg. Durch einen weitern Befehl wurde jedoch
der beſchloſſene Angriff wieder auf ein Paar Tage
verſchoben, wovon der Hofmarſchall, Wiguleus
jus von Thurn, den Pfleger zu Mitterſill am
Gründonnerstage durch folgendes Schreiben un=
verzüglich benachrichtigte:

„Mein freündtlich guetwillig diennſt ſein euch
„zuvor berait, freündlicher lieber Schwager. Wie=
„wol mir Gr. Herr hievor geſchriben, vnd beuolhen
„hat, den angrif auf den künfftigen Montag in
„den Oſſterfenrtagen zethuen, als Euch dann ſein
„frl. Gnad auch ſchrifftlich anzaigt hat. So iſt
„mir doch an nächtn Spat ein brief von ſeiner
„Genaden zuekhemen, darin mir ſein Genadt an=
„zaigt, das ſolcher angriff erſt anf den Mittichen
„darnach beſchehen ſoll, mit beuelh euch ſolhs auch
„zu uerkhünden. Das ich dann hiemit thue. Das
„mugt Ir alſo Georgen Neükhürcher, vnd
„andern, die eüch darzu gemaint ſein, anzaigen,
„ſich auf bemelten Mittichen darnach haben zu
„richten. Mein Gſter Herr hat auch ſolhs durch
„aigen Poten dem Perger, vnd Anwalbt zu
„Hopfgarten ſich mit den Knechten halben zu=
„rich=

„richten, zuegeschriben. Solhs alles hab Ich
„Euch, vnd auf beuelh meines Gsten Herrn hie:
„mit anzaigen wellen. Datum Saluelden an:
„heüt Pfinztag des Heiligen Antlaſtag. Anno
„Im Sechs, und zwainzigiſten."

Allein auch der auf den Mittwoch nach Oſtern
verſchobene Angriff unterblieb, weil inzwiſchen im
Pongaue, wo ſich die Unterthanen bisher ruhig
und folgſam bezeigt hatten, ebenfalls hin und wie:
der gefährliche Gährungen verſpüret wurden. Am
Freytage vor dem Palmſonntage erſchienen zu St.
Johanns der Pfleger von Radſtadt, Chriſtoph
Graf, und andere erzbiſchöfliche Commiſſarien,
nnd ließen die Ausſchüſſe von allen, im Pongau
liegenden Gerichten vor ſich kommen. Die Aus:
ſchüſſe erklärten zwar einmüthig, daß nicht nur
ſie dem Friedensvertrage und dem Landtagsabſchiede
getreulich nachleben, ſondern auch zur Bändigung
und Beſtrafung der Ungehorſamen und Wider:
ſpänſtigen mithelfen, und zu dem Ende ſogleich
eine gewiße Anzahl Knechte ſtellen wollten; allein
die wenigſten Gerichte kamen dieſer Zuſage nach.
Nur allein die Gaſteiner nnd Raurifer ſtellten
ungeſäumt die verlangte Mannſchaft, über welche
der Bergrichter, Kaſpar Praßler, von dem
Erz:

Erzbischofe zum Hauptmanne ernannt wurde. Praßler erhielt von Christoph Graf, als seinem Obersten, den Befehl, mit seinen Knechten nach Embach zu ziehen, und daselbst zu warten, bis er (Christoph Graf) selbst mit seinen Leuten dahin kommen würde. Praßler traff zur bestimmten Zeit in Embach ein; allein er konnte den Christoph Graf nicht erwarten, ja von ihm nicht einmal eine Nachricht erhalten, ungeachtet er mehrere Posten an ihn abgefertiget hatte. Bey dieser bedenklichen Lage sandte er einen Eilbothen mit einem Schreiben an den Hofmarschall, Wigulejus von Thurn, und bath sich von diesem einen Verhaltungsbefehl aus. . Sein Schreiben lautete also:

„Edler gestrennger, vnd gebietunder Herr,
„mein geflissen willig dienstst seyen Eûr Strenng
„alzeit beuor. Nachdem mein genedigister Herr
„von Salzburg Jüngstlich mich zu ainem Haubt
„man fürgenomen Etlicher knecht auf Gastein,
„vnd Rauriß, daneben mir sein fürstlich Gnadt
„durch Herrn Cristoffen Grafen Pfleger zu
„Rasstat als Obristen beuelhen lassen, das Ich
„auf an Dato gewißlich mit denselben auf Ga=
„stein vnd Rauriß alhie auf dem Embach er=
                                           „schei=

„ſcheinen ſolle, das Ich alſo ſambt meinen knech=
„ten gehorſamblich volpracht, vnnd mich am nech=
„ſten Abent Spat alher verfiegt hab, vnnd alſo
„für, vnd für obgemelts Herrn Criſtoffen Gra=
„ſen gewart. Ich hab auch mer als ain Poſſt
„an ſein Strenng aufgeen laſſen. Der mir aber
„bisher khaine widerumb khomen, noch beſchaidt
„gegeben worden iſt. lig alſo mit den knechten al=
„hie mit wenigem beſchaidt. ſo ſein vil vergebener
„Poſſten hin, vnd wider erganngen. Das Ich
„nit wiſſen mag, ob freündt, oder ſeindt vor=
„hannden ſein. Iſt derhalben an Euer Strenng
„mein Pit, wellet mich in Eyl bey dieſem Poten
„Vnnderricht, vnnd ware khundtſchafft wiſſen laſ=
„ſen, damit Ich mich auch weiter darnach zu
„ſchickhen wiſſe. Es iſt auch das gericht Tärn=
„bach mit aller gebürlichen gehorſam erſchinen,
„Ir anzall Volckhs, wie Inen Herr Criſtoff
„Graf auferlegt, vnd geſchriben hat, dargeben,
„vnnd geſchickht. Wolt Ich Eür Strenng guter
„maynung nit verhalten, damit beuilch Ich mich
„Eür Strenng. Datum Empach am Erichtag
„in den Oſterfeyertagen um die dritt ſtundt nach=
„mittag Anno Sechs und zwainzigiſten.

     „williger **Caſpar Praßler Haubtman.**"

                            Der

Der Pfleger von Radstadt, **Chriſtoph Graf**, der ſich wieder zu **Werfen** befand, gerieth gleich= falls in eine nicht geringe Verlegenheit, theils weil ihm von **Kaſpar Praßler** aus **Embach** ſchon ſeit mehreren Tagen keine ſichere Poſt zugekom= men war, theils weil indeſſen zu **St. Johanns** im **Pongau** aus mehreren Gerichten ſich gegen 700 Bauern verſammelt hatten, welche miteinander Berathſchlagungen hielten, und ſich insbeſondere gegen den Anmarſch der fremden Soldaten, wel= che **Graf** in das Gebirg hineinführen wollte, ſo wie gegen die geforderten Lieferungen gewaltig be= ſchwerten. **Graf** ließ den Abgeordneten der Bau= ern zu wiſſen machen, daß, wenn ſie diejenigen Friedensſtörer und Verbrecher, welche er ihnen anzeigen würde, ſelbſt aufheben und in das Schloß **Werfen** zur gebührenden Strafe liefern würden, ſie mit dem Einmarſche der fremden Soldaten verſchonet bleiben ſollten. Allein er bekam von ih= nen zur Antwort, daß ſie in ihrer Mitte keinen Friedensſtörer und Verbrecher wüßten. **Graf**, der den Bauern ohnehin nicht traute, ſchöpfte aus dieſer ihrer Antwort einen neuen Verdacht. Weil er nun beſorgte, daß ſie ihn plötzlich überfallen und ihm die Verbindung mit **Radſtadt** und dem **Lungau** abſchneiden möchten; ſo ſchickte er an

den

den Erzbischof eileuds einen Bericht, in welchem
er seine mißliche Lage folgender Maſſen ſchilderte:

„Hochwürdigiſter fürſt, genedigiſter Herr,
„mein gehorſam vnndertheniġ dienſt ſeyen E. frl.
„Gn. in aller Vnndertheniġkhait zuvoran berait.
„Ich wird vergebens bericht, wie die Gaſteiner
„vnd Raurifer wider einannder ſein ſollen, Et-
„lich auf E. frl. Gn. tail, vnd etlich auf der
„Pauern ſeitten. darauf hab Ich den Praßler
„entpotten. dieweil Ich der Aufruer halben met-
„nem fürnemen nit mög nachkhumen, das er ain,
„oder zwen zu mir herauf verordne, will Ich mich
„der Mär wol erkhunden. Ich den Geſanndten
„von den Gerichten noch ain wall geben, das Sy
„all, ſo Ich Inen anzaigen wird, auf E. frl.
„Gnad. Gſchlos Werffen ze verdienter ſtraff,
„vnd zu Recht antworten. dieweil Sy nit weſ-
„ſen, das E. frl. Gnad mit den frembten khnech-
„ten nach Inen greiffen ſollen, ſagten Sy: das
„Sy kain weſſten vnnder Inen in Irem Gericht,
„die ſoßls verdient hetten.“

„Was mein Antwort: wann die Pöſen Pue-
„ben, die ſolh ſtraff woll verdiennt hetten, Pa-
„ter noſter Ringel weren, Ich wolt woll ain
„Roſen-

„Rosenkranz damit machen. Ich hör auch, das
„Ir vil Rat gewesen ist, nur vber vns zeziehen,
„aber nit verfolgt worden. In Summa, wir li=
„gen in der Zwigkmül, vnd wolt gern E. frl.
„Gnad bemüeſſiget mich meines Dienſts, vnd
„verſäch ſich E. frl. Gnad mit ainem Verſtändi=
„gern, dann es wär groſ vonnötten, das Ich
„ſelbs zu Ratſtadt wär, wo es an Ernſt gieng,
„damit das Lungaw von den andern Gerichten
„getailt wurdt, auch die ſtraf auf dem Ennſtal
„offen blib, damit vnns nit beſchech, wie fert:
„dann ich traue mir zu Raſtar mer auszurichten,
„dann ander zwannzig. Die Geſanndten haben
„ſich beſchwärdt der Knecht, vnd lifrung halben,
„hab Ich Ihnen zu antwort geben, das Sy das
„gannz Jar ain thauſennt Pöſer Pueben zu Ires
„Herrn, vnd lanndtsfürſten ſchaden halten ſöllen,
„ſo geet Inen kain lifrung ab. dabey Ir getreu
„gehorſam woll mug verſtanuden werden. Hiemit
„thue ich mich E. frl. Gn. beuelchen. Datum
„werfen am Montag in Oſſtern. Im Sechs
„und zwainzigiſten.

„E. frl. Gn.

„vnderthäniger gehorſamer diener
„Criſtoff Graf
„Pfleger zu Raſtar.‟

Zu

Zu gleicher Zeit gab sich **Christoph Graf**
alle mögliche Mühe, die zu St. Johanns versammelten Bauern zum Auseinandergehen zu bewegen, und ihnen das Widerrechtliche ihres Zu-
sammenrottens begreiflich zu machen. Auf sein
Zusprechen wagten es der Pfleger und Propst zu
Werfen, **Blasius von Reutschach**, und ein gewißer **Colman** am 3ten April Morgens nach St.
Johanns zur Versammlung der Bauern zu rei-
ten, und ihnen vorzustellen, daß, „wenn sie sich
der Vollstreckung des Friedensvertrages und des
Landtags-Abschiedes, wie immer widersetzen, oder
gar einen neuen Aufstand erregen sollten, sie dann
in den Augen der ganzen Welt als doppelte Böse-
wichte erscheinen, den Haß der benachbarten Fürsten und des **Schwäbischen Bundes**, dem der
Erzbischof beygetreten wäre, neuerdings auf sich
laden, und am Ende gar keinen Frieden und keine
Gnade mehr zu hoffen haben würden.“ Die
Bauern antworteten: „sie hätten sich in keiner
bösen Absicht, sondern nur darum versammelt,
um den, ihnen bewilligten Ausschuß desto leichter
wählen zu können. **Christoph Graf** könnte also
in vollem Vertrauen auf sie, und ohne mindeste
Gefahr sich zu ihnen verfügen; indem sie sich als
gehorsame und getreue Unterthanen betragen, und
ihm

ihm verhülflich seyn wollten, die Ungehorsamen
und Widerspänstigen zum Gehorsame und zur
Strafe zu bringen. Nur möchte er sie mit dem
fremden Kriegsvolke verschonen, weil gerade der
Einmarsch desselben am ehesten einen Aufruhr er-
wecken könnte." Endlich, nachdem sie Blasius
von Reutschach versichert hatte, daß Cristoph
Graf nur mit hundert fremden Soldaten in das
Gebirg hineinziehen, die andern aber außerhalb
des Paßes Lueg still liegen laßen würde, erklärten
sie, daß, wenn derselbe sie bey ihrer Versamm-
lnng nicht stören würde, sie seinen Einzug nicht
hindern, sondern ihm vielmehr alle Bereitwilligkeit erweisen wollten. Obgleich Christoph Graf,
welcher inzwischen auch von Praßler aus Embach einen Bericht empfangen hatte, auf die
Worte der Bauern noch immer ein Mißtrauen
setzte; so entschloß er sich jetzt doch endlich den
erzbischöflichen Befehl zu vollziehen, und sofort
mit seinen Soldaten in das Gebirg einzurücken.
Er war Willens, am 4ten April von Werfen
nach St. Veit aufzubrechen, hierauf nach Embach zu ziehen, und dann über Taxenbach bis
zum Hofmarschalle, Wigulejus von Thurn,
vorzurücken; allein da er von diesem vergebens
eine Nachricht erwartet hatte, und daher nicht
                                            wußte,

wußte, wie es im **Pinzgau** zugienge; so änderte
er seinen Entschluß augenblicklich wieder ab, und
beschloß, bis auf weitern erzbischöflichen Befehl,
in **Werfen** zu verbleiben, und die Päße wohl besetzt zu halten, damit sie von den Aufrührern
nicht überrumpelt würden; denn ungeachtet die
ansehnlichern Bauern mehrmals allen Gehorsam
zugesichert hatten; so kehrten sich die unruhigen
Köpfe doch gar nicht daran, indem sie sagten,
daß sie in das Versprechen ihrer Ausschüße nicht
eingewilliget hätten. Die Empörung griff daher
auch im **Pongau** immer weiter um sich. Unter
den dasigen Aufwieglern spielte **Wolfgang Ecker
(Wölfl Agkher)** eine vorzügliche Rolle. Dieser
war im vorigen Aufstande Postmeister der Rebellen gewesen, und jetzt bemühte er sich, unter denselben gar eine Hauptmannschaft zu erhalten. Er
warb daher unter der Hand Knechte an, und hatte
die Verwegenheit, öffentlich Wachen aufzustellen.
Christoph Graf berichtete dieses Alles noch am
3ten April dem Erzbischofe, und rieth ihm, mit
den Bauern einstweilen einen Stillstand zu machen,
inzwischen aber den **Thalhaimer** mit seinen Knechten nach **Radstadt**, und den **Achaz Thurner**
nach **Werfen** zu legen, damit die Bauern im
Pongau, wenn sie sich von Oben und Unten nicht

sicher

ſicher wüßten, deſto eher bewogen würden, den
Frieden zu halten. Aus eben dieſer Urſache
ſchickte Graf zugleich auch dem Kaſpar Praß=
ler den Befehl zu, mit ſeinen Kriegsknechten
wieder von Embach abzuziehen, und nach Hauſe
zu kehren, um die Gaſtein und Rauris zu
decken.

Beynahe zur nämlichen Zeit, als der Erz=
biſchof aus Werfen von dem Chriſtoph Graf
kurz hintereinander zwey klägliche Berichte erhal=
ten hatte, bekam er auch zwey Schreiben von dem
Hofmarſchall, Wigulejus von Churn, worin
ihm dieſer anzeigte, daß er und der Hauptmann,
Melchior von Lamberg, ſich nunmehr entſchloſ=
ſen hätten, von Salfelden aufzubrechen, und
gegen Zell vorzurücken; und daß zugleich Per=
ger ſammt den Brixenthalern über das Hoch=
gebirg in das Brennthal ziehen würde. Der
Erzbiſchof wünſchte dem Hofmarſchalle zu ſeinem
Zuge Glück und Segen, und ertheilte ihm, da
er jetzt auf keine Verſtärkung aus dem Pongaue
mehr rechnen durfte, und ſich alſo einſtweilen nur
Vertheidigungsweiſe halten mußte, folgenden um=
ſtändlichen Verhaltungsbefehl:

c   „Ma=

„Matheus von Gots Genaden Cardinal Er-
„bischoue zu Salzburg.

　„Vnnserm getrewen Wigileusn von Thurn
„Vnserm Rate, Hofmarschalch, vnd Pfleger zu
„Stauffendgkh. Vnnsern Grues zuuor. Die
„vergangnen Nacht zu mitternacht ist vnns dein
„schreiben, das Datum steet an gesstern Erichs-
„tag Vormittag, vnd an heut frue vmb 6 Ur
„ain anders dein schreiben. Des Datum elter ist,
„Nemblich am Monntag spat, in der Nacht zue-
„khomen. Daraus versteen wir vnter anderm,
„dein, vnd Melchiorn Lambergers fürnemen,
„vnd zug geen Zell, vnd das Perger mit sambt
„den brixentallern ober das hochpürg in das
„Prenntall ziehen werd. Darzu wir euch allen
„von Got, vnd vnnsern heiligen Patronen vil
„Glückhs wünschen. Nun hat vnns an Nachten
„Abennts vnnser Pfleger zu Rasstat Cristoff
„Graf zwäy schreiben Pald nachainander zueger
„schickht; der Copeien hier ligen, daraus verstest
„du vnder andern, das die Pongewer aufruerig
„seind, vnd das dir dein Pot, so von bischoff-
„hof widerumb zu dir komen ist, derhalben recht
„gesagt hat, aber des luegs halben nit, vnd das
„sich noch khains Zuezugs von den Knapen zuuer-
„sehen seye. Deshalben Cristoff Graf an Em-
　　　　　　　　　　　　　　　　„bach

„bach nit khomen khan, oder mag. darumb wel‐
„lest woll auffsehen, dich mit gepewen, oder sonst
„deinem guetbedunkhen nach versichern, vnd dich
„dermaffen richten, damit du ficher, vnd on ge‐
„uärlichait figest. vnd die thäding mit den wider‐
„wertigen anrichtest, wie du dauon fchreibst, doch
„als aus dir felbst, vnnd nit aus vnferm beuelch,
„oder als ob wir darumb wisten, vnd vnns be‐
„deucht guet, auf etlichen Vrfachen, daß du Sy
„dahin vaimbtest, das Sy Ir anfehenlich treff‐
„lich Potfchafft heraus zu vnns, vnd vnnferer
„lanndtfchafft auffchus fchickhen. dann dergleichen
„wirdet Criftoff Graf mit dem Pongewern
„auch handln, mitlerzeit welleft dich mit den dei‐
„nen in gueten gehorfam in Zell enthalten, bif
„vnfer befterckhung, die wir yez aufbringen, dir
„ftatlich khomen mag. wir wolten dir deinen Vet‐
„tern Achatj Turner gern fchickhen, beforgen
„aber, Er fey nit ftarkh genug durch die Dien‐
„ften dir zuezeziehen. So laffen wir auch Go‐
„ling, Abtnaue, vnd den lueg nit gern vnbe‐
„fezt, auf vil Vrfachen, vnd wird Criftoff Graf
„zu Werffen gar zu Plof fteen, vnd mit wenigem
„anfehen mit den Pongewern täding mögen, vnd
„möchte alfo nit allain Werfn, fonder auch
„Rafftat in grof gefeerlichait geftellt werden. Da‐
c 2 „rumb

„rumb wellen wir von hie auf ain besterckhung
„schickhen, nit vmb deswillen, die zu ainem ans
„griff zu gebrauchen, sonnder allain zu der gegen=
„weer, vnd das du dich bester Pas in deiner ge=
„warsam, vnd täbing ennthalten mügest, vnd dich
„in dieselb täbing, als auf dir selbst, vnnd wie
„du dauon schreibst, vnd nit anderst einlassest.“

„wir verkhunden dir auch, das **Burckhart**
„von **Embs** des Pundischen fuesvolckhs drey
„fännbl auf Sambstag, oder Sonntag, negst
„khunfftig zu lauffen zu musstern beuelch hat.
„vnd der Pundt hat auf alles sein kriegsuolkh ain
„Monat sold also par durch Jren Pfenningmaister
„**Leonharden Strauß,** der yez hie bey vnns ist,
„verordnennt. wir wellen dir auch 10. haggen mit
„Puluer vnd lot, wie du begerst zuschickhen,„·

„doch, so ueer du mit aller that still steest,
„so vergif dennoch darneben der Prirentaller, vnd
„Prenntaller nit, damit dieselben von deines still=
„standts wegen nit in vnsicherhait, noch gefärlichait
„gestelt werden, sonnder auch Jr sichere Ennthal=
„tung haben mügen, Piss dich Zeit bedunckht.“

„Vnns ist auch zuegefallen, ob villeicht guet,
„vnd teuglich were, das du alle Scheff am Zeller=
„see von allen gestatten zu dir geen Zell an die
„lenndt Pringen liessest, damit du, vnd niemandts
                                                    „an=

„anderer des sicherer wäre; wir, vnd der Auf=
„schuß haben beuolhen Petern Spet Enlennts
„in der Stat hie umbschlagen zu lassen, vnd wel=
„len kain Bleiß sparn, dir auf morgen, oder doch
„auf allerbeldist, als vil wir knecht aufbringen zu=
„schickhen. Sonnst sezen wir die, vnd ander sa=
„chen auf vnnser gnedig Vertrauen in dein verrer
„guet bedunkhen. Datum in vnnser Stat Salz=
„burg am Mittichen in Osstkrfenrn tagen. Anno,
„Sechs vnd zwainzigisten In der zehenden Stundt
„Vormittag.‟

Eine Stunde nach Ausfertigung des vorste=
henden erzbischöflichen Verhaltungsbefehles schrieb
auch der Kanzler zu Salzburg, Dr. Hieronymus
Baldung, einen Brief an den Hofmarschall,
Wigulejus von Thurn, worin er ihm gelegent=
lich eine Stadtneuigkeit berichtete, und die Anwei=
sung gab, die aufrührischen Bauern durch Unter=
handlungen so lange hinzuhalten, bis er aus Salz=
burg über Reichenhall die versprochene Verstärkung
erhalten haben würde, um dann Angriffsweise zu
Werke gehen zu können. Doch wir wollen den
Brief des Kanzlers selbst lesen:

„Edler Strennger sonnder lieber Herr Mar=
„schalch. An nächten Spat, zwischen Acht vnd
„Neun

„Neûn Vr, iſt ain feûr Im Gäſſl bey der Klöz=
„lin Hauf, da der Waydegkher ſein Pherdt
„hat, ob dem ſtall auſkhomen, vnd derſelbſt all
„gar verprunen. Man hat langſam vber das
„feûr angeſchlagen, aber da das Volck darzue
„khomen iſt, haben Sy guette Rettung gethan,
„vnd das feûr daſelbs erhalten, das es gleich da=
„ſelbs bliben, vnd nit weiter khumen iſt. Ich
„was in groſſen ſorgen, es wurd ain ander ler=
„men vnder dem Pöſl machen, aber man hat ſich
„ſchicklich, vnd ſtill gehalten. Verkhündt Ich
„eûch darumb, ob man vber lannd (wie gewon=
„lich) mer, oder Pöſer von dannen ſagen wurd,
„das Ir der Rechten warhait ain wiſſen habt.
„Wir fertigen an ainer eilennden beſterckhung für
„eûch, vnd die fromen Liechtenperger, euch
„aufzuennthalten. Der recht Puz iſt auch an der
„hanndt, Mitler Zeit, ſo die Vngehorſamen tä=
„dingen wolten, wiſt Ir Sy wol dahin zu wei=
„ſen, ob Sy in Verſamblung wärn, das Sy von
„einander ziehn, dann das wer wider den Ver=
„trag, vnd wider die gehorſam. Vnnd beſchaid
„Sy herauf durch Ir anſehnliche Potſchafft, der=
„ſelben mügt Ir glait zueſagen, vnd ain glaits=
„man mit Inen ſchicken. Dergleichen das Ir
„gegen Inen wellet mit tätlicher Hanndlung nichts
„für=

„fürnemen. Also wirdet Herr Criſtoff mit den
„Pongewern auch hanndln. Ich ſchick euch
„ain Copey aines ſchreiben vom Vinſtarwalder,
„iſt mir in diſer ſtundt zuekhomen. Damit alzeit
„euer guetwilliger. Datum Salzburg, Mitti-
„chen in Oſſterfeyrtagen umb die ainbliſſt ſtundt
„Vormittag. Anno in Sechs und zwainzigiſten.
„wir werden die Poſſten zu fues zwiffach legen
„geen Onnkhen, vnnd Frawiſſen.
                „Baldung, Cannzler.‟

Wigulejus von Thurn war nun, wie er
dem Erzbiſchofe berichtet hatte, mit ſeinen Soldaten von Salfelden gegen Zell aufgebrochen; allein kaum hatte er den Marſch angetreten, als ihm
etliche hundert Bauern, die ſich zu Pieſendorf
verſammelt hatten, mit bewaffneter Hand und flie-
gender Fahne entgegen eilten, und ihn unterwegs
plötzlich mit einer ſolchen Gewalt überfielen, daß
er, ſeiner tapfern Gegenwehre ungeachtet, ſich
zurückziehen und den Rebellen das Feld überlaſſen mußte.

Kaspar Praßler, welcher mit ſeinen Ga-
ſteinern und Rauriſern fünf Tage in Embach
gelegen hatte, war inzwiſchen, dem erhaltenen Be-
                                            fehle

fehle zufolge, mit feiner Mannfchaft von dort wieder abgezogen, und in die Gaftein zurückgekehret.
Gleich nach feiner Heimkunft traten die Verordneten
der Bauerfchaft, der Gefellfchaft des Bergwerkes
und der Bürgerfchaft des Marktes zu Hof in
der Gaftein zufammen, und befchloffen am Sam-
ftage vor Quafimodogeniti einen **Rathfchlag**, der
im Wefentlichen dahin gieng:

1) „Die fämmtlichen **Gafteiner**, fowohl die Bauern, als die Gewerken und Bürger, find feft
entfchloffen, den Friedensvertrag zu halten und
dem Erzbifchofe den fchuldigen Gehorfam zu
leiften; damit fie aber durch die aufrührifchen
Unterthanen nicht mit Gewalt in ihr Bündniß
gezogen werden, fo wollen fie die **Klamm** und
die andern Gränzen mit einer hinlänglichen Anzahl Volks befetzen, und

2) in ihrem Thale eine gute Ordnung aufrichten,
und fich gegen alle Aufrührer muthig zur Gegenwehre rüften, in der Hoffnung, daß der gnä-
digfte Herr daran ein Wohlgefallen haben, und
ihnen eine Hülfe zufchicken werde."

3) „Da der neue Aufruhr allein im **Pinzgau**
entftanden ift; fo wollen fie an die dort ver-
fammelten Aufrührer ein freundfchaftliches Schreiben erlaffen, diefelben um die Urfache ihres
Auf-

Aufstandes befragen, sie zum Gehorsame ermah=
nen, und ihnen die schlimmen Folgen zu Ge=
müthe führen, welche ein neuer Aufruhr über
sie und das ganze Land verbreiten dürfte. Da=
bey versprechen sie,

4) wenn die Aufrührer sich zum Gehorsame bege=
ben, und den Friedensvertrag nicht bloß mit
Worten angeloben, sondern mit der That selbst
vollbringen, für sie bey dem Erzbischofe eine
Fürbitte einzulegen, daß er ihnen Gnade ange=
deihen lasse.„

Allein kaum war dieser Rathschlag beschlossen,
als das Kriegsfeuer schon in helle Flammen aus=
gebrochen war; denn nachdem die aufrührischen
Pinzgauer den Hofmarschall zwischen Zell und
Salfelden zurückgeschlagen hatten, marschirten sie
unter Anführung des Christoph Sezenwein, als
ihres obersten Feldhauptmannes, nach Bruck, lager=
ten sich hier, und ließen die Gasteiner und Rau=
riser durch mündliche sowohl, als schriftliche Both=
schaften auffordern, ihrem Bündniße sogleich bey=
zutreten; indem sie sonst, ehe noch drey Tage
vergiengen, mit drey Tausend Knechten in ihre
Thäler einfallen, und Alles plündern und verhee=
ren würden. Die Gasteiner, denen ihr wackerer
Berg=

Bergrichter, **Kaspar Praßler**, Muth und Beharrlichkeit einzuflößen wußte, ließen sich durch
diese Drohung nicht schrecken, sondern verharrten
auf ihrem Rathschlage, und besetzten schleunigst
den Paß **Klamm** und die übrigen Gränzen ihres
Thales mit ungefähr hundert Knechten, auch schickten sie den **Michael Perckhamer** nebst einigen
andern Abgeordneten an den Erzbischof, um sich
von ihm Hülfe und Rath zu erbitten. Allein
mittlerweile hatten die Aufrührer bereits die **Rauris** mit Gewalt eingenommen, und die dortigen
Gerichtsleute zum Beytritte genöthiget. Jetzt
ließen sie unter der vorigen Drohung abermals
eine Aufforderung an die **Gasteiner** ergehen;
welche aber ihren Beytritt zum Bündnisse noch
standhaft verweigerten, und dadurch soviel bewirk-
ten, daß es die Aufrührer noch nicht wagten, in
die **Gastein** einzufallen, sondern einen andern Weg
einschlugen, und geradezu nach **St. Johanns** im
Pongau vorrückten. Die **Gasteiner** sammelten
in ihrem Thale eiligst 200 Mann, und wollten
mit denselben den **Pongauern** gegen die rebellischen **Pinzgauer** zu Hülfe kommen; allein noch
ehe ihre Mannschaft ausgerückt war, hatten die
Rebellen auch schon das **Pongau** überrumpelt,
wo sie sehr übel hauseten, und wo es daher zwi-

schen

schen ihnen und den dortigen Bauern zu blutigen Auftritten gekommen seyn würde, wenn die Bürger zu St. Johanns sich nicht in das Mittel geleget, und die Bauern miteinander verglichen hätten. Von St. Johanns aus schickten die Rebellen nochmals eine Bothschaft an die Gasteiner, und ließen diese nunmehr zum dritten Male unter fürchterlichen Drohungen zum Beytritte auffordern. Die Gasteiner sandten aus ihrer Mitte fünf Abgeordnete nach St. Johanns zu den Rebellen, um diese zu ersuchen, daß sie ihnen wenigstens auf drey Tage, bis zur Rückkunft ihrer Abgeordneten, die sie an den Erzbischof um Hülfe abgeschickt hatten, einen Stillstand und eine Bedenkzeit bewilligen möchten; allein dieser Stillstand wurde ihnen, aller Vorstellungen ungeachtet, rund abgeschlagen. Die Rebellen begegneten den Abgeordneten mit vieler Härte und Grobheit, und sagten ihnen mit trocknen Worten: „Wofern die Gasteiner nicht in drey Tagen mit fünfhundert Knechten bey ihnen im Felde erscheinen würden, so wollten sie an drey Orten, nämlich mit einem Haufen über die Waller, mit dem andern über den Glaßner Agkh (Arler Eck) und mit dem dritten über die Tafern (Tofern) in die Gastein einbrechen, und Alles verbrennen und

und verwüsten." Diese letzte Drohung machte
endlich die Gasteiner wankend und muthlos, weil
sie sich allein zu einem längern Widerstande allzu;
schwach fanden, und bisher vergebens auf eine
Hülfe von dem Erzbischofe gewartet hatten; denn
die Abgeordneten, die sie an ihn gesandt hatten,
wurden auf ihrer Rückreise durch die Rebellen an;
gehalten, ihrer Briefschaften beraubt, und gefan;
gen genommen. Hierdurch erfuhren die Rebellen
zugleich Alles, was der Erzbischof den Gasteinern
geschrieben hatte. Die Gewerken wollten zwar
dem Bündniße noch nicht beytreten, sondern hiel;
ten den Paß Klamm noch immer mit Bergknap;
pen besetzt, und waren zum Widerstande bereit;
allein die Bauern in der Gastein erklärten sich
nunmehr einhellig für die Pinzgauer, und droh;
ten, mit denselben gegen die Bergwerksverwand;
ten gemeinsame Sache zu machen, wenn diese ih;
ten Beytritt zum Bündniße noch länger verwei;
gern würden. Auf solche Art wurden endlich
auch die Gewerken und Bürger zu Hof in der
Gastein gezwungen, sich den Aufrührern beyzu;
gesellen, und dem Obersten derselben, Christoph
Sezenwein, durch Abordnung eines Ausschußes
den Gehorsam zu schwören. Anfangs schickten sie
zum Heere der Aufrührer 100 Bergknappen, und
                                            besol;

besoldeten dieselben nur auf acht Tage; indem sie noch immer hofften, der Erzbischof würde ihnen in der Zwischenzeit zu Hülfe kommen. Bey dieser unglücklichen Wendung der Dinge entwich der Bergrichter, **Kaspar Praßler**, aus der **Gastein**, und flüchtete sich zu den erzbischöflichen Truppen.

Nachdem nun die gesammten **Gasteiner**, wiewohl mit Unwillen, dem Bunde beygetreten waren, machten sie davon den **Raurisern**, als ihren bisherigen getreuen Anhängern, am Samstage vor **Misericordia** eine schriftliche Anzeige; und am darauf folgenden Sonntage erließen sie ein Schreiben an den Obersten, **Christoph Sezenwein**, wodurch sie ihn ersuchten, daß, weil sie jetzt Bundesgenossen wären, er ihren Abgeordneten, **Michael Perckhamer**, welchen sie neulich nebst andern an den Erzbischof geschickt hatten, aus der Gefangenschaft befreyen, und ungehindert nach Hause gehen lassen möchte. *)

Die

---

*) Die Aufschrift dieses Schreibens lautete: „Dem Ersamen „weisen **Cristoffen Seznwein** Obristen Veldhaubtman „der versamblten Gericht auf dem Pinzgeue, vnd Von-„geue vnnserm gunstigen lieben Herrn, und guetten „freundt.‟

Die Stände des Schwäbischen Bundes
empfanden über den neuen Aufstand der Salzburgischen Bauern den größten Unwillen, und beschlossen daher, ihren neuen Bundesgenossen,
Erzbischof Matthäus, mit allem Nachdrucke zu
unterstützen. Die Hauptleute des Bundes, welche eben zu Augsburg versammelt waren, ließen
nun alle Bundsverwandten aufmahnen, ein Drittheil der Bundeshülfe zu stellen, und damit unverzüglich nach Salzburg wider die aufrührischen
Pinzgauer zu ziehen. Schon in der Osterwoche
war der Pfennigmeister des Bundes, Leonhard
Strauß, zu Salzburg angekommen, welcher die
Anweisung hatte, das Kriegsvolk des Bundes auf
einen ganzen Monat zu besolden. Fast zu gleicher Zeit war auch Burkhart von Embs mit
drey Fähnlein des Schwäbischen Bundes zu Laufen eingetroffen. Er hielt da Musterung, und
wurde nicht nur über das mitgebrachte Kriegsvolk, sondern auch über alle übrigen Truppen,
welche gegen die rebellischen Bauern bestimmt waren, durch die Bundesstände sowohl, als durch
den Erzbischof zum obersten Feldhauptmanne bestellet.

Der Rath der Reichsstadt Nürnberg, welcher auch ein Bundsverwandter war, beschwerte

sich

sich in starken Ausdrücken über die, von den Hauptleuten des Bundes erlassene Aufmahnung; er machte, als eifriger Anhänger der **Lutherischen** Lehre, bittere Ausfälle auf die Geistlichkeit, und suchte, die Stellung der geforderten Hülfe unter dem Vorwande von sich abzulehnen, „wie man von glaubhaften Handelsleuten gewisse Nachricht hätte, daß der armen **Pinzgauer** Meinung gar nicht sey, ihren Herrn zu überziehen, oder von ihm abzufallen, sondern daß sie sich allein be= klagen, daß man ihnen nicht gehalten habe, was man ihnen zugesagt, und daß sie daher mehr nicht begehren, als daß Friede gemacht, und ihnen der aufgerichtete Vertrag gehalten würde. Des Erz= bischofs Meinung aber sey, die Unterthanen mehr und höher zu beschweren, so daß der Bund mehr pflichtig wäre, den armen Unterthanen, als dem Fürsten zu helfen. *) Durch diese Sprache mach= ten sich die Nürnberger, zumal bey den katholi= schen Ständen selbst verdächtig, und wurden deß= halb vom Herzoge **Ludwig** in Baiern sogar öf= fentlich beschuldiget, daß sie den Salzburgischen Aufrührern wider ihren Erzbischof viel kleines Ge=

schütz

---

*) (Georg Andreas **Will's**) Beyträge zur Geschichte des An= tibaptismus in Deutschland. Nebst wichtigen Urkunden und Beylagen. (Nürnberg 1773.) I. Beylage S. 218 – 221.

schüß sammt dem dazu gehörigen Vorräthe zuge-
schickt hätten. Doch diese Beschuldigung widerlegte der Rath zu Nürnberg dadurch, daß er,
seiner Beschwerde ungeachtet, am 14ten May
1526 der Aufmahnung der Bundeshauptleute zu
folgen beschloß. Er schickte demnach den dritten
Theil seiner Hülfe, nämlich 200 Mann zu Fuß,
und 13 zu Roß in das Erzstift Salzburg. Ueber diese Mannschaft war Hauptmann Kaspar
Zaunmacher, welchem Paul Grundherr als
Zahlmeister zugeordnet wurde. Die Kleidung dieser Nürnbergischen Söldner bestand in einem grü-
nen Rocke mit rothen Hosen und Kappen.

Auch die Herzoge Wilhelm und Ludewig
in Baiern nahmen sich des Erzbischofes mit nachbarlicher Theilnahme an; indem sie ihm, nach
erhaltener Aufmahnung des Schwäbischen Bundes, dessen Verwandte sie waren, alsobald einige
Soldaten zu Hülfe schickten, und zugleich auch
zwey ihrer Räthe, als den Gregor von Losen-
stain zu Geblkhofen, und den Wolf von Schellenberg, Hauptmann zu Burghausen, eigens
dazu bevollmächtigten, daß sie nicht nur dem Erzbischofe mit Rath und That an die Hand gehen,
sondern auch befugt seyn sollten, wenn sie es zur

Stil-

Stillung des Aufruhres für nöthig erachten würden, alle Städte, Märkte und Gerichtsgemeinden
in der Hauptmannschaft Burghausen zur Hülfs-
leistung aufzufordern. Die Herzoge ließen nun
am 14ten April 1526 an gedachte Städte, Märkte
und Gerichte den Befehl ergehen, allen Anordnungen, welche ihre zwey bevollmächtigten Räthe
zu diesem Ende treffen würden, gehorsam nach-
zukommen, und insbesondere die Schwäbischen,
so wie die Baierischen Truppen bey ihrem Durchzuge mit Quartiere und Mundvorrathe zu versehen. *)

Obgleich die aufrührischen Bauern im Pinzgau und Pongau durch diese ernsthaften Kriegs-
anstalten sich von ihrem Vorhaben nicht abschre-
cken ließen; so begriffen sie es doch selbst, daß
sie den Kampf nicht auf die Länge würden bestehen
können, wenn der Erzbischof durch die benachbarten Fürsten unterstützet würde. Um ihm diese
Unterstützung zu entziehen, und zugleich auch um
ihren neuen Aufstand zu entschuldigen, wandten sie
sich mit einer weitschweifigen Bittschrift an Herzog Ludewig in Baiern, in welcher sie ihn nach-

b   nach-

---

*) Dieser herzogliche Befehl ist abgedruckt in den Salleini-
schen Salz-Compromißschriften Beylage Nr. 77.

nachdem sie ihre Beschwerden wider den Erzbischof nach der Länge und Breite hererzählet, und ihre Zusammenrottirung nur als das Werk einer abgenöthigten Gegenwehr zu schildern gesucht hatten, dringend um Vermittlung ersuchten. Diese Bittschrift verdient, als ein Denkmal der damaligen Volksstimmung, immer auch von der Nachwelt gelesen zu werden. Sie lautete also:

„Durchleuchtiger hochgeborner fürst, gnädiger herr. Vnnser vnnderthännig gehorsam dienst. „feind E. frl. G. gannz willich, vnd berait, vnd „ist an E. frl. G. vnser vnnderthänigs diemmü-„tigs Pit, vnns hierInn genädigclich zuuernemen. „Als Eür frl. G. im vergangnen herbst des fünf-„vnnd zwainzigisten Jats in den Irrungen, so „sich gehalten zwischen dem von Salzburg als „vnnserm lanndsfürsten, vnd vnns ainen Ver-„trag gemacht, vnd aufgericht hat, des wir vnns „hoch erfreudt, vnd gannz verhofft, dem solt ge-„lebt, vnd volziehung beschehen. wir sein auch „nit anders willens gewesen, dem on mittel zu ge-„leben. Aber nachdem all vnser Clag, schreyen, „vnd Krieg gewesen von wegen grosser vnpillicher „beschwärung. vnd noch sein, vnd offt vnnder-„thänigist gepeten, vnns darin wenndung zu thuen, „vnd

„vnd in der Vnnderhanndlung vor E. frl. G.
„löblich Räthen, vnd änngst vor E. frl. G. selbst
„beschehen, auch mit dem vnnbertßänigisten die=
„müetigelich gepeten genädig mittel, vnd weg für=
„zenemen, damit vnns sölch grof beschwärung
„abthan, vnd nach der Pillichait geweendt wur=
„den, das vnns auch vertröst, vnd Jn Vertrag
„mit aufgedruckhten wortten in dem Vertragbrief
„geschriben ist, vnnd heten gannz glauben, vmb=
„hofnung gehabt, es wurd beschehen, aber kai=
„nen fürganng wellen haben, vnd vnns nach er=
„öffnung des Vertrags verschoben auf sanndt An=
„dreas tag, darnach auf sanndt Vincenzen tag,
„vnd darnach von einem tag zu dem andern, vnd
„am lesten gestelt auf Pfingsten, vnd sein für,
„vnd für verharrlich mit vil Volckhs, vnd mit
„vnnserm Aufschus mit versamen grosser Cost
„vnd Zerung zu Salzburg gelegen, Aber nichts
„beschliefflicher aufrichtung erwarten mügen. wol
„habn wir mit grundt verstannden, das in etlichen
„artteln (doch in den Clainisten) ain mittel vnd
„mässigung fürgenomen ist, darin wir nit Clain=
„geduIt tragen wolten, mer als der götlichen, vnd
„rechtlichen Pillichait gemäf wär vnd wo man in
„den grossen schwären sachen, obligen, vnd be=
„schwärungen auch verfarn, vnd nach der Pillichait

b 2   „wenn=

„wenndung fürgenomen, vnd abzethuen beschlof=
„fen wär. wir haben aber grindtlich verstannden,
„daß in den maisten fällen gar kain Ringerung,
„noch Pillich wenndung fürgenomen wurdt, noch
„beschehen wolt. Vnd noch zu dem allen ist be=
„gert, das ain lanndtschafft solt ain berettung,
„vnd widerspruch thuen, die ainem lanndt Vneer=
„lich wär, als solt man serb on all Vrsach,
„vnd vnpillich aufgestannden sein, vnd was man
„in dem fall gerett, vnd geschriben hab, das sey
„nit war, vnd hab sonnder dem fürssten mit dem
„allen Vnrecht than, vnd der mainung ein Co=
„pey gestelt, damit hiet ain lanndtschafft all Ir
„beschwärung, vnd Clag vermaint, vnd sich selbs
„für lugner erkhennt, darüber haben etlich nit
„solch gewalt wellen geben, sölch schanndt, Vneer,
„vnd ander überflüssig sachen auf sich zu laden.
„Vnnd wo sölchs nit begeben sein wolt, so wär
„vil annemlicher zu leiden den leiblichen todt, als
„in Vneer zu leben. wiewol die hunderttausennt
„gulden, vnd anders mer nit wol muglich ist zu
„bezallen, noch hiet man solchs mit der zeit durch
„götlich gnadt, vnd leüt hilf außpracht, aber Eer
„hiet man niemannbts mügen widergeben, vnd
„darumb, vnd am maisten von diser sach wegen
„ist Irrung erwachsen. wenn in dem Vertrag ist
„ainer

„ainer lanndtschafft kain widerspruch aufgelegt,
„vnd ist wider den Vertrag. darauf hat der fürst
„ain lanndtschafft in haß genomen, vnd nit ain
„straff, sonder ain hizige Rach gegen seinen armen
„Vnndterthan fürgenomen, als wir schreiben ge-
„nueg, habe auch den werchzeug funden, wie Er
„mit der lanndtschafft, vnd armen leüten hat wel-
„len hanndlen. Er hat das auch mit den werkhen
„bewärt, wenn Er hat als ain offenwarer Krie-
„ger mit Kriegsuolckh, mit aufgerichten fänndlen
„an zwayen ortten in das Pirg auf sein Arm
„leüt zogen, das haist kain ordenliche straff,
„Sonnder ain offenwarer Krieg, vnd ist alles wi-
„der den Vertrag, vnd wo der fürst gleich etlich
„Vngehorsam befunden hiet, So hat sich ain ge-
„main der lanndtschafft bewilligt, dieselben zu ge-
„pürlicher gehorsam, und ordenlicher rechtlicher
„straff zebringen, vnd haben darauf leüt veror-
„dennt, vnd des begert, die anzezaigen, vnd was
„Ir Verhanndlung sey, damit man gemain ain
„wissen, vnd Verstanndt ze geben. Alsdann sey
„man guetwillig mit denselben ze hanndlen, vnd
„soll vnnot sein, frembt knecht zu geprauchen.
„Es ist ainer lanndtschafft offennlich zuegesagt,
„vnd zum thail schreiben ausganngen, ain lanndt-
„schafft dabey bleiben zelassen. Vber das alles
                                              „hat

„hat man sich in gemain Pongew, Gastein,
„vnnd Rauris erpoten, vnd den fürssten mit dem
„höchsten vunderthänigelich gepeten, ob Inbert et=
„lich wären, die sider des Vertrags mit nider=
„fellen des Rotwilbts, Vischen, oder andern sich
„vergriffen hieten, dieselben strenger Straff zu be=
„geben, wann gar vil seind, die den Vertrag nit
„gehört, vnd etlich, die ben nit verstannden ha=
„ben, So sey ain gemain erpietung ain Erberige
„Eerung ze thuen, damit der Vnschuldig mit dem
„schuldigen mitleibn trag, daburch all sachen ge=
„stillt, vnd zu gueter Rue, vnd fribt Pracht werbt.
„Er hat auch an Stet, vnd Märkht begert, gelt
„zu leihen, die haben Im ain merkhlich Summa
„gelts gelihen, vnd vermaint, er solt solchs zu
„notburfft, vnd nuz dem stifft anlegen. So hat
„Er knecht barumb wider vnns bestelt, auch on
„all Pillich Vrsach zu Werfn vier burger gefann=
„gen, vnd geplundert, die noch gefanngen ligen,
„Nemblich drey, der ain ist auffhumen. Es ha=
„ben auch etlich den Vertrag also verstannden,
„nachbem sich des wilds lanng groß beschwärt
„hat, vnd noch barumb nit ordnung gemacht
„sey, vnd kain bewärte geschrift, weber aus göt=
„licher Schrifft, noch auf bewärten Rechten, noch
„ainigerley freyhait, die ainen gerechten grundt
„haben

„haben möcht, fürpringen mag, das weder Rot=
„wild, noch anders auf Armer leüt schaden ge=
„freit, vnd gelait sol werden. Indem haben et=
„lich vermaint Sy vergreiffen sich nit an den
„schädlichen thieren, dieweil es noch nit entschi=
„den, vnd beschlossen sey, wie man sich mit sol=
„chen tieren halten soll, vnd hieten sich darumb
„nit straff versehen, vnnd zuuor, das man mit
„dergleichen straff, als Malefizigen leüten leib,
„vnd leben nemen solt; vnd so Pillich maf, vnd
„ordnung gemacht wurdt, wolten Sy sich gehor=
„samblich halten. Dergleichen haben sich die er=
„poten, welch noch nit gediennt haben, oder Ze=
„hennt, auch anders schuldig wären, die wolten
„Erberlich zaln, wenn Sy hab allain not ver=
„hindert, noch vber sölchs hat sich der fürst wi=
„der sein Arme lanndtschafft erhebt, Alles, wie
„oben gemeldt ist, mit Krieg, vnd Rach. dawi=
„der sich ain Arme lanndtschaft zu gegenwör ge=
„schickht, vnd steen deßhalb gegen Vnsern fürs=
„sten (der vnnser schüzer, vnd schermer sein solt)
„in grosser geuerlichait. dem allein nach thuen
„wir E. frl. Gn. vnderthänigelichs anzaigen, das
„man sich nit on vrsach in Versamblung, vnd ge=
„genweer geschickht hat, bittundt, das E. frl. Gn.
„well gnädigelich darein sehen, damit wir arm
„leüt

„leüt von sölchen Krieg erledigt werden, vnd
„grosn Verderben, vnd Pluet vergiessen vermitten
„Pleib. wen wo ditz lannd verderbt würd, das
„tdt E. f. G. lannden, vnd leüten in vil sachen,
„vnd hanblung, auch zu grossen nachthail raichen.
„So Seyn wir erpietung, vnd gannz begirig, wo
„wir E. f. G. auch besgleichen E. frl. Gn. bru-
„der vnnserm gndbigen herrn mit leib vnd Guet
„zu vnnderthänigisten Gefallen mügen werden,
„auch mit holzwerch geen Hall, vnd wo das not
„wirdet, wol vnd nuzlich erspriessen mügen. des
„seyn wir gannz genaigt, vnd willig, damit wir
„zu ainem Pillichenn vnd fridlichen stanndt vnd
„wesen khumen mugen. das wellen wir zu ewi-
„gen Zeiten umb E. f. Gn. in aller muglichait
„vnnderthänigelich verdienen, auch zu Got umb
„E. frl. Gn. Glückh, vnd lannckh leben pitten zc.

„Vnnderthänige gemaine lanndtschafft im ge-
„pürg, im bistumb Salzburg.‟

Herzog **Ludewig** war von dem Ungrunde
der, in vorliegender Bittschrift angebrachten Beschwerden zu sehr überzeugt, als daß er sich durch
die heuchlerische Sprache der Aufrührer betäuben,
und zur Uebernahme einer neuen Vermittelung
bewegen ließ. Vielmehr mußte ihr Betragen sei-

nen

nen ganzen Unwillen rege machen, weil sie den
Frieden, welchen er im vorigen Aufstande zwischen
ihnen und ihrem Landesfürsten vermittelt hatte,
so muthwillig gebrochen, und sich durch ihren Un-
dank aller fernern Gnade selbst unwürdig gemacht
hätten.

Doch die rebellischen Bauern waren bereits
verstockt, und setzten ihre kriegerischen Unternehmungen, ohne die Folgen derselben zu berechnen,
mit blinder Wuth fort. Radstadt wurde zum
allgemeinen Musterplatze bestimmt. Dahin zogen
nun nicht nur die, nach St. Johanns im Pongau vorgedrungenen Pinzgauer, sondern an diesem Orte versammelten sich auch alle übrigen Horden der Rebellen. Nach geschehener Musterung
brachen sie von Radstadt mit ganzer Macht auf,
überwältigten den Paß Lueg, und drangen bis
Kuchel vor. Indeß hatten sie kaum Radstadt
verlassen, als Christoph Graf mit den, unter
seinem Befehle stehenden erzbischöflichen Soldaten
die Stadt besetzte, und die Thore schloß. Zu
Kuchel fanden die Bauern schon 13 Fähnlein
des Schwäbischen Bundesvolkes, mit denen sie
sogleich handgemein wurden; allein auf die Nachricht, daß Radstadt von erzbischöflichen Soldaten

ten befetzt fey, zogen fie fich in zwey Abtheilungen
wieder fchnell zurück. Die eine Abtheilung fchlug
den Weg nach der Abtenau ein; die andere hin=
gegen, welche 3000 Mann ftark war, und den
Oberften, **Chriftoph Sezenwein**, an der Spitze
hatte, eilte nach **Radftadt** zurück, berennte die
Stadt, und forderte fie unter fchrecklichen Dro=
hungen zur Uebergabe auf. **Chriftoph Graf**
war nun eingefchloffen; und wiewohl er fich auf
die Treue der Bürger ganz verlaffen durfte, fo
gerieth er doch in Furcht und Angft, weil er aus
Mangel an Lebensmitteln die Belagerung nicht
lange aushalten zu können glaubte. Er bath da=
her den Erzbifchof um fchleunige Hülfe, und er=
ftattete an ihn folgenden Bericht:

„Genedigifter Herr. Ich füeg E. frl. Gn.
„zu wiffen, das die Aufruerer am Sonntag zu
„Mittag die Statt Raffat in zuezufagen begert,
„wo nit, den freyen Knechten Preif zu machen.
„Aber die burger thuent als Redlich leüt. haben
„die Stat verganngen Montag nacht mit fturmb.
„wellen anlauffen, vnnd greiffen mit hawen, und
„fchauffln, auch. laytern mit fambt Jnen von vn=
„fer lanndtfchafft in die 800 eruordert.
„am Erichtag hab Ich Jnen

„bey, der ich mich erkhundtigt hab, das sich die
„Puntischen getailt haben auf dreü orth. bit
„eür frl. Gn. well in **Steyr,** vnnd **Kärnndten**
„Eilennt vmb hilf schickhen, dann es ist fast not.
„Ich stee warlich in grossen sorgen, dann Sy
„begern nur mein allein Jnen zu antwurten, sonnst
„solt alle welt gesichert sein, so Clagt sich mein
„Volckh, vnd beuor die Armen vast Narung,
„vnd annder menngl, wiewol Jch Jnen nach mei=
„nem vermugen, vnd was Jch hab mittailt, auch
„zuesag 2. Monat an Speif khainen Menngl zu
„lassen. Jch besorg aber, es wurd vnns Ee
„zerynnen, auch sonnst ander Mengl mer, wie
„Jch Er. frl. Gn. vor auch anzaigt hab. damit
„thue Jch mich E. frl. Gn. beuelhen. Actum
„18. Aprillis. Anno Sechs und zwainzigisten.''

Um aus **Steyer** und **Kärnthen** einen bal=
digen Entsatz zu bewirken, begann auch **Christoph**
Graf selbst unmittelbar einen Briefwechsel mit
den dortigen Edelleuten. Er schöpfte wieder Muth
und schrieb unter andern an einen gewißen **An=**
dreas Hofman:

„Vnnsern diennst mit gueten willen. lieber
„Herr **Andre Hofman.** Nachdem sich die **Pinz=**
„geri=

„gerischen Pauern sambt Irem Anhang auf die
„Stat Rasstat alher gezogen, vnd der begert
„Inen zuezesagen, vnd die Inn die 3000 starckh
„belegert. Vnd wo Ir nun auf das Ennstall
„alsdann vnns, vnd euch zu tröstlicher Hilf vnd
„beistanndt mit ainer anzal Volckhs anzugt, het
„Ich guet Hofnung, vnd kain ander gedennckhen,
„als die wildn schaff, Gaiß, vnd Pöckh auf dem
„Pinzgeue alhie umb Rasstadt in den stall ein-
„zetreiben. dann wir haben vnns mit grossen
„Vortheil auf Sy gerisst.‟

Den Bauern, welche den Weg nach der
Abtenau eingeschlagen hatten, folgten die Schwäbischen Soldaten hastig auf dem Fuße nach; allein sobald sie sich in die Schluchten verirret hatten, wo sie wegen des engen Raumes ihre ganze
Macht ohnehin nicht brauchen konnten, drehten
sich die Bauern plötzlich, fielen über die unbeson-
nenen Schwaben mit Wuth her, und jagten sie
bis Kuchel, und endlich auch von da, mit großem Verluste, gar bis nach Salzburg zurück,
auf welcher Flucht der erzbischöfliche Proviant-
meister, Jakob Seidl, Bürger von Salzburg,
getödtet wurde. Zu Salzburg hatte indessen
ein Bürger eine Verrätherey veranstaltet; allein er
wurde

wurde bey Zeiten entdecket, und zur Strafe vor seinem eignen Hause geviertheilt. Die vier Theile seines Körpers wurden auf den Landstrassen zur Schau ausgehängt; sein Haus, das auf dem sogenannten Löchelplatze gestanden hatte, wurde niedergerissen und geschleift, und an dessen Stelle eine Schandsäule mit der Aufschrift des Verbrechens errichtet.

Der, über die Schwaben erfochtene Sieg flößte den Bauern neuen Muth ein; sie giengen mit Raserey auf alle Schlösser und Höfe der Adelichen im Taugelthale und in der Gegend von Hallein los, plünderten und zerstörten sie, raubten die Kirchen aus, und trieben mit den Gefangenen schändlichen Muthwillen. Nun eilten sie nach Hallein; allein sie fanden alle Stege und Brücken abgetragen, die Thore geschlossen, und die alte Hallburg mit Stücken besetzt, aus denen von Zeit zu Zeit auf die Anrückenden geschossen wurde. Unmittelbar, so wie im vorigen Jahre, über Buch und Aigen nach Salzburg zu gehen, davor graute ihnen; denn sie hatten jetzt weder einen sichern Rücken, noch eine gegründete Hoffnung, sich der Hauptstadt zu bemächtigen, weil der Erzbischof aus gerechtem Mißtrauen die Bür-

gerr

gerschaft mit aller Strenge entwaffnet, und ihr
verbothen hatte, bey Annäherung der Bauern ihre
Wohnungen zu verlaſſen. Er ſelbſt ſtieg zu Pferde, und traff in eigner Perſon alle Anſtalten zur
Gegenwehr.

Die 100 Bergknappen, welche die Gewerken
in der Gaſtein zum Heere der aufrühriſchen Bauern geſtellt hatten, wollten nach Verlaufe der acht
Tage nicht mehr dienen, ſondern zu ihrer Arbeit
nach Hauſe gehen, weil ſie von ihren Herren nur
auf ſo lange beſoldet waren; allein man zwang
ſie zum fernern Dienſte, und beruhigte ſie mit der
Vertröſtung, daß man ihnen den Sold ſchon zu
verſchaffen wiſſen werde. Zu dieſem Ende ließ
der Oberſte, **Chriſtoph Sezenwein,** aus ſeinem
Lager vor Radſtadt an die Gewerken und Bergwerksverwandten in der Gaſtein ein Sendſchrei-
ben ergehen, in welchem er ihnen mit ſeiner Ungnade und mit Strafen drohte, wenn ſie ihren,
im Felde liegenden Knechten nicht ungeſäumt Geld
und Proviant übermachen würden. Dieſes Send-
ſchreiben hatte folgenden Inhalt:

„Mein Diennſt zuuor mit gueten willen,
„lieben herrn, vnd guet freundt. Eür ſchreiben,
„ſo

„so Ir mir am Jüngsten gethan, hab Ich mit
„seinem Innhalt vernomen, vnd verstannden, wie
„Ir euch der besoldung ewrer Knecht, so bey dem
„hauffen ligen, wellet erwidern, vnd mit dem be-
„helfen, als solt Ich ewerm Gesannten verspro-
„chen haben, Aber die erst besoldung bis auf ai-
„nen Knecht mit ainem dicken Pfenning, oder
„aufs maist mit ainem halben Gulden erstrekht solt
„sein, nichts weiter zu bringen, So wissen doch
„ewer gesanndten, vnd ander Aufschuß von den
„Gerichten, die bey der hanndlung zu Sandt Jo-
„hanns gewesen, das derselb Euer Aufschuß In
„namen ewer der vom Perckhwerch, vnnd lanndts-
„schafft mir In namen ainer Ersamen lanndts-
„schafft gelobt, vnd geschworn haben mit derselben
„zu heben, vnd legen, als weit Euch Euer leib,
„Eer, vnd guet erraich; wo Ir aber Euer fürs-
„nemen, wie uorsteet also wolt wilfarn, wär Eürn
„gethanen Glüb, vnd zuesagen nit gemäß, sonn-
„der gannz widerwertig. Als Ir auch anzaigt,
„Ir wist das Perckhwerch also nymer zu arbeiten,
„vnd muest es niderlegen lassen, so wirt Ich doch
„glaubwirdig bericht, das die Perkhwerch das ver-
„ganngen Jar auch in dermassen leüffen noch mit
„vil weniger Volckh, als yez bey euch ist, Erber-
„lich, vnd wol gearbait, vnd Erhalten ist worden.

„Es

„Es khumbt aber glaubwirdig an mich, wie Ir
„die Arbaiter, vnd dem Perckwerch Verwanten
„mit obangezaigten sachen Vnns, vnd vnserm
„löblichem, vnd notdurfftigen Pundt zu abfall auf
„Irem Glüb, vnd Anden zu weisen, vnd zu brin=
„gen genaigt seit, vnd also gweltigelich durchzu=
„faren vnndersteen wellet. Vnd sonnderlich in
„dem, das Ir nit allein den weiben, vnd Kynn=
„den deren Man, vnd väter hez bey dem hauffen
„verwont, sonder auch denen die hez anhaimb zu
„Arbaitn wolten, vnd ain Perg arbaiten, kain
„oder doch wenig liftung raichet, vnd widerfaren
„lasset. vnd wo dem also wär, hetten Ich, vnd
„ain Ersame lanndtschafft nit ain khain Missallen
„ab. Ist demnach mein Ernstlich manmung, vnd
„geschäfft an Euch, das Ir in Euerem glüb,
„vnd And beharret vnd Nachkomet, vnd auf ewer
„Kriegsvolck von stund an Gelt, vnd Proviant
„verordent, vnd den Knechten aufs nechst zue
„schickhet, wie andere Gericht, vnd euch darinen
„kaineswegs saumet, oder erwidert, damit wir
„spurn mögen, ob Ie neben ainer Ersamen lanndt=
„schafft welt heben, vnd legen, vnd ob Ir freundt
„oder feindt sein wellet, erkhennen mögen. Nicht
„bester mynder wellet auch das Perckhwerch wie
„das verganngen Jar erlich erhalten, vnd arbeitn
                                    „lassen,

„laſſen, vñb deren Knecht, ſo in Veld ligen,
„weib und Khindt, vnd die noch khomfftiger Zeit
„ervordert möchten werden, auf die ſpän daSy ar̄
„Jüngſten gearbait liferung, vnd vñnberhaft ge-
„ben, nach gezimblichen, und gebürlichen ſachen,
„ſambt denen, die bey euch arbaiten, vnd euch
„kainsweg mit anderer Mewteray merckhen laſſen.
„daran thuet Jr mein ernſtliche maynung vnd ge-
„ſchäfft, wil mich des auch freundlicher maynung
„gennzlich zu euch verſehen. wo Jr das nit
„thuett, wurdt Jch verurſacht euch mit Vngna-
„den, vnd gepürlicher ſtraff haimbzuſuechen. wel-
„let auch auf mich, vnd mein leyttinger, vnd zwen
„trabanten, Veldtſchreiber, vnd andern koyſſöld-
„nern, der man nit mangel haben mag, vnd auf
„die vier von den hohen Ambtern Gelt verordnen,
„vnd aufs nechſt zueſchickhen. damit was euch lieb
„iſt. datum vor Raſſtat im Gleger am Pfing-
„ſtag nach Sant Jörgen tag im Sechs vnd zwain-
„zigiſten Jar vmb die viert ſtundt nachmittag.

> „Chriſtoff Sezenwein
> „Obriſter Veldhaubtman.“

Dieſe drohende Zuſchrift wirkte um ſo mäch-
tiger auf die Gewerken und Bergwerksverwandten
in der Gaſtein, da ihnen alle Gemeinſchaft nicht

nur mit dem Erzbischofe, sondern auch mit ihren
Handelsfreunden in Kärnthen und Steyer abge=
schnitten war; denn die zwey Obersten Feldhaupt=
leute, sowohl Sezenwein, als Neufang, hat=
ten die Wege und Strassen aus der Gastein
ringsherum mit starken Wachen besetzt, welche sie
aus Mißtrauen nicht den Bergknappen, sondern
den Bauernknechten anvertrauten. Diese Wachen
hatten den strengsten Befehl, Niemanden aus dem
Thale ziehen zu lassen, der nicht unmittelbar von der
obersten Feldhauptmannschaft selbst einen Paßport
aufzuweisen hätte. *) In dieser Klemme mußten
sich die Bergwerksverwandten Alles gefallen lassen,
was ihnen die Rebellen vorschrieben. Sie über=
machten demnach nicht nur den verlangten Sold für
ihre, schon im Felde stehende Mannschaft, son=

dern

---

*) Diese Strenge gieng so weit, daß nicht einmal Weiber
herausgelassen wurden. Die Ehewirthinn des, im vorigen
Aufstande als Hauptmann bekannt gewordenen Gewerken,
Martin Zott, welcher dermal von der Gastein abwesend
war, und sich auf seinem Bergwerke am Steinfeld auf=
hielt, wollte ihren Gatten besuchen. Ihr Schwager, Hie=
ronymus Zott, ersuchte für sie den Hauptmann in der Ga=
stein, Wolfgang Hengl, um einen Paßport; allein die=
ser getraute sich keinen zu ertheilen, sondern berichtete das
Gesuch an den Obersten Feldhauptmann.

dern stellten von dem Bergwerke noch überhin,
auf ihre Kosten, 50 Mann ins Feld.

Auf die Vorstellung des, nun in Radstadt
eingeschlossenen Christoph Graf säumte der Erzbischof nicht, sich in Steyer und Kärnthen um
Hülfe umzusehen. Es ward die Verabredung getroffen, daß Franz von Thanhausen aus Steyermark mit erzherzogl. Oestreichischen Hülfstruppen in das Erzstift einbrechen sollte. Dieser kam
wirklich mit ohngefähr 500 Reitern und Fußgän-
gern über Murau in das Lungau, vertrieb die
Rebellen aus Tamsweg und Moßheim, und
kam ungehindert bis Mauterndorf. Von da
aus schickte er Kundschafter auf den Tauern,
welche den Wirth daselbst, Namens Grünewald,
gefangen nahmen, und zurück zum Obersten von
Thanhausen brachten. Dieser fragte den Gefangenen, ob er keinen nähern Weg wüßte, um das
daselbst befindliche große Verhau zu umgehen; allein obgleich ihm dieser von einem Wege sagte,
der zwar etwas weiter, aber sicherer wäre, so folgte er ihm doch nicht, sondern rief, weil ihm der
Umweg zu zeitverderblich schien, Freywillige auf,
schickte sie mit dem Andreas Ungnad voran,
und folgte ihnen mit den übrigen nach. Diese
Unbehutsamkeit kam ihm theuer zu stehen; denn

E 2

die

die Rebellen waren von seinem Anmarsche zeitlich benachrichtiget worden. Ohne daher ihren
Sieg, welchen sie bey Kuchel über die Schwaben errungen hatten, weiter zu verfolgen, eilten
sie durch die Abtenau nach Radstadt und auf
den Tauern, wo sie sich im Verhaue und in engen Schlufwinkeln versteckten. Sobald nun Thanhausen mit seinem ganzen Haufen auf dem Tauern angekommen war, sprangen die Bauern aus
dem Hinterhalte hervor, fielen den Feind von
Vorne und Hinten zu gleicher Zeit mit großem
Geschreye an, und jagten ihn mit Verluste von
200 Mann bis Mauterndorf zurück. Unter
den Todten befanden sich vom Adel die zwey
Brüder, Leonhard und Jakob von Ehrenau,
wovon ersterer Hauptmann, und der zweyte Fähn-
rich war; ferner die beyden Hauptleute, Anton
Brand und Lukas Stiber. Ein gewisser Kaspar Rauber mußte sich gefangen geben, und
ward nachher enthauptet. Andreas Ungnad
entkam durch List, und der Oberste von Thanhausen zog sich fechtend zurück.

Indeß die Bauern über den Tauern gegangen waren, rückte Philipp Stumpf aus Steyermark durch das Ensthal mit neuen Oestreichischen

schen Hülfstruppen heran. Er gieng bey Radstadt vorbey, nahm seinen Weg durch die Abtenau, und vereinigte sich mit den Schwaben zu Kuchel, wo diese damals ihr Lager hatten. Nachdem das Schwäbische Bundesheer diese Verstärkung erhalten hatte, brach es von Kuchel gegen Hallein und Salzburg auf, wandte sich gegen Berchtesgaden, und gieng über den Hirschbühel nach Lofer. Hierauf nahm es die, von den Salfelder Bauern besetzte Clause mit Gewalt ein, und bahnte sich dadurch den Weg in das Unterpinzgau, wo es sich um Salfelden herum lagerte. Beynahe zur nämlichen Zeit hatte der, nunmehr als erzbischöflicher Feldhauptmann angestellte Michael Gruber von Handwerksburschen und Knappen zu Kitzbühel und auf dem Kirchberg zum Dienste des Erzbischofes zwey Fahnen zusammen gebracht, und wollte mit denselben in das Oberpinzgau einfallen. Allein sein Vorhaben wurde durch die Wachsamkeit der Bauern, welche die Bewegungen ihrer Feinde genau beobachteten, völlig vereitelt; denn sobald sie davon unterrichtet waren, schickten sie aus ihrem Lager vor Radstadt, unter dem Befehle ihres obersten Feldhauptmannes, Marx Neufang, 800 Mann ab, welche eiligst über Bramberg in das Brixen

renthal einrückten, und auf den **Michael Gra**-
ber losgiengen. Dieser, welcher sich übermannt
sah, hielt nicht Stand, sondern ergriff zeitlich die
Flucht, und sein ganzer Heereshaufen lief auseinander. Wie nun die Bauern in dieser Gegend
keinen Widerstand fanden, machten sie sich an
die Schlösser **Engelsberg** und **Ytter**, welche
sie ausplünderten und verbrannten. Jenes hatte
zwar keine Besatzung; dieses aber war mit aller
Nothdurft wohl versehen, und hätte sich daher allerdings halten können, wenn nicht der Pfleger eine feige Memme gewesen wäre, und dasselbe, ohne einigen Widerstand, den Rebellen übergeben
hätte. Nun zogen die Bauern mit ihren Sieges-
zeichen frohlockend wieder nach dem **Pinzgaue**
zurück, und ihr Muthwille erstieg eine solche Höhe, daß sie von gar keinem Vertrage mehr
hören wollten, und aller Vorschläge spotteten,
die man ihnen zur Aussöhnung machte. Ihr oberster Feldhauptmann, **Marx Neufang**, schlug
zu **Mittersill** sein Lager auf, und erließ daraus
am Mittwoche nach Pfingsten an **Wolfgang**
Zeügl, Hauptmann in der Gastein, und an
die übrigen Bergwerksverwandten daselbst, welche
sich in Besoldung ihrer, im Felde stehenden Knappen noch immer säumig bezeigten, und daher als

heim-

heimliche Anhänger des Erzbischofes beschuldiget
wurden, folgendes Sendschreiben:

„Mein dienst zuuor, freundtlich lieb Nach-
„pern. Ich hab etlich von der burgerschafft für
„mich eruerdern lassen, vnd Ir kainer gehorsam
„erschinen, das Ich dann nit vnbillich missfallen
„trag. Nun ist mein Ernstliche maynnung, vnd
„geschäfft an Euch, das Ir darob seit, damit Sy
„meinem voraufgangen geschäfft nachkhumen, vnd
„vor mein in Eyl erscheinen, wo das nit beschäh,
„wurdt Ich Ire hab, vnd güeter gemainen Knech-
„ten preysgeben, vnd in erscheinen, vnd die knecht
„Ir besöldung dauon bekhomen lassen. das mügt
„Ir In anzaigen, damit Sy Sich vor schaden
„wissen zu hüetten. weitter nachdem etlich feder-
„hannsen bey euch seindt, die mir meine Ge-
„sanndten in ainer Gestallt widerumb herausserti-
„gen, das mir nit zu gedulten steet. demnach ist
„mein Ernstlich geschäfft an Euch, mir dieselben
„von stund an vennckhlich anzunemen vnd Vberze-
„antworten. wo das nit bescheh, nues Ich weg
„gedennkhen, wie Ich dieselben zuwegen Pringen
„möcht, das Ir auch kain gewies hiet. dann Ir
„wißt, das manigsmal der vnschuldig des Schul-
„dig nueß Enntgelden. darumb wellet dapffer
                                              „dar-

darJnn hanndln, vnd sonnderlich beuilch Jch
„euch haubtman, das Jr ernstlich darJnn hanndlt,
„auch wellet in allen Zechen euch bemüeen, damit
„Jr auf Eür knecht von stundt an gelt verordnet,
„sonst wolten Sy unrue, vnd Arbait stifften, das
„Pald mir, vnd Euch zu nachthail kham. da-
„mit was euch lieb ist. Datum Mitterfill am
„Mittichen in den Pfingsten. Jm Sechs und
„zwainzigisten Jar.

> „**Marr Neufang**,
> Obrister Veldthaubtman.‟

Der gebietherische Ton dieses Sendschreibens,
besonders aber die befohlene Auslieferung der, von
Neufang sogenannten Federhannsen (Prahler),
welche seinen Gesandten unartig begegnet seyn sollten, erregte in der Gastein eine große Bestürzung. Folgende neun Gewerken und Bürger,
als **Hanns Weitmoser**, **Christoph Kirchpüch-
ler**, **Hanns Würfl**, **Heinrich Khunhauser**,
Thomas Vogler, **Jörg Streckhseisen**,
Hanns Klingler, **Hanns Viechter**, und
Christian Schmid fanden sich dadurch am meisten betroffen; sie verfaßten dagegen ein umständliches Entschuldigungsschreiben, und behaupteten
unter andern, „daß, wenn auch Jemand aus ihnen

„nun Etwas verbrochen hätte, die Bestrafung
„desselben, in Gemäßheit des jüngsthin zu St.
„Johanns im Pongau von den Ausschüssen al-
„ler Gerichte gemachten Schlusses, doch nicht dem
„Kriegsobersten, sondern der Gerichtsgemeinde,
„worunter der Verbrecher gehöre, zukäme."
Sie erklärten demnach, daß sie zwar dem Bunde
getreu bleiben, aber, wenn sie Etwas verschuldet
hätten, darüber nur die Landschaft (Gerichtsgemeinde) in der Gastein als Richterinn anerkennen
wollten. Neufang machte sich durch sein hartes,
willkührliches Verfahren bey den meisten Gerichtsgemeinden auch wirklich so verhaßt, daß er nicht
nur bald darauf seiner Stelle entsetzet, sondern
die Gewalt des obersten Feldhauptmannes überhaupt mehr beschränket, und dafür ein Kriegsrath angeordnet wurde, welcher die allgemeinen
Angelegenheiten des ganzen Bauern-Bundes zu
besorgen hatte, und zu welchem aus jedem verbündeten Gerichte ein ansehnlicher, rathmässiger
Mann als Mitglied erwählet wurde. Dieser neue
Kriegsrath empfahl sich bey den Gasteinern gleich
dadurch, daß es eine seiner ersten Beschäftigungen
war, die Wege und Straßen aus ihrem Thale
über den Tauern zu öffnen und die bisherige
Handelssperre aufzuheben. Die Bürger und Ge-

wer-

werken in der **Gaſtein** machten am Sonntag nach
St. Veit von dieſer Oeffnung der Straſſen den
Bürgern des Marktes zu **Velach** eine ſchriftliche
Anzeige, und erſuchten ſie, mit ihnen wieder in
Verkehr zu treten, und ihnen Bley und Wein zu
ſchicken, wofür ſie denſelben ihre Erzeugniſſe an-
bothen.

Inzwiſchen ſpielten die Rebellen im **Pinzgaue** durchaus den Meiſter, und fielen mit ihrer gewöhnlichen Rachgier über die daſigen Edel-
höfe und Schlöſſer her. Die Mitterſiller Bauern
erſtürmten, unter Anführung des **Matthies Stöckl,**
Hohenbrämbergers zu **Brämberg,** und in Begleitung der Zillerthaler das Schloß **Mitterſill**
und ſteckten es in Brand. Die **Taxenbacher**
und andere umliegende Bauern, welche den **Auguſtin**
Kolmbichler, Beſitzer des Kleinlehens, zum Anführer hatten, plünderten und verbrannten die
Schlöſſer **Fiſchhorn** und **Taxenbach.** Mit
gleicher Wuth wurden auch die Schlöſſer **Kaprun**
und **Lichtenberg** ausgeraubet und eingeäſchert.

Alle feſten Plätze im Gebirge fanden ſich nun
in den Händen der aufrühriſchen Bauern, die
Stadt **Radſtadt** allein ausgenommen, welche
zwar fortdauernd belagert, aber, ihrer ſchwachen
Be-

Besatzung ungeachtet, durch ihren Pfleger, Chri=
stoph Graf, mit Beyhülfe der Bürgerschaft wa=
cker vertheidiget wurde. Doch jetzt zeigte sich den
Bauern eine nähere Hoffnung, auch diesen wichti=
gen Platz zu erobern; denn in ihrem Lager vor
Radstadt waren so eben zwey Tyrolische Parten=
gänger, Sebastian Mayer und Leonhard
Geismayer, ehemaliger Sekretär des Bischofes
zu Brixen, den er bey seiner Entweichung be=
stohlen hatte, mit drey Fahnen Kriegsknechte an=
gekommen. Dieses Volk hatte Geismayer auf
Anstiften und im Solde der Venediger ange=
worben, und den Salzburgischen Aufrührern zur
Verstärkung in der Absicht zugeführet, damit Erz=
herzog Ferdinand in Deutschland beschäfftiget,
und dadurch gehindert werden sollte, den Deut=
schen, welche in Italien gegen die heilige Liga
(den Pabst und seine Bundesverwandten) foch=
ten, eine Hülfe zuschicken. Geismayer sprach
nun, sobald er vor Radstadt eingetroffen war,
den Belagerern Muth zu; und da diese jetzt ver=
stärkt waren, und bisher mit ihren hölzernen, mit
eisernen Reifen beschlagenen Stücken der Stadt
ohnehin wenig anhaben konnten; so beschlossen sie,
unter der Leitung und Aneiferung ihres neuen Füh=
rers, dieselbe mit stürmender Hand einzunehmen.

Drey

Drey Male liefen sie Sturm; allein sie wurden
von den Belägerten jedes Mal mit Verluste zu=
rückgeschlagen.

Da übrigens die kleinen Heereshaufen, wel=
che bisher wider die Rebellen zu Felde zogen, im
Ganzen nichts ausrichteten; so ließ sich Erzbischof
Matthäus mit allem Eifer angelegen seyn, den
Erzherzog von Oestreich, die Herzoge in Baiern
und die übrigen Stände des Schwäbischen
Bundes zu bewegen, daß sie ihm so viele Trup=
pen, als sie auf den Beinen hätten, schleunigst
zu Hülfe schicken möchten. Zu Ende des Mo=
nats May reisete er daher selbst mit einem gerin=
gen Gefolge, worunter sich sein Kaplan, Ulrich
Ehinger, als Zahlmeister befand, über Mühldorf
und Erding eilends nach München, um die
Herzoge Wilhelm und Ludwig zu besuchen,
und sich mit ihnen über die Maßregeln, seine aufrüh=
rischen Unterthanen zu bändigen, mündlich zu be=
sprechen. Am 1ten Juny kam er zu München
an, hielt sich aber daselbst nur 2 Tage auf, und
traff im Rückwege schon am 5ten darauf wieder
zu Titmaning ein. Die Ausgaben, welche ihm
diese Reise verursachte, betrugen nach dem Rech=

nungs

nungs = Register seines Kaplans 211 Fl. 9 Schil-
lindg und 3 Pfennige. *)

Der berühmte Bischof zu Gurk, Hieronymus Balbus, welcher sich, mit päbstlicher Bewilligung, zu Rom aufhielt, und da sein Leben
zuzubringen beschloß, resignirte am 13ten Junny
1526 sein Bisthum in die Hände des Pabstes, jedoch
mit Vorbehalt des Titels und der bischöflichen
Würde durch die gänze Kirche. **) Im Bisthume folgte ihm nun sein bisheriger Coadjutor,
Anton Hoyos von Salamanca, ein gelehrter
Spanier, mit welchem Erasmus von Rotter-
dam in Briefwechsel stand.

Auf Betrieb des Erzbischofes kamen endlich
von mehreren Seiten zahlreiche Hülfstruppen auf
den

---

*) „Ulrichen Thinger Capellan Rait Register auf or-
„dinari vnnd extraordinari außgaben, in vnnsers
„gnedigisten herrn Cardinals Erzbißhoven zu Salz-
„burg Rais gen München, Anngefanngen Am Erch-
„tag den ffrytag Maii, vnnd geendet An Erchtag
„den fünfften tag Juhii Anno Im ffvice"n. Aus der
hochfürstl. Hofraths = Registratur.
**) Nach der Resignation lebte er noch mehrere Jahre, und
starb erst 1535 in einem hohen Alter. Josephus de Retzer
de vita et scriptis Hieronymi Balbi pag. XXXII. vor seiner Ausgabe der sämmtlichen Werke dieses Bischofes.

den Gränzen des Erzstiftes an. Unter Anführung
des Grafen Niklas von Salm, welcher durch
die neuliche Verwüstung der Stadt Schladming
sich allen Rebellen fürchterlich gemacht hatte,
rückten aus Steyermark zu gleicher Zeit 4 Fahnen über Mandling, und 8 Fahnen der besten
Schwäbischen Bundes = Soldaten über den Tauern
zum Entsatze von Radstadt heran.

Mit Beyhülfe so vieler fremden Kriegsvöl-
ker fand sich jetzt Erzbischof Matthäus allerdings
im Stande, seine aufrührischen Unterthanen durch
einen Hauptschlag zu Paaren zu treiben und zur verdienten Strafe zu ziehen; allein ehe er es auf das
Aeusserste ankommen ließ, wollte er noch die Güte
versuchen, und ließ daher aus Salzburg am
Samstag nach St. Veits = Tag (den 16. Juny)
an seine getreuen Landstände ein umständliches
Ausschreiben *) ergehen, in welchem er betheuerte,
daß er seiner Seits den Friedensvertrag in allen

Punc-

---

*) Dieses Ausschreiben ist vollständig abgedruckt in Hundii
Metropol. Salisb. Tom. I. pag. 55 — 60. Ducher's Salzburgischer Chronik S. 243 — 255. Lünigs Spicilegio ecclef. I. Th. Fortsetz. S. 1028. und in Lorenz Hübners Beschreibung der Haupt = und Residenzstadt Salzburg II.
Band S. 55 — 66.

Puncten gewissenschaft zu erfüllen gesucht, und ohne Einwilligung des landschaftlichen Ausschuses nichts unternommen hätte. Er widerlegte hierauf die, wider ihn ausgesprengten Verläumdungen; er erzählte der Reihe nach die von den Urhebern des neuen Aufstandes gespielten Ränke und verübten Gewaltthaten, und warnte am Ende die übrigen Unterthanen, welche es bisher entweder freywillig, oder aus Zwang mit den Aufrührern gehalten hatten, daß, wenn sie mit dem gewaltsamen Ueberzuge verschonet, wenn sie nicht an Leib und Gut gestraft, und sammt Weib und Kindern von Hause und Hofe vertrieben werden wollten, sie augenblicklich von dem Aufruhre abstehen, und sich den Ständen des Schwäbischen Bundes auf Gnade und Ungnade ergeben sollten.

Doch diese letzte Warnung des Erzbischofes fruchtete so wenig, als seine vorausgegangenen Abmahnungen. Die aufrührischen Bauern ließen es also auf die Gewalt der Waffen ankommen, theils weil sie durch ihre bisherigen kleinen Siege verblendet waren, theils weil die Rädelsführer für dieses Mal, auch bey einer freywilligen Unterwerfung keine Gnade mehr zu hoffen hatten.

Sobald Salm bey Radstadt angekommen war, stellte er seine Truppen in Schlachtordnung,

und

und griff mit seinem gesammten Fußvolke, unter Bedeckung der Reiterey, von allen Seiten das Lager der Bauern an. Diese wurden nach einigem Widerstande überwältiget und mit großem Verluste aus ihrer Stellung vertrieben. Sie flohen nun, weil der nacheilende Feind keine Gnade gab, sondern Alles, was ihm aufstieß, unbarmherzig niedermetzelte, über Hals und Kopf in ihr altes Lager zu Altenmarkt, und suchten sich da zu verschanzen; allein auch hieraus wurden sie bald verjagt; denn nachdem die Bundes = Truppen am Erchtag nach St. Veitstag Radstadt entsetzet hatten, setzten sie den Flüchtlingen mit ganzer Macht eilends nach; sie umringten Altenmarkt und zündeten es an, und drangen sodann in Verfolgung der Rebellen bis nach St. Johanns im Pongau vor, wo sie den Markt nebst den zunächst liegenden Häusern ausplünderten und ebenfalls in die Asche legten. Nachdem sie nun im Pongaue die aufrührischen Horden theils niedergemacht, theils völlig zerstreuet hatten, kehrten sie wieder nach Radstadt zurück, um auch den Tauern und das Lungau von den Rebellen ganz zu reinigen.

Wäh=

Während dieß im Pongau vorgieng, brachen
die Schwäbischen Bundes-Truppen, welche sich um
Salfelden herum gelagert hatten, und immer
verstärkt worden waren, unter Anführung, des
obersten Feldhauptmanns Burkhart von Embs,
in geschlossenen Gliedern nach Zell und Piesen-
dorf auf; sie machten Jagd auf die bewaffneten Haufen und hieben gleichfalls Alles darnieder, was ihnen mit einem Gewehre entgegen
kam. Viele Bauern, die bey der Niederlage vor
Radstadt sich gerettet hatten, und jetzt ihrer
Heimath zueilten, fielen ihnen in die Hände.
Diese mußten ohne Ausnahme über die
Klinge springen. Ueberhaupt begann jetzt im
Pinzgaue eine schreckliche Metzeley. Die schönen Gefilde dieses großen Thales wurden mit Leichen bedecket; denn nicht nur wehrhafte Männer
wurden in Menge ermordet, sondern der ergrimm-
te Schwäbische Bundessoldat stach in der ersten
Wuth auch Weiber und Kinder nieder, oder
warf sie, je nachdem er ein Haus angezündet hatte, in die auflodernden Flammen hinein, und
fluchte ihnen noch die Worte: „Lutherische
Hunde" in die letzten Zuckungen nach.

Burkhart von Embs schlug zu Piesen-
dorf sein Lager auf, und ließ daraus, im Na-

f   men

mien der Stände des Schwäbischen Bundes, an
die Gerichte im Pinzgau den Befehl ergehen,
daß ein Jeder, wie er im Kriege bewehrt gewe=
sen war, auf den Sonntag vor St. Ulrichs = Tag
(den 1ten July) zu Tapenbach erscheinen, und
dem Erzbischofe von Neuem huldigen sollte. Es
erschien daselbst zwar eine ziemliche Menge Volks;
allein einen größern Theil hielt die Furcht zurück.
Denjenigen Unterthanen, welche sich da am be=
stimmten Tage zur Huldigung eingestellt hatten,
wurden nun, nachdem sie ihre Gewehre nieberge=
legt hatten, mehrere Artikel vorgelesen, die sie
nachsprechen und eidlich angeloben mußten. Die=
se Artikel *) lauteten folgender Maßen:

Je

---

*) Sie erschienen auch im Drucke, unter dem Titel: Wel=
cher gestalt die Aufrürigen Salzpurgischen Unn=
derthanen, Nach dem Sy durch die Stennd des
Pundes zu Schwaben widerumb zu gehorsam ge=
bracht sein, vnd sich in gnad vnd vngnad des Pandts
gegeben, von newem Huldigung gethan haben,
(Ohne Druckort und Jahrzahl) 1 Bogen in 4to. Der Ab=
druck dieser Huldigungs = Urkunde wird von G. Th.
Strobel in den Beyträgen zur Litteratur besonders des
sechszehnten Jahrhunderts (Nürnb. 1785.) zweyt. Band
S. 99, und von C. G. Weber in der Litt
deutschen Staatengeschichte I. Th. (Leipz.
irrig auf das Jahr 1525 zurückgesetzet.

„Ir werdet ainen Ayd zu Gott
„vnd den Hailigen schworen.

„Erstlich, das Ir dem Hochwirdigisten
„Fürsten vnd Herren, herr Matheusen, der
„Hailigen Römischen Kirchen Cardinaln, Erz-
„bischoven zu Salzpurg, Legaten des Stüls zu
„zu Rom, vnd seiner Fürstlichen gnaden nach-
„kumen, der mit Rechter wal, des Thümbcapi-
„tels zu Salzpurg erwöllt wirdet, trew, gehor-
„sam vnd gewertig sein wellet vnd sollet, Als
„ewrem Rechten Erzbischove, vnd Natürlichem
„Herrn, vnd Landßfürsten, seiner Fürstlichen vnd
„seiner F. g. Stiffts, schaden wennden, vnd fro-
„men werben, getrewlich one geuerde.

„Zum Annbern, Das Ir all vnd yede
„Verpflichtung vnd Pündtnuß, so jr yezt vnd
„vor, wider Ewrn Landßfürsten, Oberkait, vnd
„ander gemacht, Verprieft, ober geschworen habt,
„auf

f 2

---

zug davon hat Zübner in der Beschreibung der Haupt
und Residenzstadt Salzburg II. Band S. 39. aus Schlachte-
ner's handschriftlicher Chronik zellefert, aber sich darin
durch seinen Gewährsmann gleichfalls irreführen lassen,
daß er glaubt, dieser Auszug sey eine Erläuterung des,
zwischen dem Erzbischofe und seinen Unterthanen im Jahr
1525 geschlossenen Friedensvertrages.

„aufheben, abthun, vnd derselben anainannder er=
„laſſen. Auch obberhalben Brief aufgericht, das
„Jr dieselben in Acht tagen den nechſten, den
„Pündtiſchen Commiſſarien, gen Saltzpurg zu=
„ſtellen vnd anntwurten wellet.

„Zum **Dritten,** Das Jr vnnſern gnedigi=
„ſten Herren Cardinal, ſeiner F. g. Capitel, den
„von Prelaten, Ritterſchafften vnd andern ewern
„Oberkaiten, jr Rennt, Zinnſs, Güllten, Ge=
„horſam vnd Dienstbarkait, wie von alter her,
„trewlich Raichen, Dienen und laiſten wellet.

„Zum **Vierdten,** Das Jr die jhenigen, ſo
„netzt auß dem Lande, diſer Aufruerhalben, ent=
„loffen, oder ſonnſt von Jres Verprechens wegen
„das Lanndt verpotten wäre, nit hauſen, hofen,
„fürſchieben, mit denſelben haimlich, noch offen=
„lich gar khain thun haben, ſonnder wa jr die=
„ſelben ſambt vnd ſonder, im Fürſtenthumb vnd.
„Stifft Saltzpurg erfart vnd gewar werdet, das
„Jr die vonſtunban vengklich annemen, Vnd in
„ain yede Pfleg oder Gericht darinnen Sy be=
„tretten werden, antwurten wöllet.

„Zum **Fünfften,** Damit der Stifft vnd
„Vnnderthanen bey beſtenndigen Fried beleiben,
vnd

„vnd dergleichen Aufrur, Verderben vnd Schaden
„in kŏnnfftig zeit verhŭt, vnd die Aufwigler ge=
„straft werden, Das Jr dieselben Haubtleut,
„Aufwigler und Rebelfuerer von Namen zu na=
„men ṅetzt vonstundan dem Oberisten und kriegß=
„reten anzaigen vnd benennen wŏllet. Vnnd zu
„noch pesserer sicherhait, das Jr fŭro khain lan=
„ge wŏr, weder Spieß, Helmparten noch
„Hanndtror, ausserhalb Ewr Oberkait zŭlassen,
„nit mer tragen, khauffen, oder in ewren Heŭ=
„sern haben wellet, ausserhalb gewondlicher Seṅ=
„tenwŏren, die sŏllen Eŭch auß gnaden zuegelaß=
„sen sein. Ob aber dergleichen wŏren, beṅ Eŭch
„gefunden, das jr deßhalben an Ewren Leiben
„und Guetern gestrafft werden sollet.

„Zum Sechßten, Das Jr sambt vnd
„sonnder, allgenomen Varnuß und Güter, wie
„dieselben Namen haben, souil der beṅ Eŭch
„seṅen, oder angezaigt werden mügen, Vnserm ge=
„nebigisten Herrn, oder anndern, denen Sṅ ent=
„frembdt oder genommen worden, vonstundan
„wider zuestellen, vnd anntwurten, Deßgleichen
„mit dem hochgedachten vnserm gnebigisten Her=
„ren oder anndern, vmb die zuegefüegten Sche=
„den mit Plündern, oder Verprennen, guetlichen
ver=

„vertragen. Vnd ob aber darinnen khain güetlicher
„Verttrag funden oder erhebt werden möchte, das
„Jr alßdann gemainer Stennde des Pundts,
„oder jrer dartzue verordenten Räten vnd Beuelß-
„haber, enndtlich Erkantnuß leiden, vnd on ver-
„rer außred oder aufhallten trewlich vollziehen
„wöllet.

„Zum Sibenden, Das Jr all sament vnd
„sonder Ewr angepür an den Vierzehentausend
„gulden, so durch die Statt Salßpurg den
„Ständen des Pundts, laut vnsers genedigen
„herren Hertzog ludwigen in Bayrn rc. Ver-
„trag, bezahlt sein, vnd von Euch noch vnbezalt
außsteend, auch in ainem Monadt den nechsten
on abgang Erlegen vnd Entrichten wöllet.

„Zum Achten, Das Jr alles das, so auf
„jüngstem landtag zu Salßpurg, durch gemai-
„ne lanndtschafft beschlossen worden, annemen be-
„willigen, darzu vollziehen, Vnd deßhalben
„Ewre volkomne gewält in Vierzehen tagen den
„nechsten gen Salßpurg schicken.

„Zum Neunten, Nach dem durch disen
„vnpillichen Ewren Aufstandt, die gemainen
„Stennde des Pundts in Swaben, in ainen über-

be-

beſwerlichen vncoſten, vnd biß in etlich Hundert
„tauſend Gulden geführt, Daneben zu abrichtung jres
„Kriegßuolcks' etlich vil Tauſent Gulden, alſo
„par bezalen, vnd haben müeſſen, damit dann
„ſolh Kriegßuolckh entricht, Vnnd auß dem Lan-
„de gebracht, vn merer Schaden vn verderben
„der Lanndtſchafft verhuett werden müge, ſo ſol-
„len die Rottmaiſter oder Oblewt, in ainem
„yegklichen Gericht oder Stab, auf ain yegkli-
„che Feürſtatt Vier Gulden Reiniſch ſchlagen,
„Doch ſoll der Reich den Armen vbertragen, auch
„die jhenigen, ſo durch der Stennde des Pundts
„in Swaben kriegßuolckh uerprennt worden, oder
„die, ſo den aufrüeriſchen nit angehangen, noch
„für ſich ſelbs aufrüriſch geweſt, ſonder bey jrem
„Landßfürſten vnnd Oberkait beliben ſein, ſollen
„in diſem Anſchlag nit angelegt werden, Vnnd
„die Obleüt oder Rottmaiſter, ſollen ſölch Vier
„Gulden von ainer yeden Feürſtatt in Acht ta-
„gen den Verordenten Pundeßräten vnnd Commi-
„ſarien zu Saltzpurg überantwurten, Vnnd da-
„bey alle Fehrſtet vnnderſchidlich vnd aigentlich an-
„zaigen. Was alß dann verrers vnd merers
„auf ain yegliche Feürſtatt geſchlagen, das Jr ſoli-
„ches alles zu friſten, wie Euch die auferlegt wer-
„den, on verrer anſtanndt begaben vnd Entrich-
„ten wöllet.

„Damit aber menigklich ſehen vnnd ſpúren
„múge, das der Stennde des Pundts zú Swa-
„ben gemúet nit ſey, den Armen, vnbillicher
„weiß zu beſchwáren laſſen, das Sy auch mit,
„jren fhrieg nit jren nuß, ſonder der jren, vnnd,
„aller Vnnderthanen, vnd armen leút, fried
„vund wolfart gern ſehen vnd ſuechen wolten,
„ſollen ſich gemaine Lanndtſchafft des Stiffts
„Salßpurg genntzlich verſehen, das bede Par-
„theyen, vnnſer genedigiſter Herr der Cardinal,
„auch die Vnnderthanen, bey diſem friden ge-
„hanndthabt werden ſollen. Vnd ſo die von
„der Lanndtſchafft ſamentlich vnd ſonderlich, durch
„vnnſern genedigiſten Herrn oder anndere jre
„Oberkaiten, beſchwerden hetten, dieſelben mú-
„gen ſy den Commiſſarien vnd Reten des
„Pundts zu Swaben neßt zu Salßpurg auch
„fúrbringen, In denſelben beſchwerden, auſſer-
„halb der, ſo vff júngſten landttag zu Salß-
„purg abgelegt vnnd Vertragen ſein, ſoll von
„ſtunban nach der Billichkait gehanndelt, Vnd
„gemaine landtſchafften dabey gehanndthabt wer-
„den, Dann ye gemaine Stennde des Pundts
„zu Swaben, zu dem Rechten Frid, ainigkait
„vnd aufnemen, mer dann zu der vnbillichkait
„fhrieg, vnruw vnnd verderben genaigt vnd vrpú-
„tig ſein.   „Vnd

„Vnd beschließlich, damit dannocht sich nye=
„mandts on vrsach, verjagt, beschwert, oder
„von Hauß vnnd Hof, weyb vnnd khindern, ver=
„trieben zesein beklagen müge, Ob dann etlich
„weren, die aus Sorg ainer Straff, sich von
„jren wonungen gethan hetten, vnnd neß nit Er=
„schinen, vnd doch alles das so Jr nezt geschwo=
„ren vnd bewilligt, auch schweren vnd thun wöl=
„len, denselben soll ain Monabt zugelassen sein,
„Also, wo Sy khemen, vnd vorerzelt Artickel
„gleicher weyß, wie Jr schwören bewilligen, vnd
„volziehen wöllen, Denselben solle das Landt
„wie anndern vergont, vnd zu jren haben vnd
„guetern gelassen werden, Sy wären dann son=
„der Aufwigler vnd Redleinfüerer, dieselben will
„man der Leibstraff nit ergeben, damit der ge=
„main arm vnuerstenndig man fürter nit also in
„verderben vnd Vngehorsam gefürt werde. We=
„lich auch über solich genedig Vertröstung vnd zue=
„sagen außpleiben, vnnd in jrem muetwillen ver=
„haaren wöllen, Dieselben soll man hinfür, auf=
„ser vnd on wissen gemainer Stennde des Punds
„zu Schwaben nit mer Einkhomen lassen, sonder
„jnnen weib vnd khind Nachschickhen, Darzu
„sollen auch all jr hab, güetter vnd gerechtigkai=
„ten, den vorgedachten Pundtsstennden Einze=
„ziech=

„ziehen vorbehalten sein vnd zueſteen, Darnach
„habe vnd wiſſe ſich menigklich zerichten.‟

Denjenigen Unterthanen, welche die vorge=
ſchriebene Huldigung geleiſtet, und die auferlegte
Brandſteuer, nämlich vier Gulben für jede Feu=
erſtätte entrichtet hatten, gab man ein rothes
Kreuz von Papier, das ſie mit einem halben Gul=
den bezahlen, und zum Zeichen ihrer Unterwer=
fung an die Hausthüre nageln mußten.

Die Bewohner von der Rauris und Gaſtein,
ſo wie von dem Pongau und von Embach hoff=
ten zwar, weil ſie durch die Pinzgauer zum
Aufſtande gezwungen worden waren, von den
Hauptleuten des Schwäbiſchen Bundes beſſere
Bedingungen zu erwirken, und ſchickten daher an
dieſelben ein Schreiben, in welchem ſie bathen,
daß man ihnen einen Stillſtand, und, um unter=
handeln zu können, für die Männer, die ſie zu die=
ſem Geſchäffte abordnen würden, ein ſicheres Ge=
leit bewilligen möchte; allein ſie bekamen in Ab=
ſicht des verlangten Stillſtandes folgende abſchlä=
gige Antwort:

„Wir der Rö: Kay: vnd Hiſpaniſchn Kü:
„May: auch Churfürſten, fürſten, vnd ander
Stens

„Stennde des hochloblichen Punkts zu Schwa-
„ben Obrister Veldthaubtman, vnd KriegsRäte,
„thun Euch den von lannd, vnd Perckhgerich-
„ten **Rauris**, vnd **Gastein**, auch den vom
„**Pongew**, vnnd **Embach** zu wissen, das wir
„Euer schreiben, des stilstanndts, vnd gelayts
„halben empfangen, vnd vernomen haben, vnnd
„fuegen Euch darauf zu uernemen, das vnns
„khainswegs gebürn wil. Vns in ainichen still-
„stanndt gegen Euch einzulassen, wo Ir Euch
„aber in gnadt, vnd vngnadt des hochloblichen
„Punkts zu **Schwaben**, wie annder gethan ha-
„ben, ergeben wellet, so mugt Ir vnns das
„morgen zu fruer tagzeit schrifftlich wissen lassen,
„so soll der Vnschuldigen, sovil muglich, ver-
„schont werden. wo nit, so werden wir, mitler
„zeit, in Vnnserm fürnemen gegen Euch, wie
„andern des bemelten Punkts Vngehorsamen,
„vnd widerwertigen mit der that fürfarn, mugt
„Ir aber bey den Punktsstennden was aurichten, vnd
„erlangen, darInn wellen wir Euch nichts ab-
„geschlagen haben. Vnd schicken darauf densel-
„ben Ewren gesanndten Vnser glait bis in vnn-
„ser leger hiemit zue, so dieselben zu Vnns khomen,
„wellen wir Inen alsdann vnnser **lebentig**, vnd
„**schrifftlich glait** fürter zu den bemelten Punkts-
                                                    Rä-

„Räten, vnd wider zu vnns, vnd an Jr gewar-
„sam euch geben. das haben wir Euch, darnach
„haben zu richten, nit verhalten wellen. Datum
„im Veldleger zu Puesendorf am Montag den
„andern tag des Monats July. Anno im Sechs
„und zwainzigisten.

Nebst diesem Antwortschreiben erhielten die
Rauriser, Gasteiner, Pongauer, und Em-
bacher zugleich für ihre Gesandten oder Ausschüsse den versprochenen Geleitsbrief, welcher also lautete:

„Wir burckhart von Embs zu der hohen
„Embs, der Rö: Kay: vnd Hispanischn Küni-
„gelichn Majestät auch hochlöblichen Pundts zu
„Schwaben, vnd Vnnsers genedigsten Herrn
„von Salzburg Obrister Veldhaubtman, vnd
„KriegsRäte bekennen, das wir vier Personen,
„die von den Perckh = vnd landgerichtn Rauris,
„vnd Gastein, auch von dem Pongeue, vnd
„Embach zu den PundtsRäten aines stilstanndts
„halben aufgeschossen, und abgefertigt sein, vnn-
„ser freyes sicheres gelayt, für alle die, der wir
„vngeuerlich mächtig sein, zu vnns in vnnserm
„lager gegeben haben, geben Jnen das auch hiemit

„mit wiſſentlich Jnn crafft des briefs. Alſo, das
„Sy ſich von dato anzeraiten, bis Sy vnns in
„beruerten Vnnſerm leger khomen, glaittlich hal-
„ten, vnd ſich alſo zu vnns verfüegen, So wel-
„len wir Sy alsdann fürter zu den beruertn
„PundtsRäten, auch mit lebentigen, vnd ſchrifft-
„lichen Glaibt fürſehen. Des zu Vrkhundt ha-
„ben vnnſere Petſchadt hierunden fürgedruckht.
„beſchehen im Veldleger zu Pueſndorf am
„Montag des andern tags July Anno Domini
„im Sechs und zwainzigiſten.‟

Nach der, bey Radſtadt erlittenen Niederlage liefen die Bauern gröſten Theils auseinander, und jeder eilte in ſeine Heimath zurück.
Nur die vorzüglichſten Aufwiegler und Rädelsführer, welche auf keine Gnade rechnen durften,
entwichen aus dem Lande, um der bevorſtehenden
Leibs- und Lebensſtrafe zu entgehen. Sie flüchteten ſich daher unter der Leitung des Tyroliſchen
Parthengängers, Leonhard Geismayer, und
mit deſſen noch übrig gebliebenen Kriegsknechten über den Rauriſer Tauern, und ſuchten
nach Italien zu entkommen, und ſich daſelbſt unter dem Schutze der Venediger anzuſiedeln; allein ſie wurden von 5 Fahnen des Schwäbiſchen
Kriegs-

Kriegsvolkes verfolget, und zu Braunecken in
Tyrol eingeholet, wo es ihnen um so schlimmer
ergieng, weil zugleich auch der alte Held, Georg
von Freundsperg, welcher eben mit einer auser-
lesenen Mannschaft nach Italien zog, auf sie
stieß. Hier wurden nun die Salzburgischen
Flüchtlinge mit ihren Begleitern und Knechten so nachdrücklich angegriffen und geschlagen,
daß nur wenige mit dem Leben davon kamen.
Geismayer floh mit dem kleinen Ueberreste seiner
drey Fahnen nach Venedig, und wurde nachher zu
Padua, wo er sich häuslich niedergelassen hatte,
von einem Unbekannten erstochen.

Der Oberste und die Kriegsräthe des
Schwäbischen Bundes, welche indessen von Pie-
sendorf nach Tapenbach aufgebrochen waren, hatten
in Erfahrung gebracht, daß die, aus dem Lande
entwichenen Rebellen in der Gastein einen großen Vorrath von Gütern hinterlassen hätten.
Um dieselben zu beschreiben und in Empfang zu
nehmen, schickten sie den Bergrichter, Kaspar
Praßler, als Gesandten dahin, und ließen zugleich an das dortige Berg- und Landgericht folgenden Befehl ergehen:

„Wir

„Wir der Römischen Kay: vnd Hispanischen
„Königelichen Mayt, auch Churfürsten, fürsten,
„vnd anderer stennde des löblichen Pundts zu
„Schwaben Oberister, vnnd annder KriegsRät,
„yetzt im bistumb Salzburg. Entpieten dem gan-
„zen Perckh = vnd landtgericht der Gastein.
„Das vnns angelanngt, vnd glaubwirdig Kundt-
„schafften zuekhumen seyen, (daß mehrere Güter)
„so vnserer feindt gewest, vnd durch Sy verlas-
„sen worden, noch bey euch in der Gastein ver-
„harmben seyen. Dieweil dann vnns zuesteet,
„vnd geburt, in solchem einsehen zuhaben, vnd
„solch guet durch die feindt, wie angezaigt, ver-
„lassen wurden, vnd nunmals vns zuestenndig, So
„ist vnnser ansynnen, vnd ernstliche maynung an
„euch all, vnd ainen yeden besonder, das Ir
„sambt, vnd sonnder darob seit, vnd verfüeget,
„damit solch gutt, was, vnd sovil des an Silber-
„geschier, claider, Clainat, Pöthgewanndt, traidt,
„Vieh, vnnd aller andern Varnus in euer aller
„oder aines yeden gewaltsam khomen, vnd vor-
„handen ist, gegenwürtigen vnserm Gesandten
„dem Caspar Praßler von vnsern wegen, sambt
„Vberantwortung aines glaubwürdigen Innentari,
„ermelts guets, was er desselben von euch Em-
„pfangen wirdet, zugestellt, vnd vberantwort wer-
„de.

„be. weſſen wir vnns alſo bey Verlierung Eür
„aller leib, hab vnd gueter, genntzlich, vnd in
„gantzen Ernſt zu euch verſehen. dann wo das
„nit beſchehen, vnd durch euch darJnn ainicher-
„ley Geſär braucht, wurden wir nit vmbgeen
„mügen, weiter hanndlung fürzenemen, wolten
„wir euch darnach haben zerichtn; nit verhalten.
„Datum im leger zu tärnpach den achten tag
„des Monats Julii Anno Viceſimo Serto.“

Den Gerichten im Pongaue, ſo wie den
übrigen, im Aufſtande begriffenen Gemeinden, die
neulich zu Taxenbach ſich nicht eingefunden hatten, ward bey ſchwerer Strafe gebothen, auf
St. Margarethen-Tag (den 20ſten July) zu
Radſtadt zu erſcheinen, und die Huldigung zu
leiſten. In der Hoffnung, mit gleicher Gelindig-
keit, wie die zu Taxenbach erſchienenen Unterthanen, behandelt zu werden, kamen ſie in großer
Anzahl an; allein ihnen ward ein anderer Proceß gemacht; denn nachdem ſie auf Befehl ihre
Waffen geſtreckt und abgegeben hatten, kam der
Adel und die Reiterey aus der Stadt, und hinter dieſen folgten vier Fahnen des Schwäbiſchen
Fußvolks, welche den nunmehr entwaffneten Haufen ſogleich mit geladenen Gewehren umringten,
und

und durch ihre drohende Stellung in Furcht und
Angst setzten. Nun ritt der Pfleger von Rad=
stadt, **Christoph Graf**, hervor, wandte sich ge=
gen die beklemmten Bauern, und verwies ihnen,
im Namen des Erzbischofes, mit sehr scharfen
Worten ihre begangene Untreue und verübten
Räubereyen. Nach vollendeter Strafrede las man
sieben und zwanzig Häupter der Rebellen aus ei=
nem Verzeichniße ab. Kaum waren die Namen
dieser Unglücklichen ausgesprochen worden, als sie
durch die Schergen aus dem umringten Haufen
hervorgeschleppet, und durch vier eigens bestellte
Henker, ohne weiters Verfahren, im Angesichte
des ganzen Volks auf der Stelle enthauptet wur=
den. Die übrigen Unterthanen, die durch dieses
schaudervolle Beyspiel ganz erschüttert waren,
mußten nun dem Erzbischofe gleichfalls neuerdings
huldigen, und eben dieselben Artikel beschwören,
welche den, zu **Taxenbach** erschienenen **Pinz=
gauern** neulich vorgehalten worden waren.
Außer der Brandsteuer von 4 Fl. für jede
Feuerstätte wurde ihnen, zu künftiger Ver=
hütung des Sturmläutens, durch die Com=
missarien und Räthe des Schwäbischen Bun=
des zugleich ernstlich befohlen, alle Glocken
von den Kirchthürmen unverzüglich herabzu=

wer=

werfen, und bis auf fernern Bescheid auf der Erde liegen zu laſſen.

Auf gleiche Weiſe, und mit ähnlichen abſchreckenden Beyſpielen wurde auch in andern Orten, als zu **Kuchel,** in der **Abtenau,** zu **Lichtenberg, Zell, Mitterſill** und **Fiſchhorn** die Huldigung eingenommen. An dem letztern Orte wurde der Anführer der dortigen Bauern, **Auguſtin Kolmbichler,** Beſitzer des Kleinlehens, welcher zwar flüchtig gegangen, aber wieder erwiſcht worden war, nach **Bündiſcher Ordnung** mit dem Strange hingerichtet. Ueberdieß wurden alle aufgeſtandenen Gemeinden zuſammen verurtheilt, die abgebrannten Schlöſſer auf ihre Koſten wieder zuerbauen, die geraubten Sachen den vorigen Eigenthümern zurückzuſtellen und überhaupt allen verurſachten Schaden zu erſetzen.

Die Gaſteiner übergaben durch ihre Ausſchüſſe, die ſie, nach Erhaltung des ſichern Geleites, nach Salzburg geſandt hatten, ſowohl bey dem Erzbiſchofe, als bey den Räthen des Schwäbiſchen Bundes mehrere ſchriftliche Vorſtellungen, in denen ſie ihren Beytritt zum neuen Aufſtande mit Erzählung der vorausgegangenen Drohungen entſ.

mitschuldigten, und unter andern dringend bathen,
daß ihnen, oder doch wenigſtens den Kleinhäuſ⸗
lern und armen Bürgern zu Hof in der Gaſtein
die Brandſteuer nachgelaſſen; daß ihnen die Bey⸗
behaltung ihrer Kirchenglocken geſtattet, und ihre
gefangenen Knappen, weil ſie nur auf Geheiß
und im Solde ihrer Dienſtherren zu Felde gezo⸗
gen wären, ohne alle Strafe in Freyheit geſetzt
werden möchten.

Bis die, von den aufrühriſchen Gerichten
beſchwornen Artickel berichtiget und vollzogen wa⸗
ren, blieben die Commiſſarien und Räthe des
Schwäbiſchen Bundes zu Sälzburg verſammelt.
Allen denen, welche im Aufſtande durch Brand
oder Raub gelitten hatten, ſtand es nun frey,
entweder vor dieſer Commiſſion, oder vor den
erzbiſchöflichen Räthen ihre Schäden einzuklagen,
und ſich darüber mit den Aufrührern entweder
gütlich zuvertragen, oder es auf eine rechtliche Ent⸗
ſcheidung ankommen zu laſſen. Der Biſchof zu
Chiemſee, Aegidius Rem, welcher durch Zer⸗
ſtörung des zu ſeinem Bisthume gehörigen
Schloßes Fiſchhorn ſtark beſchädiget war, ſchloß
hierüber, unter Vermittelung des Erzbiſchofes,
mit der Nachbarſchaft im Pfleggerichte Taxen⸗

bach

bach einen Vergleich, vermöge deſſen er ſich für
den zugefügten Schaden und die entwandten Ge=
räthe mit einer Entſchädigungs = Summe von
1000 Fl. begnügte. Freylich baute er das zerſtör=
te Schloß nicht wieder auf, ſondern ließ es im
Schutte liegen.

Am Mondtage nach St. Gallen = Tage 1526
ſchrieb Erzbiſchof Matthäus auf den nächſtkünf=
tigen Pfingſttag nach Martini nach Salzburg
einen allgemeinen Landtag aus, zu welchem alle
Stände mit dem Auftrage vorgeladen wurden,
am Mittwoche davor Abends zu Salzburg in
ihrer Herberg unfehlbar einzutreffen, darnach des
Morgens zu früher Tagszeit in dem erzbiſchöffli=
chen Hofe auf dem obern Saale zu erſcheinen und
den Verhandlungen beyzuwohnen. Da in der
vorjährigen Empörung der Stadtrath zu Salz=
burg den Aufrührern nach und nach über
12,500 Fl. vorgeſtrecket, bisher aber noch keine
Zahlung hatte erhalten können; ſo wandte ſich
derſelbe mit einer Bittſchrift an den Erzbiſchof,
worauf dieſer an alle Gerichte der, damals im
Aufruhre begriffenen Unterthanen den Befehl er=
gehen ließ, daß ſie ihre Gewalthaber, die ſie auf
den nächſten Landtag nach Salzburg ſchicken
wür=

würden, zugleich bevollmächtigen sollten, mit dem
Stadtrathe von Salzburg in Betreff seiner Forderung zu unterhandeln. Um das Geschäfft der
Entschädigungen zu beschleunigen, und seine Unterthanen dießfalls desto eher miteinander auszu-
söhnen, befahl der Erzbischof zugleich, daß jede
beschädigte Gemeinde ihren vollmächtigen Ausschuß auf den Sonntag nach Martini nach
Salzburg zu den Commissarien des Schwäbischen Bundes abordnen, und ihre Klage gegen
die aufrührischen Gerichte an dem bestimmten Tage zeitlich in der Hofkanzley einreichen sollte.

Am 16ten November 1526 starb der, seit
1503 gewesene Domprobst und Erzpriester zu
Salzburg Rudolph von Kienburg, ein andäch-
tiger und in Verrichtung des Meßopfers besonders emsiger Mann. Zu seinem Nachfolger wurde der bisherige Domdechant, Balthasar von
Lamberg, erwählet.

Der auf den Pfingsttag nach Martini ausgeschriebene Landtag hatte einen doppelten End-
zweck, nämlich nicht nur den noch unerledigten
Beschwerden der Unterthanen abzuhelfen, sondern
auch solche wirksame Maßregeln zu verabreden,
daß

daß der Friede im Lande durch keine neue Meuterey mehr gestört werden sollte. In Hinsicht auf die Beschwerden der Unterthanen wurde, bis zu Aufrichtung der versprochenen neuen Landesordnung, ein ausführliches **Mandat** verfaßt, am 20gsten November 1526 ausgefertiget, und dann im Drucke öffentlich bekannt gemacht.*) Unter andern wurden in diesem, für das **Salzburgische Urbarswesen** besonders wichtigen **Mandat** die Verhältnisse zwischen den Grundherren, und ihren Urbarsleuten, Holden und Hintersassen näher bestimmet, und zugleich auch dem Landvolke verschiedene Polizeyregeln vorgeschrieben. So wurde z. B. zu Abstellung der übermässigen Kleiderpracht verordnet: „daz nw „fürohin auff dem Lande unnsers Stiffts, durch „den gemainn Pawrsmann, auch sein weyb, kinn„der unnd Eehallten khain Samat auf den Rö„ckhen. Auch khain goldt in den krägen unnd „in den schlayr leysten, noch auch die Sey„deinn wammas, Pyret, getaylt oder zerschnit„ten hosen unnd wammas, nit getragen werden

söl

„ſöllen. Es ſol auch khain Pawrſman fürbas, „jme ſeym weyb vnnd khinndern tewrer tuech „kauffen, dann vngevärlich, die gemain Lofrer „ſeinn.‟

Um den Frieden im Erzſtifte zu handhaben und künftigen Empörungen und Aufſtänden vor= zubeugen, wurde ebenfalls, mit Einſtimmung der Landſchaft und unter Beypflichtung der, von den Gerichten und Bergwerken geſandten Anwäl= de, eine umſtändliche Ordnung entworfen, wel= che am 26gſten ebendeſſelben Monats und Jah= res unterzeichnet, und dann auf gleiche Weiſe durch den Druck kundgemacht wurde.*) Dieſe Ordnung enthielt im Weſentlichen folgende Punkte:

1) „Die, von den Commiſſarien des Schwäbi= ſchen Bundes vorgeſchriebenen, und von den Unterthanen bey ihrer neuen Huldigung be= ſchwornen Artikel ſollen genau vollzogen, und bis zum gänzlichen Vollzuge derſelben

2) Die Pfleger, Land = und Bergrichter mit ei= ner hinlänglichen Mannſchaft verſtärkt werden.

3)

---

*) Ordnung den Frid jmm Stifft vnnd Land Salzburg zu handthaben vnd Empörung vnd aufſtand zurück= komen. (ohne Druckort) 4 Bogen in Fol.

3) Soll jede Stadt, jeder Markt, uud jedes Land- und Berggericht, wo diese Einrichtung noch nicht besteht, nach Beschaffenheit der Größe in zwey, drey oder mehrere Viertel, Stäbe oder Zechen eingetheilet, und in jedem Viertel, Stabe oder Zeche durch die Gerichts-obrigkeit Ein oder zwey Viertelmeister aufgestellet, und alle Halbjahre abgewechselt werden.

4) Die Viertelmeister sollen im Bezirke ihres Viertels nichts eigenmächtig unternehmen, sondern nur die Befehle ihrer Obrigkeit vollstrecken, und dieser, auf Erfordern, bey Empörungen, Feuersbrünsten und andern Nothfällen mit Rath und That beystehen.

5) Der Platz, wo die Unterthanen eines Viertels mit ihrem Viertelmeister im Bedürfungsfalle zusammenkommen müssen, ist durch die Obrigkeit zu bestimmen.

6) Wenn sich ein Pfleger, Land- und Bergrichter mit seinen Knechten und Viertelmeistern einen, in seinem Gerichtsbezirke entstandenen Auflauf nicht zu dämpfen getrauet; so sollen ihm, auf Ersuchen, die Pfleger und Richter

der

der angränzenden Gerichte mit ihren Knechten und Viertelmeistern eilends zu Hülfe kommen.

7) Mit Einverständniße des Pflegers oder Richters soll jeder Viertelmeister in seinem Viertel etliche gute, ehrbare Knechte aufnehmen, um im Nothfalle sich ihres Beystandes bedienen zu können.

8) Jeder Hausinhaber und anseßene Mann soll seine Söhne, Knechte, Arbeiter und Innleute dahin anhalten, daß sie, auf Erforderung der Obrigkeit und ihrer Viertelmeister, in allen Aufgebothen und Vorfällen erscheinen und Hülfe leisten.

9) Da den Gerichten im Gebirge durch die Commissarien des Schwäbischen Bundes alle Kriegsgewehre, als Hellebarden, Langspieße, Büchsen, Stähel und Schlachtschwerter abgenommen und verbothen worden sind; so wird der Erzbischof einer jeden Obrigkeit in gedachten Gerichten soviele Gewehre von allen Gattungen zustellen laßen, daß sie, bey einem Aufgebothe, wenigstens 30 bis 50 Mann damit bewaffnen möge. Imgleichen wird

10) jedem Bauern und Einwohner im Gebirge der
Gebrauch eines Thierspießes und einer Arm=
brust bewilliget, um sich damit gegen wilde
Thiere und böse Leute wehren zu können.

11) Bey Entstehung eines Mordbrands oder ei=
ner andern Feuersnoth sollen die Viertelmeister
die Unterthanen ihres Viertels unverzüglich
aufbiethen, und zur Löschung des Feuers allen
Fleiß anwenden; jedoch sollen sie, ohne be=
sondern Befehl der Obrigkeit, den Glocken=
streich nicht angehen lassen.

12) Wer eine Empörung anzettelt, daran
Theil nimmt, oder aufrührische Bündniße
schließt, der soll ohne Gnade dem Landesfürsten
mit Leib und Gut verfallen seyn.

13) Wenn bey einer Empörung Jemand aus
den Aufrührern entleibt wird, so sollen die
gehorsamen Unterthanen, die zur Stillung des
Aufruhrs Gewalt gebraucht haben, dadurch ge=
gen den Landesfürsten nichts verwirkt haben,
auch der Freundschaft des Entleibten deßhalb
nichts schuldig seyn.

14)

14) Die fremden herumlaufenden Leute, Aufwiegler und Rädelsführer sollen nirgends beherberget, sondern aus dem Lande geschaffet werden.

15) Die Erfinder und Verbreiter falscher Posten von Aufruhr oder Feindgeschrey sollen gefänglich eingezogen, und nach, Gestalt der Dinge, peinlich gestrafet werden.

16) Sendbriefe von einem Gerichte zum andern, sie mögen verschlossen oder offen seyn, sollen bey schwerer Strafe in der Gemeinde nicht verlesen werden.

17) Alle diejenigen, welche in dem ersten Aufstande von Schladming entwichen sind, es seyn Knappen oder Andere, sollen im Lande nicht behauset, gehöfet und aufgehalten werden.

18) Den Savoyern, Schotten und andern Krämern, so wie den Landsknechten, Hofierern und andern Spielleuten soll im Lande das Hausiren nicht gestattet werden.

19) Dem gemeinen Bauersmanne und seinen Knechten wird verbothen, die Landsknechtische

Bi=

Birete, und geschnittene oder getheilte Hosen und Wammas zutragen.

20) Ohne besondere obrigkeitliche Erlaubniß soll kein Kriegsgewehr, wie auch kein Pulver und Saliter (Salpeter) im Lande gemacht, oder an Jemanden verkaufet werden.

21) Damit bey den Landstraßen sich keine böse, verdächtige Leute aufhalten können, sollen bey denselben allenthalben die Wälder abgehauen und geräumet werden.

22) Die Bollwerke und Schanzen, welche gegen einen feindlichen Ueberfall tauglich zu seyn schei= nen, sollen ausgebessert, alle übrigen aber ab= gebrochen und aufgescheitert werden.‟

Bey dem letzten Aufstande hatten die Bür= ger zu Radstadt am meisten gelitten; indem ih= re Stadt von den Rebellen mehrere Monate schwerlich behauert und belagert, und durch wiederholte Stürme, so wie mit Untergrabung der Mauern, mit Feuerwerfen und andern Ge= waltthätigkeiten stark beschädiget worden war. Sie übergaben nun gegen alle Gerichte, die im

Auf=

Aufstande begriffen waren, eine Klagschrift, und forderten von ihnen einen Schadenersatz. Auf ihre Bitte ließ der Erzbischof an die beklagten Gerichte den Befehl ergehen, daß sie auf den Mittwoch vor St. Thomas des heiligen Zwölf= bothen ihre Gewalthaber nach Salzburg schicken, und durch deselben vor den erzbischöflichen Räthen entweder ihre Gegenrede vorbringen, oder sich mit den Klägern vergleichen sollten.

Auf den 1ten Dezember 1526 ward nach Eßlingen ein Reichstag ausgeschrieben, und auf demselben am 21gsten hierauf zu Herstellung einer eilenden und beharrlichen Hülfe gegen die Tür= ken, welche im vergangenen Sommer in Ungarn fürchterlich gewüthet, und nach einer gänzlichen Niederlage des Ungarischen Heeres, Ofen und Pest eingenommen hatten, ein Abschied aufgerich= tet. Diesen Reichstag hatte Erzbischof Matthä= us von Salzburg wieder persönlich besuchet.

Der zweyte Bauernkrieg zog wieder die schlimmsten Folgen nach sich; denn unter andern Uebeln entstand darauf im Erzstifte, nach dem damaligen Geldverhältniße, eine große Theuerung; indem das Pfund Fleisch von 4 auf 6, das

Pfund

Pfund Schmalz von 8 auf 14, und die Maß
Wein von 16 bis 20 Pfennige stieg. Auch war
nach diesem zweyfachen Auffstraße die fürstliche
Kammer so sehr erschöpfet, daß der Erzbischof,
trotz seiner ausserordentlichen Prachtliebe, sich genöthiget fand, seinen Hofstaat einzuschränken, und
unter andern alle seine Pauker und Trompeter bis
auf einen einzigen abzudanken. Dieses gesteht er
selbst in dem Antwortschreiben, das er am 4ten
November 1526 an den Edlen Thomas von
Rosenberg erlassen hatte. Es lautete also:

„Edler besonder lieber. wir haben dein
„Schreiben, Uns izt getan, darinnen du Uns bit-
„test, Nachdeme der durchleuchtig Fürst unser be-
„sonder lieber herr und Freund Erzherzog Ferdi-
„nand von Oesterreich in der Cron behaini zu ei-
„nen Künig gemeiner landschaft daselbs ist er-
„klert, gewelt und fürgenommen worden, seyest
„du derselben löblichen bekrönung zu Eeren fünf
„Trometer, und eines Pauker notbürftig, dich
„mit denselben auf dein negst Schreiben genedigk-
„lich zu befürdern, seines Inhalts verstanden.
„Nun weren wir dir in solcher deiner bitte zu
„willfahren ganz wol geneigt, wo wir Trometer
„und Pauker als vor bey Uns in Dienst hetten,
denn

„denn wir haben alle unsere Trometer samt den
„Paukern, so wir in unserm Dienst gehabt,
„aus Ursachen des Schadens, und Verderbens,
„darin wir und unser Stift in den negsten vor-
„gängigen zweyen Aufstandten von unsern dazumal
„widerwertigen und ungehorsamen Unterthanen
„kommen sein, gedankt, und haben nit mer denn
„ein Trometer. wo du nun den wollest haben,
„sein wir dir zu gnedigen gevallen geneigt, dir
„denselben auf dein, weiter Schreiben zu schicken.
„wollen wir dir guter und gnedlger Meinung nit
„verhalten, denn womit wir dir guten, und gne-
„digen willen können beweisen, des sein wir auf
„das gnedig Vertrauen, so unser Stift ye, und
„ye zu deinen Vordern denen von Rosenberg ge-
„habt, und noch auch wir zu dir haben, zu je-
„tun geneigt. Detum in unser Stat Salzburg
„4ten November 1526.“

Im Erzstifte sind bisher die Ehestreitigkeiten
häufig vor den weltlichen Gerichten abgehandelt
und entschieden, und von denselben sogar Ehe-
scheidungen erkannt worden. In besonderer Erwägung, daß die Ehe ein Sakrament sey, verordnete nun der Erzbischof am Sonntage nach Corpo-
ris Christi 1527, daß die Pfleger, Landrichter und
Amt-

Amtleute in Ehesachen keinesweges mehr sprechen,
sondern, die Unterthanen in solchen Fällen jeder,
zeit an das erzbischöfliche geistliche Gericht weisen
sollten. *)

Auch schloß der Erzbischof in diesem Jahre
mit den Herzogen Wilhelm und Ludewig
in Baiern zwey Hauptverträge. In dem Einem,
welcher am 23gsten May zu München zu Stan:
de kam, wurde ein Saalbuch über sämmtliche,
ausser der Stadt und dem Burgfrieden Mühldorf
gelegene Voit = und Probstgerichte verabredet; und
in dem Andern verglich man sich über ein Saal:
buch des Pfleggerichts Mattsee, das, vermöge
dieses Vergleiches, als eine Herrschaft und Veste
dem Erzstifte Salzburg mit Aufgeboth, Muster:
ung, Reiß, Steuer, Scharwerken und all an:
dern gerichtlichen Obrigkeiten unterworfen seyn
sollte; jedoch mit Ausnahme des Halsgerichts
und der Ueberantwortung der Uebelthäter, welche

bey

---

*) Ein kurzer Auszug dieser Verordnung findet sich in Mei:
nen Beyträgen zur Litteratur des Salzburgischen
Rechts (in Joh. Christ. Siebenkees Beyträgen zum
Teutsch. Recht. dritt. Theil. Nürnberg und Altdorf 1788
S. 38.)

den Fürsten von Baiern in ihr Landgericht Weil=
hardt (jetzt Braunau) zustehen sollte. *)

In eben diesem Jahre den 2ten September
wurde zu Bruck auch zwischen Salzburg und
Oestreich wegen der Pfleggerichte Zillerthal,
Windischmatrey und Lengberg ein Vertrag
errichtet, wodurch nicht nur die Gränzen berichti=
get, sondern auch andere Anstände in Bergwerks=
und Waldsachen, und in Betreff des Halsge=
richtes und der Ausantwortung der Uebelthäter an
die angränzenden Tyrolischen Landgerichte beygele=
get wurden.

Um den Bürgern und Inwohnern zu Rad=
stadt, welche im vorigen Jahre bey Belagerung
ihrer Stadt eine unerschütterliche Treue und
Standhaftigkeit bewiesen, und dadurch zur Ret=
tung dieses wichtigen Platzes das Meiste beyge=
tragen hatten, einen bleibenden Beweis von Er=
kenntlichkeit zu geben, verließ ihnen der Erzbi=
schof am Mittwoche nach St. Gilgentage 1527

h   ei=

---

*) Ein Bruchstück dieses Vergleiches findet sich in Philipp
   Gäng's Program. de orig. Increm. et hod. pot. et jurisd
   crim. Salisb. Condit. pag. 34.

einen stattlichen Freyheitsbrief. Vermöge desselben ertheilte er ihnen unter andern folgende Begünstigungen:

1) „Wird den Bürgern zu Radstadt verwilliget, aus ihrer Mitte nicht nur, wie bisher, zwey Bürgermeister, sondern dazu noch acht Personen, die man die Genannten oder Geschwornen nennet, zu erwählen, und zu setzen, welche sammt dem landesfürstlichen Pfleger oder Richter daselbst die Aufsicht über Gewicht und Maß zu führen, und die Sätze oder Preise des Weins, Brodes, Fleisches und anderer Feilschaften zu bestimmen haben.

2) Wird ihnen die Niederlage des, durch das Ensthal, und den Radstadter Tauern gehenden Eisens zugesichert.

3) Werden der Stadt Radstadt, ausser dem gewöhnlichen Wochenmarkte an jedem Samstage aus fürstlicher Macht drey Jahrmärkte verliehen; als der erste auf den Samstag vor dem Sonntage Reminiscere in der Fasten, der zweyte auf den Montag nach Gottes-Leichnamstag, und der dritte auf den Samstag vor St. Maximilians-Tag.

4)

4) Auſſer den drey Tafern = Rechten auf der Eben, an der Mandling und zu Schwaig= hof ſoll ſonſt auf dem Lande im Gerichte Radſtadt keine Taferne geſtattet werden; auch ſollen gedachte drey Tafernen den Wein und das weiße Brod nirgends anderswo, als auf den Wochenmärkten zu Radſtadt, oder ſonſt von den dortigen Bürgern kaufen und hinaus= führen.

5) Wird der gemeinen Stadt Radſtadt, zu Be= lohnung ihrer treuen Dienſte, vergönnet, zwey Tafernen aufzurichten und zu benutzen, näm= lich die eine zu Altenmarkt, und die andere Unter den Tauern; jedoch iſt die Bürgerſchaft verbunden, dieſe Tafernen mit tauglichen In= habern zu beſetzen, und für ſolche, als ein erzſtiftiſches Urbar, nicht nur jährlich für jede zwey Pfund Pfennige zu dienen, ſondern auch davon im zehenten Jahre, nach dem Ur= bars = Gebrauche, eine Anlait nach Gna= den zu geben.

6) Auſſerhalb der Stadt ſoll auf dem Lande kei= ne Krämerey geduldet, auch keinem Handwer= ker auf dem Lande die Freyheit, einen Knecht zu halten, geſtattet werden.

H 2 7)

7) Die Stadtmauer zu Radstadt soll frey seyn; und es wird daher bey schwerer Strafe verbothen, ohne landesfürstliche Erlaubniß, daran zu bauen, auch Thüren, Fenster oder Löcher darein oder dadurch zu brechen.

8) Damit das Andenken der, von den Bürgern zu Radstadt dem Erzstifte erwiesenen Wohlthat verewiget werde; wird ihnen von dem Erzbischofe zum Zeichen ihres, bey der Belagerung erhaltenen Sieges eine Fahne zugestellet, und dabey verwilliget, diese Siegesfahne an den 3 Jahrmärkten und bey andern Feyerlichkeiten, insbesondere aber jährlich am Erchtag nach St. Veits = Tag, als an welchem Tage die Belagerung aufgehoben wurde, auf dem Rathhause öffentlich auszustecken nnd wehen zu lassen. Um diese jährliche Gedächtnißfeyer desto freudiger begehen zu können, dürfen sie zugleich nicht nur in den erzbischöflichen Fischwässern auf der Ens, von der Moßmühle bis gegen Reith, zu einem gemeinschaftlichen Schmause eine hinlängliche Anzahl von Fischen fangen, sondern an diesem Tage soll ihnen aus dem fürstlichen Amte Radstadt alle Jahre auch ein Yhren Wein bezahlet werden:"

Wegen der, im letzten Aufstande geschehenen Zerstörung des Schloßes Mittersill wurde am Sambstag vor Sanns Marteins 1527 zu Salzburg zwischen dem Erzbischofe und den Bevollmächtigten des Land- und Urbargerichts Mittersill eine Abrede getroffen, vermöge deren die Mittersillische Gemeinde sich anheischig machte, zu Wiederaufbauung des eingeäscherten Schloßes binnen fünf Jahren 2500 Gulden in guter landeswährung zu bezahlen, und alle Robathen (Frohndienste) zu leisten. Die Urkunde über die Art und Weise, die Robathschichten bey dem Baue zu entrichten, wurde an Sambstag nach sanns Lucientag, den 14 des monads Decembris anno 1527 unterzeichnet und ausgefertiget. Das Wesentliche hiervon war folgenden Innhalts:

„so sollen gemeine gerichtsleut schuldig sein,
„seiner fr. gdn. zu erbauung des Schloß Mit-
„tersill mit seiner Zuegehörung, alß Prugckhn,
Stabln, vnd annderen all arbeit vnd hanndraych,
„sovil der sein f. g. ausserhalb der gewonblichen
„hanndtwerchs arbayt zu erbawung desselben Sloss
„notturfftig wirdet, mit der Robat zuthun, vnd
„auszurichten. alf Nämlich Stainprechen, kalch-
„prennen, Stain vnd Mörter tragen. auffschauf-
„seln

„feln, beßgleichen allen PawZeug vnd Vorrat Zu=
„fueren, auch das Zymer vnd all annder holtz,
„so man notturfftig wirbet in den Wälden zu hack=
„hen. Zu schelln, vnd zu bringen. auch die
„Schintln zu kliebn vnd annder dergleichen arbeit
„vnd hanndtranch die zu dem Paw not werden.*)"

Die Robather mußten ihren Arbeitszeug
selbst mitnehmen, unb sich auf eigne Rechnung
verköstigen. Hiervon war Niemand ausgenom=
men, der Haus und Grund hatte; wenn aber Je=
mand nur ein Haus ohne Grund hatte, so lei=
stete er die Hälfte.

Während als der Erzbischof gegen bie Ver=
breitung der **Lutherischen Lehre** bie wirksam=
sten Anstalten traff, und bie Bekenner derselben
mit aller Schärfe verfolgte, schlich sich in das
Erzstift eine andere neue, schwärmerische Secte
ein; denn balb nach ihrer Entstehung kamen ei=
nige **Wiedertäufer** nach **Salzburg,** welche in
in Winkeln predigten, und nicht nur auf dem Lan=
de, sondern auch selbst unter den Bürgern der
Hauptstadt mehrere Anhänger fanden. Mit die=
sen Schwärmern verfuhr der Erzbischof sehr grau=
sam; denn alle die ihm entdecket wurden, ließ er

ge=

---

*) Aus der Registratur des Pfleggerichts Mittersill.

gefänglich einführen. Diejenigen, welche ihren
Irrthum wiederriefen, und öffentlich Buße tha=
ten, wurden aus dem Lande geschaffet, die Ver=
stockten aber ohne Gnade mit dem Tode gestra=
fet, und sofort entweder enthauptet, oder erträn=
ket, *) oder gar lebendig verbrannt. Sie fürch=
teten den Tod so wenig, daß sie auf ihrem We=
ge zur Richtstätte frohlockten, und, nach ihrer
Art, geistliche Lieder sangen. Der Pfarrer zu
Braunau, der ein regulirter Chorherr von
Ranshofen war, und im Erzstifte die Wieder=
täuferische Schwärmerey heimlich verbreitete,
wur=

---

*) Das Ertränken war die gewöhnliche Strafe der Wie=
dertäufer. Dieses erhellet aus einem Auszuge aus
dem hiesigen Capitular=Protokolle Die Veneris prima
mensis Sept. 1542. Es heißt daselbst: „Die Freyheit
„des schuelhofs vnd der Thumbherrn heuser soll vnnserm
„gitn Herrn zu bestetten fürgetragen werden. Darauf
„ein Er. Capitel berathschlagt antzuzaigen, wie chain ver=
„schreibung derohalben verhanden, Recht Es sey de jure
„Communi vnd bißheer in gemainen gebrauch, wie dann
„anndre Prelatn vnd Cdllent hof des auch im gebrauch
„gewesen vnd noch sein, gleich woll sey neulicher Zeit
„Eingrif beschehen, des ein Er. Capitl zu solicher Bstät=
„tung verursacht hat, Es sein auch zwo Widertenfferi=
„sche personen verschiner Jar gleich woll Im Thumb=
„hof inn der Roßwemb Errrennckht worden, sey
„aber mit verwissen vnd Bewilligung eines Er. Capitls
„beschehen.“

wurde ertappet, nach Salzburg geliefert, und, nach geschehener Degradation, zu Staube und Asche verbrannt. Zu Titmaning wurde der Richter, weil er diese Irrlehre ebenfalls predigte, auf gleiche Weise zum Scheiterhaufen verdammet, und seine Frau nebst 2 kleinen Waisen nach Salzburg in das Bruderhaus gebracht. Zu gleicher Zeit wurden zu Mühldorf zwey Wiedertäufer mit dem Feuer hingerichtet. Ein ähnliches Schicksal widerfuhr auch einigen Bürgern von Salzburg. Dieser Hinrichtungen ungeachtet, gab es im Lande noch hin und wieder verborgene Wiedertäufer. Der Erzbischof begriff es nun selbst, daß sich die Verirrungen des Verstandes nicht durch das Feuer und Schwert ausrotten lassen, sondern daß es dabey vorzüglich auf Belehrungen ankomme. Er ließ daher an die Pfarrer zu Hallein, Titmaning, Laufen, und Radstadt, oder, wo diese abwesend waren, an ihre Vicarien folgenden Auftrag ergehen:

„Matheus 2c. Graciosa salutatione prämissa, „Nachdem Newlicher zeit, das verfuerisch, Vn= „cristennlich vnd ketzerisch wesen, bruderschaft, „Sect und Verfall, mit der WiderTauff Got= „lestrung Blasphemi. Verachtung des heiligen „Fron=

„Fronleichnams Christi vnd annder Sacrament,
„auch der lieben Heyligen vnd annders, sich in
„vnnser Stat hie, und annbern Ortten in vnn=
„serm Stifft vnd Lannbe, hat einreiſſen wellen,
„derſelben verfueriſchen vnd keßeriſchen Perſonen
„Mannſ= vnd Weybſpild, wie auch in ainer gue=
„ten antzall zu Vangkhnuss bringen, vnd etwo=
„uil daraus peinlich Straffen, auch ettlich ſo
„zeitlich widerrüefft vnd offennlich Bueß gethan
„haben, *) ſich aus vnnſerm Lannbt zu thun ver=
„ſchaffen, vnd etlich dannoch im Land beleyben
„laſſen haben, welche pöſ keßeriſch vnd verfue=
„riſch Artigckl vnd Valſch lere, allain durch
„ettlich frembd pöſ perſonen vnd pueben, haim=
„lich in den Winckheln geprebigt, vnd die fru=
menen

_____

*) Nach einer anderen gleichzeitigen Verordnung, deren Da=
tum ich nicht anzugeben weiß, war für die Wiedertäu=
fer folgende öffentliche Bußart beſtimmt:

„Am Erſten ſollen Sy des Morgens an a'inen Feyer=
„tag oder Sunntag, der In benennet wurdet, Nämlich
„die Mannen parhaubt vnd allain in ainem Hemdt biß
„über die pruſt oder gegen der Gurttl, aber die Weybß=
„pild on Männtl offentlich Buß thun. In Iren frauen
„Regdhen vnd Sleyern auf denen ain Schwarz Kreuß
„eingeadet Mit offen vnverpunbten angeſichten mit
„prünenden Lichtern vor Eunbung der Predigt in der
„Pfarr biß zu Ende des Ambts vor derſelben Pfarrkir=
„chen ſteen.“

„men ainfelltigen, verfueret, vnd damit dann die
„frumen von solcher valscher leere gewarnt vnd
„damit nit bestegckht werden, So schigckhen Wir
„dir hierJnn beschlossen, ain antzaigen, wie du,
„auch deine Gesellen vnd Caplän in Ewer Pre=
„dig, wann Jr das Gotswort auf der Canntzl pre=
„digt vnd Sagt, vnnder annbern Ewren fürge=
„legtten worten, so Jr desmals prebigen werdet,
„zu zeitten, angezogene Materi vnd verrers Ew=
„ren Guetbebungkhn nach, deinem Pfarrvolkh,
„vnd dem gemainn Mann, nach ben beßsten ant=
„zaigen, vnd mit fleyss Ermonnen sollt, sich von
„solichem Verfuerischen, Vncristennlichen vnd
„ketzerischen Wesen, Sect vnd valscher lere zu=
„uerhuetten, wie du dann wol zuuerordnnen waist,
„Jst auch vnnser Ernnstlicher beuelh, bey vnnser
„Swären Straff gebiettendt, das du sambt dei=
„nen Gesellen vnd Caplänen, den du auch sol=
„ches von vnnsern wegen Ernnstlich beuelhen
„solest, Ewer fleyssig aufmergckhen vnd erkhun=
„digung habt, wo du vnd Sy, in beiner pfarr,
„von solchen verfuerischen wesen, falschen lere
„vnd Gotslesterung, wie oben angezaigt, wenig
„ober vill höret, das Jr solches von stund an Ewr
„weltlichen Obrigkhait derselben Ort, von vnnsern
„wegen ansaget, damit Sy alsdann vnnserm be=
                                        „uehle,

„uelße, So Sy vonn vnns deßhalben haben, ge=
„gen denselben fürderlich hanndeln, wo dann die=
„selb Obrigkhait gegen denselben mißhandlern mit
„der Straff nit fürfarn vnd hanndln wurden,
„oder wollten, Alßdann du vnns solches von
„stund an verkhundest, vnd zueschreibest, wo du
„aber das auch nit thuen, vnd darInnen nachläs=
„sig sein, oder yemanndts verschonen wurdest,
„wollten wir dich vnd deine Gesellen vnd Caplan,
„welche solichem vnnserm Beuelh, nicht nachgeen
„wurden, darumben schwärlich vngestrafft nit las=
„sen, Darnach Wisset Ew zurichten. Datum in
„Ciuitate nostra Salzeburgen. die decima quarta
„Mennsis Nouembris Anno Domini vigesimo
„Septimo." *)

Der resignirte Bischof von Chiemsee, Ber=
thold Pirstinger, hatte in seiner bisherigen
Einsamkeit zu Raitenhaslach, zum Nußen und
zur Erbauung des Volkes, einen Unterricht des
Katholisch = Christlichen Glaubens ausgearbeitet,
und solchen auch im folgenden Jahre zu Mün=
chen

---

*) Aus der Consistorial=Registratur zu Salzburg, wo noch ei=
nige andere minder wichtige, zur Geschichte der Wieder=
täufer gehörige Urkunden befindlich sind.

chen unter dem einfachen Titel: Tewtsche Theologey in Fol. drucken lassen. Allein ehe er sein
Buch, mit welchem er am letzten Nov. 1527
fertig geworden war, der Presse übergab, schickte
er daffelbe unterm vierten December darauf dem
Erzbischof, mit der Zuschrift, „daß er es entweder
„selbst, oder durch seine gelehrten Räthe übersetz-
„en, und ihm die Sätze, welche entweder dem
„Evangelium und der heiligen Schrift ungemäß,
„oder der gemeinen Kirche widerwärtig wären,
anzeigen möchte, worauf er dieselben sogleich wie-
„derrufen würde." *)

Der Probst zu Berchtesgaden, Wolfgang
Griestetter, hatte wegen der Schäden, die ihm
und seinem Gotteshause im ersten Bauern-Auf-
stande 1525 zugefüget worden waren, bey dem
Erzbischofe eine Klagschrift eingereichet und gebethen, daß alle, damals im Aufstande begriffenen
Städte, Märkte, Gerichte, Thäler und Bergwerke zum Ersatze angehalten werden möchten.
Zur Erledigung dieser Klage schrieb nun der Erz-

bi-

---

*) Diese Zuschrift ist eingedruckt in Fr. Mich. Vierthalers
Intelligenzblatte vom Jahre 1805. S. 341.

bischof auf den Montag nach St. Erhards=Tag
1528 nach Salzburg eine Tagsatzung aus, und
befahl den beklagten Gemeinden, dahin ihre Aus=
schüsse mit genugsamer Gewalt abzuordnen, um
diese Streitsache sogleich entweder rechtlich oder
gütlich beylegen zu können. Die Vollmacht der
Gasteiner, welche ihren Mitgerichtsmann, Mi=
chael Kuntl zu Heusing, zu ihrem Gewaltträ=
ger ernannten, war unter dem Insiegel des dorti=
gen Landgerichts=Verwesers, David Köldrer,
zu Hof in der Gastein am Erichtag nach der
Heiligen drey Kunigtag 1528 ausgestellt worden.

Es ward hierauf zwischen dem Probste von
Berchtesgaden und der Salzburgischen Land=
schaft (der Gesammtheit aller beklagten Gerichte)
ein Vergleich geschlossen, wodurch dem Probste zu
seiner Befriedigung an der alten, dem Erzstifte an=
gehörigen Schuld seines Stifts ein Nachlaß von
4000 Gulden Rheinisch mit dem Bedinge zuge=
sagt wurde, daß die Landschaft diese Summe
dem Erzstifte wieder nach und nach ersetzen sollte.*)

In diesem Jahre wurde ein Prediger des
neuen Lutherischen Bekenntnißes hingerichtet,
wel=

---

*) Berchtesgadische Proceßschriften Beylage Lit. A A.

welcher durch seine, auf dem Richtplatze bewiese=
ne Standhaftigkeit bey den Protestantischen Kir=
chenschriftstellern sich den Ruhm eines Evange=
lischen Martyrers erworben hatte. Er hieß
Georg Scherer, war von Salfelden im
Salzburgischen gebürtig, und trat, nachdem er
9 Jahre Weltpriester gewesen war, in den Bar=
füsser Franciscanerorden. Allein nach 3 Jahren
warf er die Mönchskappe von sich, und fieng im
Jahre 1525 an, die neuen Lutherischen Lehrsätze
zu Radstadt öffentlich zu predigen. Drey Jah=
re setzte er an diesem Orte sein Predigtamt fort,
bis er bey dem Erzbischofe als Ketzer angeklaget
und auf dessen Befehl ins Gefängniß geworfen
wurde. In dem Gefängniße wurden ihm über
viele Artickel der Christlichen Religion Fragen
vorgeleget, die er auch schriftlich beantwortete.
Da er diese Antworten, welche er für sein Glau=
bens = Bekenntniß *) erklärte und beynahe von
Artikel zu Artikel mit biblischen Stellen belegte,
durchaus nicht wiederrufen wollte; so ergieng das

Ur=

*) Dieses Bekenntniß, welches zuerst Matthias Flac ns
herausgegeben hatte, ist wieder abgedruckt in Joh. Gott=
lieb Zillinger's Beytrag zur Kirchen = Historie des Erz=
bißthums Salzburg (Jena 1732) S. 38 — 54.

Urtheil, „daß er lebendig verbrannt werden sollte." Auf geschehene Vorstellnng und Fürsprache wurde jedoch dieses grausame Urtheil dahin gemildert, „daß er vorher enthauptet, und dann erst sein Körper verbrannt werden sollte." Er wurde nun am 13ten April 1528 auch wirklich enthauptet. Vor seinem Tode, dem er unerschroken entgegen gieng, hielt er an das versammelte Volk eine kurze Anrede, und betheuerte, daß er unschuldig sterbe. Dieses machte einen solchen Eindruck, daß sein Körper, anstatt verbrannt zu werden, zur Erde bestattet wurde.

Otto von Pack, Rath und Kanzler des Herzogs Georg von Sachsen hatte dem Landgrafen Philipp von Hessen eine Abschrift von einem Bündnße mitgetheilet, welches am Mittwoche nach Jubilate 1527 zu Breßlau zwischen König Ferdinand, dem Erzbischofe von Salzburg und andern katholischen Fürsten und Bischöfen zu Vertilgung der lutherischen Lehre errichtet worden seyn sollte. Dagegen verband sich nun der Landgraf Philipp mit dem Churfürsten von Sachsen, und unternahm sogleich einen Zug wider die Bischöfe in Franken. Als ihn das, zu Speyer versammelte Reichsregiment ermahnte,

von

von Thätlichkeiten abzustehen, überschickte er demselben zu seiner Entschuldigung eine Abschrift des angeblichen Bündnißes, welche das Reichsregiment, in der Absicht, den Ausbruch eines innerlichen Krieges zu hindern, wie den übrigen, im vermeinten Bündnße stehenden Fürsten, so auch dem Erzbischofe zu Salzburg unterm 25gsten May 1528 zufertigte. Gleich den übrigen Fürsten antwortete auch der Erzbischof am Mittwochen nach dem heiligen Pfingstag des nämlichen Jahres, „daß ihm von dem angeblichen Bündnße gar nichts bewußt, sondern vielmehr das Ganze eine boshafte Erdichtung sey; indem er weder persönlich in Breßlau gewesen wäre, noch eine Bothschaft dahin geschickt hätte." *)

Die, von Berthold Pirstinger herausgegebene Teutsche Theologey hatte Erzbischof Matthäus mit einem solchen Wohlgefallen aufgenommen, daß er durch eine lateinische Zuschrift vom 17ten Dezember 1528 dem Verfasser derselben

---

*) S. Erzbischoffs Matthäi zu Salzburgs Entschuldigung, der vermeynten Bündniß halber an das Keyserlich Sieglment zu Speyer außgangen; bey Fried. Hortleder von den Ursachen des Teutschen Kriegs Tom. I. Buch II. S. 792.

ben nicht nur seine Zufriedenheit darüber bezeigte,
sondern ihn auch aufmunterte und ersuchte, „sein
Werk, weil es so viele heilsame Lehren enthielte,
und vorzüglich zur Bekämpfung der **Lutherischen**
Grundsätze geeignet wäre, in die Lateinische
Sprache zu übersetzen, damit es auch von aus=
ländischen Christen gelesen werden könnte.„ *)
Der würdige Verfasser, welcher inzwischen bereits
zu **Sälfelden** im Pinzgau seinen Wohnsitz auf=
geschlagen hatte, unterzog sich sogleich diesem Ge=
schäffte, und, seines hohen Alters ungeachtet, vollen=
dete er die Uebersetzung in drey Monaten, wel=
che jedoch erst im J. 1531 zu **Augsburg** im
Drucke erschien.

Auf Lichtmessen 1529 hatte **Karl V.** nach
Speyer einen Reichstag ausgeschrieben, welcher
aber, unter dem Vorsitze seines Bruders, Königs
Ferdinand, als Statthalters im heil. Römi=
schen Reich, erst am 15ten März darauf eröff=
net wurde. Der Vortrag enthielt drey Haupt=
stücke: den **Zwiespalt** des **Christlichen Glau=**
bens, die Türkenhülfe und die Unterhaltung

i   des

---

*) Diese Zuschrift findet sich in Franc. Ant. V e l t h Biblio-
theca Augustana. Alphab. VI. pag. 209.

des Regiments und Kammergerichts. In Betreff des ersten Hauptstückes wurde der Schluß gefaßt: „Wo bisher das Wormser = Edict gehalten worden, da soll ferner Niemand Luthers Lehre annehmen. Wo sie aber schon eingeführt sey, und ohne Aufruhr nicht abgewandt werden möchte, soll man sich doch hinfür aller weitern Neuerungen enthalten und die Messe nicht verbiethen." Die lutherisch = Gesinnten Reichsstände übergaben dagegen sogleich eine förmliche Protestation, wodurch sie sich den Namen der Protestanten zujogen. Erzbischof Matthäus von Salzburg wohnte diesem Reichstage, der am 22. April 1529 geschlossen wurde, wieder persönlich bey, und unterzeichnete den Abschied desselben unmittelbar nach den Kurfürsten.

Da die erzbischöfliche Kammer von ihrer, durch den zweyfachen Bauern = Aufstand erlittenen Erschöpfung sich noch keinesweges erholet hatte, und zugleich auch die bisherigen Einkünfte zu Bestreitung der großen Ausgaben, welche die Türkenhülfe, die, aus dem erhöhten Münzlaufe entstandene Theuerung aller Lebensmittel und die öftern Reichstagsreisen verursachten, bey weitem nicht mehr hinreichten; so entschloß sich der

Erz=

Erzbischof, auf jedes Fuder Salz eine Mehrung
oder einen neuen Aufschlag von 2 Kreuzern oder
8 Pfennigen weißer Salzburger Wåhrung
zu schlagen; und er ließ diesen Aufschlag im
Frühlinge dieses Jahres bey Eröffnung der Salz-
arbeit ordentlich verkündigen. Um die Herzoge
in Baiern zu gewinnen, welche sich sonst solchen
Steigerungen von jeher zu widersetzen pflegten,
schickte er seine Råthe, den Domherrn Marquard von Stain und Doctor Niklas Ribeisen, mit einer schriftlichen Instruction *) nach
München, und ließ durch sie den Herzogen die
Ursachen des neuen Aufschlages vorstellen und dieselben aufs höchste ersuchen und bitten, „daß sie
mit dem Erzbischofe und seinem Stifte freundlich und nachbarlich Mitleiden tragen, und
bey solcher Mehrung den Erzbischof nicht hindern
möchten.‟ Auf diese Vorstellung erhielt Doctor
Ribeisen am Sonntag nach Michaelis 1529
von den Herzogen eine schriftliche Antwort, **)
worin sie zwar die neue Salz-Mehrung zuzulas-

i 2   sen

---

*) Unparth. Abhandlung von dem Staate des Erzstifts Salz-
burg S. 256. S. 300.

**) Diese Antwort steht in den Halleinischen Salz-Com-
promißschriften Beyl. Nro. 165 und bey Lori in der
Sammlung des Baierischen Bergrechts S. 194.

fen verfprachen, jedoch unter dem Bedinge, daß
der Erzbifchof und fein Domkapitel durch eine
befondere Verfchreibung den Herzogen die Macht
zugeftehen follten, folchen Auffchlag und Mehrung zu jeder Zeit zu wiederrufen und aufzuheben.
Wegen diefer begehrten Verfchreibung übergab
Doctor Ribeifen am 5ten October darauf dem
Münchner Hofe ein fchriftliches Anbringen, *)
und erfuchte die Herzoge, von ihrem Begehren
um fo mehr abzuftehen, „als von den Vorfah-
rern des Erzbifchofes, niemals eine folche Verfchreibung begehret, noch gegeben worden wäre,
und diefelbe auch den Herzogen wenig oder nichts
geben, oder nehmen würde."

Noch ehe die Unterhandlung wegen Zulaf-
fung des neuen Salz = Auffchlages zu **München**
geendiget war, hatten die Herzoge **Wilhelm** und
Ludewig in Baiern dem Domkapitel **zu Salzburg** und dem, damit verbündeten Klofter **Sal-
mannsweil** ihre, bisher gemeinfchaftlich befeffene
Salzfiederey zu Reichenhall, der **Holzapfel** genannt, nebft dem dazu gewidmeten Waffer = Antheil aus dem Salzbrunnen, wie auch die Pfan-
ne

(* **Halleinifche Salz = Compromißfchriften Beyl. Nro 152**

ne und das Pfannhaus sammt allen übrigen Zu=
gehörungen um 880 Gulden Rheinisch auf ewi=
ge Zeiten abgekaufet. Der Kaufbrief wurde auf=
gerichtet zu **Reichenhall am sand Gallen Tag**
1529. *)

Nachdem inzwischen Doctor **Ribeisen** von
München zurückgekommen war, und den Erfolg
seiner Sendung dem Erzbischof vorgetragen hatte,
schrieb dieser unterm 23gsten October an die Her=
zoge und antwortete ihnen, „daß er wegen
hoher Nothdurft ihnen für dieses Mal zwar nach=
geben müßte, dabey aber hoffte, daß sie für die
Zukunft nichts begehren würden, was seinem
Stifte an seiner **Hoheit und Gerechtigkeit**
abbrüchig seyn möchte.„ Ungefähr unter eben
dieser Verwahrung wurde dann auch die begehrte
Verschreibung von dem Erzbischofe und seinem
Domkapitel zu Salzburg am 11ten December
1529 ausgefertiget, und von den Herzogen ohne
Widerrede angenommen. **)

In

---

*) Er ist vollständig abgedruckt in den Halleinischen Salz=
Compromißschriften Beyl. Nro. 145.

**) Diese Verschreibung nebst der vorausgegangenen Antwort
des Erzbischofes findet sich in den Halleinischen Salz=

In diesem Jahre wurde die Stadt Wien vom 22gsten Sept. bis zum 16ten October durch die Türken belagert; allein die Besatzung schlug alle Angriffe muthig zurück. Unter den Vertheidigern der Stadt fanden sich aus dem Salzburgischen Landadel: Niklas von Thurn, Kaiserl. Rath und Oberster, Melchior von Lamberg, Ritter, Hanns und Gotthard von Lamberg, Hanns von Neuhaus, Wolf und Christoph von Küenburg, Christoph Auer von Winkl, Hanns Reißberger, Jakob Trauner, Andreas Hoffer, Hanns Moßheimer und Georg Glück.

Auch wüthete in eben diesem Jahre in der Nachbarschaft von Salzburg eine, bisher unerhörte Seuche, die Schweißsucht genannt, die in einigen Orten den dritten Theil der Einwohner augenblicklich dahin raffte. *)

Auf dem, von Kaiser Karl V. auf den 8. April 1530 nach Augsburg ausschriebenen Reichstage erschien Erzbischof Matthäus abermals

---

Compromißschriften Beylage Nro. 7. und 162. und in Lori's Sammlung des Balerischen Bergrechtes S. 196 — 197.

*) Chronicon Mellic. in Hier. Pez Script. rerum Austriac. Tom. I. pag. 285.

mals in eigner Person, und brachte daselbst einen
großen Theil dieses Jahres zu, während welcher
Zeit er theils in der Stadt, theils in seinem, unweit
davon entlegenen eigenthümlichen Schloße Wellenburg wohnte, wo er Jagden und andere Lustbarkeiten anstellte; und überhaupt nach dem Beyspiele des
päbstlichen Legaten, Laurentius Campegi, und anderer geistlichen Fürsten, ein ziemlich ungeistliches
Betragen äusserte. *) Sein Gefolg, mit welchem
er in Augsburg einzog, war sehr zahlreich.
Von seinen Räthen begleiteten ihn Marquard
von Stain, Domprobst zu Mainz, Bamberg
und Augsburg, Chilian Abt zu St. Peter,
Ambrosius Lamberg, Domherr und Official
zu Salzburg, Graf Sigmund von Detemburg,
Domherr zu Salzburg, Johann Rößler, Domprobst zu Passau, Doctor Georg Thesinger,
Kanzler, Hanns von der Albur (Alben;) Lands-
hauptmann zu Salzburg, Hanns Schenck zum
Schenkenstein, Ritter, Lucas Lang zu Wellenburg, Ritter, Hanns Panichner zu Wol-
ckenstorf, Leonhard Lang zu Wellenburg,
Matthias Lang zu Wellenburg, Hanns
Mü-

---

*) Georg Theod. Strobel's Neue Beyträge zur Litteratur
(Nürnb. 1794) Band V. St. II. S. 384.

Münich zu Münichaufen, Doctor Niclas
Rybeifen, Doctor Ambrofius Volanndt und
Chriftoph Bernner, Cammerfefretär. Seine
übrigen Begleiter unter dem Namen des Hofge=
findes waren folgende Edelleute: Euftachius
von der Albur (Alben) Lörenz von Way=
deck, Untermarfchall. Anton von Rienburg,
Andre Herr von Prag, Gandolph von Rien=
burg, Blafi von Nußdorf, Hanns Wolf=
hart Ueberackher zum Sighartftein, Chriftoph
von Nopping, Hanns Sigerßdorfer, Wal=
ther Sulzer, Wilhelm Diettenhaimer, Mi=
chael Haußhaimer, Andre Peuinger, N.
Schondorffer, Hanns Georg Schad von
Mittelbibrach, Hanns Joachim Schad von
Mittelbibrach, Hanns Chriftoph Schad von
Mittelbibrach, Karl Brandiffer, Peter Rud.
Behem, Albrecht Rabnhaupt Behem, und
David Aigel. *)

Kai=

---

*) „Warhaftig anzaygung wie Kaifer Karl der fünft ettli=
chen Fürften auff dem Reychstag zu Augfpurg im
M.CCCCC.XXX. jar gehalten, Regalia vnd Lehen vnder
dem fan gelihen, was auch jr Kai. Mate. vnd derfelben
Bruder Künig Ferdinand zu Hungern vnd Behem ꝛc.
Auch anndere Churfürften, Fürften vnnd Stende des
Reichs

Kaiser Karl kam erst am 15ten Juny zu Augsburg an, wo ihn die Stände, zumal die Protestantischen schon seit geraumer Zeit mit großer Ungedulb erwartet hatten. Er wurde von den Churfürsten und Fürsten unweit der Stadt bewillkommet. Er empfieng sie sehr gnädig und stieg vom Pferde; allein der päbstliche Legat Campegi, der Cardinal Matthäus von Salzburg und der von Trient blieben auf ihren Mauleseln sitzen. Gleich nach seinem Einritte in die Stadt besuchte der Kaiser die Domkirche, wo der Ambrosianische Lobgesang angestimmt wurde. Hierauf wollte der Erzbischof von Salzburg, als Cardinal, vor dem Altare im Chore den Segen sprechen; allein der päbstliche Legat drängte ihn hinweg und sagte zu ihm: „Den Segen zu sprechen ist nicht Eures, sondern meines Amtes." Als am 25sten Juny dem Kaiser in der Kapellstube seines Palastes das, von dem gelehrten Philipp Melanchthon verfaßte und von den Protestantischen Ständen unterschriebene Glaubensbekenntniß (Augsburgische Confession) übergeben, und sodann in Beysenn der Reichs-

---

Reichs für Räthe vnd Abelspersonen auf solchem Reichstag gebept haben." (gedruckt zu Augsburg) in 4to Bog. d. iii.

Reichsſtände durch den Chur = Sächſiſchen
Kanzler laut abgeleſen wurde; ſoll der Erzbi=
ſchof von Salzburg, nach deſſen Anhörung,
bezeugt haben: „Er ſehe ſelbſt gern eine Re=
formation in der Meſſe, und eine Freyheit in
Speiſen und andern Menſchenſatzungen, über=
haupt aber eine ganz ſolche Beſchaffenheit des
geiſtlichen Stands, wie er es aus dem Bekennt=
niße gehört hätte; aber daß nur ein einziger elen=
der Mönch (Martin Luther) ſie alle reformi=
ren und in Unruhe bringen wolle, ſey unerträg=
lich und nicht zu dulden.‟ *) Mit Melanchthon
ließ ſich der Erzbiſchof auf dieſem Reichstage in
ein beſonders Geſpräch ein, und redete ihm nach=
drücklich zu, die Neuerungen zu verlaſſen; als
aber ſolches nichts fruchtete, ſagte er zu ihm: „Ich
„habe der Sache oft nachgedacht, und nur vier Mit=
„tel oder Wege geſehen, aus dieſen Unruhen zu
„kommen. Der erſte Weg iſt, (ſprach er)
„daß wir Euch Lutheranern folgen und weichen;
„das wollen wir nicht. Der zweyte, daß
„Ihr Lutheraner uns weichet; das könnet Ihr,
„wie Ihr ſaget, nicht. Der dritte, daß man
                                          zwi=

---

*) Georgii Coeleſtini Hiſtoria Comitiorum Annæ
MDXXX Auguſtae celebratorum Tom. II. Fol. 205 b.

„zwischen beyden Theilen eine Vereinigung stifte;
„das ist nicht möglich; denn da die beyderseitigen
„Lehren wider einander sind, so kann kein Friede
„und keine wahre Einigkeit gestiftet werden. Da-
„rum bleibt nur der vierte Weg übrig, daß ein
„jeglicher Theil trachte, den andern Theil zu heben
„und aufzureiben." Als Melanchthon mit vieler Ehrerbiethung dagegen vorstellte: daß es haupt-
sächlich darum zu thun sey, dem Verderben unter
der Geistlichkeit zu steuern, erwiederte der Erzbischof in Scherz und Ernste: „Was wollet Ihr
„dann an uns Pfaffen reformiren; wir Pfaf-
„fen sind nie gut gewesen." *)

Am 27gsten Juny hatte der Erzbischof von
Salzburg die Ehre, die verwittwete Königinn
von Ungarn, Maria, und die wirkliche Königinn, Anna, in seinem Schloße Wellenburg
über Nacht zu beherbergen, nachdem an diesem
Tage in dem umliegenden Reviere der Kaiser und
sein Bruder, König Ferdinand, nebst etlichen
geistlichen und weltlichen Fürsten eine Jagd gehalten hatten.

Am

---

*) Chr. Aug. Saligo vollständige Historie der Augsb. Con-
feßion Lib. II. Cap. IX. p. 362.

Am letzten July erhielt Erzbischof Matt<e4>us von dem Kaiser über das Zoll = und Mautrecht einen erneuerten Bestätigungsbrief.*)

Am 6ten August trat, auf Befehl des Kaisers, ein Ausschuß von Katholischen Reichsständen zusammen, um nicht nur die Augsburgische Confession neuerdings zu prüfen, sondern auch Mittel zur Beylegung der bisherigen Glaubensstreitigkeiten vorzuschlagen. Der biedere Bischof von Augsburg, Christoph von Stadion, hielt zuerst eine Rede, in welcher er auf Herstellung der alten Kirchenzucht, auf Eintracht und Verbesserung der Sitten drang, und zugleich behauptete, durch die Augsburgische Confession werde kein Christlicher Glaubensartikel umgestoßen. Erzbischof Matthäus von Salzburg, sonst sein guter Freund, unterbrach ihn und fragte ihn: „Woher kommt Eurer Liebden diese schnelle Ver= „änderung und unverhoffte Heiligkeit? Ich habe „je noch in frischem Andenken, daß Ew. Liebden „ganz andere Worte von dieser Sache vor kurzer „Zeit gegen mich geführet habe. — „Ich läugne nicht „(antwortete ihm Christoph von Stadion)

baß

---

*) Nachrichten von Juvavia §. 319. not. (m) S. 480.

„daß ich meine Tage viel Böses uud Strafba=
„res begangen; gegenwärtige Zeit und Gelegen=
„heit aber heißt mich der Bosheit absagen, den
„fleischlichen Lüsten gute Nacht geben und
„ein anders Leben anfangen. Und daß ich
„nichts verhehle, so ist vielleicht Eurer Liebden Le=
„ben nicht viel frömmer und besser als meines;
„Euer Liebden Vorsatz aber um soviel ärger und
„schrecklicher als meiner, weil Euer Liebden Ihre
„Laster mit größerer Hartnäckigkeit zu entschuldigen,
„die abgöttischen Mißbräuche zu bemänteln, und
„gottlose Lehre zu vertheidigen und zu erhalten sich
„bemühet. Gott behüte mich, daß ich mich kei=
„ner solchen Gottlosigkeit theilhaftig mache."

Nun erhob Kurfürst **Joachim** von Bran=
denburg seine Stimme, um den Erzbischof von
Salzburg zu vertheidigen, und schrie laut:
„Es sey nicht wahr, daß die Lutheraner kei=
„nen Glaubensartikel umstoßen." Jetzt entstand
zwischen diesem gelehrten weltlichen Kurfürsten und
dem Bischofe von **Augsburg** ein heftiger Wort=
wechsel, welcher unter häufigen Schimpfwörtern
so lange dauerte, bis endlich Erzbischof **Albert**
von **Mainz** ins Mittel trat und Ruhe stiftete *).

*) Veit Ludewigs von Seckendorff Ausführliche Historie
des Lutherthums II. Buch §. 79. und Zapf in seinem
Werke: Christoph von Stadion Bischof von Augsb. S. 74.

Mittlerweile kaufte Erzbischof Matthäus von Georg Grafen zu Schaumberg, Obersterb-marschall in Oestreich und Steyer, die Vogtey-Obrigkeit über das, im Stift Salzburg und Haunsperger Landgericht gelegene Kloster Beuern um eine Summe von 1700 Fl. Der Kaufbrief wurde errichtet zu Eferding am Eritag nach St. Bartlmestag 1530.

Zwischen Salzburg und Magdeburg hatte bisher ein Rangstreit obgewaltet. Da der Kaiser auf dem Reichstage zu Augsburg darauf drang, daß alle Fürsten wegen streitiger Sitzun-gen und Gänge entweder sich selbst miteinander vergleichen, oder in Jahresfrist die kaiserli-che Erkenntniß deßhalb erwarten sollten; so vereinten sich Erzbischof Matthäus von Salz-burg, und der Kurfürst Albert von Mainz, als Erzbischof von Magdeburg, für sich und ihre Nachkommen dahin, „daß hinfür in allen Versammlungen, die zu Kirchen, zu Rath oder sonst durch gemeine Stände des Reichs in Gegen-wart oder Abwesenheit des Kaisers, oder sonst ge-halten werden, wenn beyde Erzbischöfe in Person zugegen sind, sie von einem Tage zum andern um-wechseln, und zwar der Erzbischof zu Salzburg

am

am erſten Tage den vorderſten Stand, Gang
oder Sitzung haben, und dieſer Umwechſel
auch in gleicher Art unter ihren beyderſeitigen
Bothſchaftern Statt finden, der perſönlich anwe=
ſende Fürſt aber der Bothſchaft des abweſenden
Fürſten jedesmal vorgehen ſoll." Dieſer Vergleich
wurde von ihnen zu Augsburg am Mondtage
nach Marid=Geburt 1530 unterzeichnet, und am
17ten October darauf vom Kaiſer beſtätiget,

Zur Verfaſſung des Reichsabſchiedes hatte
der Kaiſer einen Ausſchuß ernannt, wovon auch
der Erzbiſchof zu Salzburg ein Mitglied war.
Nachdem derſelbe fertig war, wurde am 22gſten
September den Proteſtantiſchen Ständen zu ihrer
Vereinigung mit dem Pabſte, Kaiſer, und
Gemeiner Chriſtenheit bis auf den künftigen
15ten April Bedenkzeit gegeben, und ihnen in=
zwiſchen alle weitere Religions=Neuerung unter=
ſaget. Die feyerliche Unterzeichnung dieſes Ab=
ſchiedes erfolgte aber erſt am 19ten November
1530. Auf dieſem Reichstage wurden die Ly=
theraner überhaupt, insbeſondere aber die luthe=
riſch=geſinnten Reichsſtädte beſchuldiget, daß ſie
den vormaligen Bauern=Aufruhr angefacht hät=
ten, um die Fürſten und den Adel zu vertilgen
und

und die Alleinherrschaft an sich zu reißen. Ja Herzog Ludewig von Baiern behauptete öffentlich:
„die Reichsstadt Nürnberg habe der Stadt
Salzburg in dem Aufruhr viel kleines Geschütz geschicket." *)

Ausser den Glaubensstreitigkeiten und der
Türkenhülfe kamen damals zu Augsburg auch
noch andere Gegenstände zur Sprache. Der Erzbischof zu Salzburg und die übrigen, in Oestreichischen Landen begüterten Bischöfe beschwerten
sich bey Kaiser und Reich, daß, obgleich alle ihre
Güter, wo sie immer liegen, schon unter ihrem
Reichsanschlage begriffen wären, sie nichts desto-
weniger auch in Oestreich nicht nur mit der Türkenhülfe, sondern auch mit andern Steuern be-
legt würden, und also eine zweyfache oder Dop-
pel-Anlage entrichten sollten. Diese Beschwerde wurde nun für billig erkannt und daher in
diesem Reichsabschiede §. 131. verordnet, daß
der Erzbischof nebst den übrigen Bischöfen, so
oft sie dem Reiche eine Türkenhülfe leisten,
den Erzherzogen von Oestreich und ihren Landschaften mit keiner Türkenhülfe oder Steuer
verbunden seyn sollte".   Auf

---

*) Seckendorffs Historie des Lutherthums S. 1131.

Auf diesem Reichstage wurden endlich auch die
schon oft wiederholten Beschwerden der deutschen
Nation gegen den Stuhl zu Rom in Berathschlagung gezogen. Der Erzbischof von Salzburg nahm daran einen lebhaften Antheil; indem er nicht nur dem Rathschlage, welcher zur
Verzeichnung dieser Beschwerden angestellt wurde,
einen seiner Räthe beyordnete, sondern auch zu
Augsburg am 21gsten November 1530 mit seinen Suffraganen Freysing, Regensburg, Passau, Brixen, Chiemsee, Seckau und Lavant
deßhalb noch einen besondern Receß abschloß,
und darin unter andern den Vorschlag machte,
bey Kaiser und Reich es dahin zu bringen, daß
das dem Erzherzog Ferdinand von Oestreich ertheilte päbstliche Indult zu Veräusserung der Kirchengüter, als ein vorher in deutscher Nation nie
erhörter Eingriff in das gemeine Recht und in die Kir-
chenstiftungen wieder vernichtet werden möchte. *)

Zu Salzburg in der Hauptstadt soll in diesem Jahre Simon Scheich, ein junger Mann
von Lindau gebürtig, als Ketzer verbrannt werden seyn. **)

f　　　　　　　　Auch

---

*) Nachrichten von Juvavia §. 197. not. (b) S. 220.
**) Jo. Georgii Schelhornii Comment. de Religionis
Evang. in provincia Salisb. ortu progressu et fatis pag. 108.

Auch starb in diesem Jahre der Domprobst zu Salzburg, Balthasar von Lamberg. Zu seinem Nachfolger wurde Kaspar von Risenbach, bisheriger Dombechant, und vorheriger Stadtpfarrer, erwählt.

Um die, auf dem jüngsten Reichstage zu Augsburg bewilligte eilende Türkenhülfe nebst den andern daselbst beschlossenen Artikeln im Baierischen Kreise in Vollzug zu bringen, hatten der Erzbischof zu Salzburg und Herzog Wilhelm in Baiern auf den 2ten Februar 1531 einen Kreistag nach Regensburg ausgeschrieben. Der Erzbischof besuchte denselben ebenfalls in eigner Person, und führte dabey den Vorsitz. Der aus 40 Artikeln bestehende Kreisabschied erfolgte am Pfinztag den neunten Tag Februarii 1531. *)

Der indessen verstorbene erzbischöfliche Münzmeister, Hanns Thenn, welcher dem Erzbischofe zu Bezahlung der in den beyden Bauern = Aufständen erlaufenen Kriegskosten 10,000 Fl. dargeliehen hatte, hat demselben kurz vor seinem Tode an dieser Forderung die noch rückständigen

4500

---

*) Er findet sich in Joh. Georg Lori's Sammlung des Baierischen Kreisrewts S. 1. — 8.

4500 Fl. freywillig nachgelaſſen und geſchenkt.
Dieſe Schenkung haben ſeine Kinder und Erben
ſogleich mit aller Bereitwilligkeit genehmiget, und
den dafür verpfändeten Domſchatz nebſt der Haupt-
verſchreibung dem Erzbiſchofe ohne Entgelt zurückge-
ſtellt. Aus Erkenntlichkeit hat der Erzbiſchof ihnen nicht nur am Mondtag nach dem Sonntag
Exandi 1531 unter ſeiner und ſeines Kapitels
Fertigung durch den Kammermeiſter, Johann
Pietenberger, eine Quittung über die, von ihrem Vater geführte Münzverwaltung zuſtellen laſſen, *) ſondern zugleich auch verordnet, daß zum
ewigen Andenken auf den, unentgeldlich zurückge-
ſtellten Domſchatz das Wappen des Hanns
Thenn mit einer Inſchrift geſetzet, und deſſen
Name in die gewöhnlichen Bittzettel in der Domkirche eingeſchrieben werden ſollte.

In Betreff des Ausfergen-Amtes zu Laufen fertigte der Erzbiſchof zu Salzburg am Sonntag nach Unſers Herrn Fronleichnambs
Tag 1531 eine merkwürdige Urkunde aus. Die
acht Geſchlechter, die dieſes Amt bisher als ein

f 3　　　　Manns-

---

*) Dieſe Quittung iſt abgedruckt in Franz Dückher's Salz-
burgiſcher Chronica S. 255 - 257.

Mannslehen beseſſen hatten, waren nach und nach
bis auf die drey Geſchlechter Gold, Guetrather
und Pödl ganz ausgeſtorben. Dieſen drey Ge-
ſchlechtern beſtätigte nun der Erzbiſchof das Ausfergen = Amt als ein männliches Lehen, behielt
ſich aber ausdrücklich vor, nach Erforderniß des
Salz = Ausganges noch Einen oder mehrere neue
Ausfergen zu ernennen, und verordnete zugleich
unter andern, daß die Ausfergen, weil ihr Amt
ein bürgerlicher Handel zu Laufen wäre, dem
dortigen Pfleger allen Gehorſam leiſten, und von
ihren Gefällen dem Erzbiſchofe in ſeine Hand jährlich um Weihnachten 32 Ungariſche oder Dukaten-
Gulden, und in ſeine Kammer alle Jahre zu
drey Friſten 30 Fl. Rheiniſch, wie es vor Alters hergekommen iſt, reichen und geben ſollten.

In eben dieſem Jahre ließ der Erzbiſchof
für die Stadt Laufen eine umſtändliche Gerichts = und Polizeyordnung entwerfen, welche er am 22gſten December durch ſeine Fertigung
bekräftigte, und ſodann dem Pfleger, Richter,
Bürgermeiſter und Rath mit dem Befehle mittheilte, darüber mit allem Ernſte zu halten.
Sie führet die Aufſchrift: „Pollicey vnd Ord-
„nung gemainer Statt Lauffen,“ und ver-
breit-

breitet sich über fast alle erdenklichen Zweige einer
städtischen Polizey. *)

Nachdem der Kaiser erfahren hatte, daß
der Erbfeind des christlichen Glaubens und Namens, der Türk, sich entschlossen hätte, im künftigen Sommer Deutschland wieder mit gesammter
Macht feindlich zu überziehen, schrieb er auf den heil.
drey Königs-Tag 1532 nach Regensburg einen
Reichstag aus, welchen Erzbischof Matthäus
abermals persönlich besuchte. Es wurde da eine
eilende Türkenhülfe mit dem Zusatze beschlossen, daß sie durch alle Stände an Leuten, und
und nicht an Gelde geleistet werden sollte.
Sobald der Erzbischof nach Hause gekommen
war, stellte er nicht nur zum Reichsheere die er-
forderliche Mannschaft, sondern besetzte auch die
Salzburgischen Pässe und Städte in Kärnthen, um
die herumstreifenden Horden abzuweisen. Den aus
Ungarn gegen Oestreich hervorströmenden Türken
rückte nun eine große deutsche Armee muthig entge-
geni, welche der Kaiser noch überhin mit Italiänischen Truppen verstärkte, die zu Anfange des Monats

---

*) Die vor mir liegende Abschrift begreift ohne Register 56
Blätter in Fol.

nats September über Lofer und Unken her durch
Salzburg nach Oeſtreich paſſirten, durch ihre
Ausſchweifungen aber die öffentliche Sicherheit
nicht wenig gefährdeten. *)

In der Gaſtein lebte um dieſe Zeit ein ſtiller Anhänger des lutheriſchen Lehrbegriffes, Namens Martin Lodinger, welcher zwar dem ka-
tholiſchen Gottesdienſte äuſſerlich beywohnte, ſich
jedoch ein Gewiſſen daraus machte, das heil.
Abendmahl unter einerley Geſtalt zu empfangen.
Martin Luther, bey dem er ſich angefragt zu
haben ſcheint, erließ an ihn aus Wittenberg
Dienſtags nach St. Bartholomäi 1532 ein
Schreiben, worin er ihn ermahnte, „das heil.
Abendmahl unter beyderley Geſtalt zu empfangen;
und wenn dieſes ſeine Obrigkeit nicht wollte, das
Land zu räumen, und einen Ort zu ſuchen, wo er mehr
Gewiſſensfreyheit zu genießen hätte. *) Lodinger
folgte dieſer Ermahnung, und wanderte mit Sack
und Pack aus ſeinen Vaterlande.

Wäh-

---

*) Berchtesgadiſche Prozeßſchriften Beylage Nro. 63.
*) Dieſes Schreiben, welches die Aufſchrift führet: „Dem
    Ehrſamen und weiſen Martin Lodinger zu Gaſtein,
    meinem guten Freund, ″ iſt eingedruckt in Göckings Emi-
    grations-Geſchichte erſter Theil S. 76. und in Martin
    Lodingers Troſt-Schrift und Brieffen (Nürnberg 1733.)

Während seiner Regierung hatte Erzbischof Matthäus beynahe alle Bergwerke im Erzstifte persönlich bereiset, und auf diesen Reisen nicht nur durch eigne Einsicht, sondern auch durch die Anzeige der Gewerken und Bergleute im Berg: baue verschiedene Gebrechen, Mängel und Miß: bräuche kennen gelernet. Er faßte daher den Ent: schluß, statt der alten unverständlichen und vieldeu: tigen Bergwerksordnungen eine neue, faßliche und durchaus anwendbare Ordnung einzuführen, und berief zu dem Ende einen Ausschuß von Ge: werken und von verständigen Land = und Bergbe: amten nach Salzburg. Durch diesen Ausschuß ward nun eine vollkommene, aus 46 Artikeln be: stehende Bergwerksordnung entworfen, welche der Erzbischof am Montag nach Sand Luci: en Tag 1532 durch seine Unterzeichnung bekräf: tigte, und wodurch er sich die Ehre eines der vorzüglichsten Deutschen Berggesetzgeber erwarb.*)

Da

---

*) Diese Bergwerksordnung erschien erst nach mehereren Jah: ren im Drucke, unter dem Titel: Deß hochlöblichen Erzstifts Salzburgk Perckhwerchs Ordnung, sampt dem Register vnd Vorred. Getruckht in der Erzbi: schoflichen statt Salzburg, durch Hannsen Bauman von Rottenburgk auf der Thauber, Anno 1551 in Fol.

Da seit etlichen Jahren her alle Pfennber=
te (die Preise aller Lebensmittel) zu einer fast
unerschwinglichen Theuerung gestiegen waren, und
zugleich auch der Vorkauf gewaltig überhand ge=
nommen hatte; so machte der Erzbischof, auf An=
suchen seiner Unterthanen, mit Rathe seiner
Räthe und der Trefflichsten seiner Landschaft,
die er dieser, und anderer obliegenden Sachen hal=
ber jüngsthin nach Salzburg gefordert hatte,
eine Ordnung und Satzung, wie es künftighin
der Pfen berte und des Vorkaufes halber im
Erzstifte gehalten werden sollte. Diese Theue=
rungspolizeyordnung, welche vom Erzbischofe
am zwölften März 1533 ausgefertiget, und so=
dann durch den Druck bekannt gemacht wurde, *)
enthielt unter andern folgende merkwürdige Ver=
fügungen.

1) „Es sollen künftig alle essende Pfennberte
(Nahrungsmittel) in die Städe auf den fet=
len

Fol. Auch ist dieselbe vollständig abgedruckt in Joh. Ge=
org Lori's Sammlung des Baierschen Bergrechts S.
199 — 239.

*) Unter dem Titel: Ordnung imm Stiffe vnd Land
Salzburg zu abstellung des Fürkauffs vnd vbermäs=
siger staygerung der Pfennbert. (ohne Druckort)
3 1/2 Bogen in Fol.

len Markt gebracht werden, und kein Bürger, Inwohner, oder Gast (Fremdling) soll unter oder vor den Thoren in seinem oder einem andern Hause, oder auf dem Lande in einem Umkreise von zwey Meilen um die Städte mit den Leuten, bevor sie ihr Vieh und andere Pfennberte auf die Märkte bringen, einen Kauf schließen, sondern alles Vieh und Pfennbert auf feilen Markt bringen lassen. Und damit

2) der Bürger und Inwohner durch den Gast und den Fragner im Aufkaufen nicht bevortheilt werde, so soll auf allen Wochenmärkten, im Sommer um 6 Uhr Morgens und im Winter, sobald es taget, eine Fahne aufgesteckt werden, welche, also aufgesteckt, bis eilf Uhr zu bleiben hat. In dieser Zwischenzeit soll nur den Bürgern und Inwohnern zu kaufen erlaubt seyn; sobald aber die Fahne weggethan wird, dürfen auch die Gäste und Fragner neben den Bürgern und andern Inwohnern kaufen.

3) Wer einen Vorkauf treibt, er sey Bürger, Inwohner oder Gast, soll in die erzbischöfliche Kammer gestraft werden.

4)

4) Können zwar die Metzger zu allen Zeiten im
Lande auf offenen Märkten sowohl als sonst
auf dem Gäue großes und kleines Vieh kaufen, soviel sie zur Unterhaltung ihrer Bänke
vonnöthen haben; wenn sie aber im Lande mehr
kaufen und solches weiter verkaufen, oder aus
dem Lande vertreiben; so sollen sie nach Uns
gnäden in die erzbischöfliche Kammer gestraft
werden.

5) Damit in den Gewichten, Ellen und Maßen
kein Betrug begangen werde; so sollen jährlich
durch die Obrigkeit alle Wagen, Gewichte, Ellen, und Maße besichtiget, bezeichnet und ge-
tächtet werden.

6) In der Hauptstadt **Salzburg** sowohl, als in
den andern Städten soll kein Fleisch geschlagen
und verkauft werden, wenn es nicht vorher
durch die Beschau und Setzmeister besichtiget
worden ist. Auch soll durch die Obrigkeit jährlich, um St. Michaelstag des Winterviehs
halber, und zu Ostern des Sommerviehs halber,
ein Fleisch- Satz gemacht, und darnach das
Pfund bey Vermeidung der landesfürstlichen Ungnade und Strafe gegeben und verkauft werden.

7)

7) Auch die Weine sollen jährlich nach Gelegenheit des Einkaufes und der Unkosten durch die Obrigkeit gesetzet, und nach diesem Satze das Jahr hindurch ausgeschenkt werden. Nicht minder sollen

8) auch alle andere Essennde vnd Margrecht-pfenbert, nach Sümerung, Winterung, vnd Järung yedes jars durch die Obrigkeit gesetzt und geschätzt werden. Und damit

9) Die nachgesetzte Obrigkeit über diese Ordnung desto eifriger wache, so wird ihr Kraft derselben von den fälligen Waaren und Strafen zu ihrer Belohnung ein Drittheil zugesichert, und sie hat also davon nur zwey Theile an die erzbischöfliche Kammer einzuschicken.''

Am Fraitag nach Dionysii den 10ten October 1533 wurde zwischen dem Erzbischofe und dem Abte Chilian zu St. Peter wegen Einverleibung der Pfarren Hallein und Abtenau ein Vertrag errichtet und dadurch beschlossen, „daß

1) die vom Kloster St. Peter auf die Pfarre Hallein erlangte Einverleibung auf dessen Kosten

ſten zu **Rom** wieder aufgehoben, und dagegen
eben dieſe Pfarre dem Erzſtifte einverleibt werden ſoll. Jedoch ſoll

2) das Kloſter nicht nur von der Pfarre Hallein
eine jährliche Penſion von 30 Fl. zu beziehen,
ſondern auch noch diejenigen Zehende ungehindert einzunehmen haben, die es ſchon vor der
Einverleibung daſelbſt beſeſſen hatte.

3) Bewilliget der Erzbiſchof, daß die Pfarre
Abtenau auf die Art, wie ehedem die Einverleibung von Hallein geſchehen war, dem Kloſter
St. Peter, auf deſſen Koſten, durch den Pabſt
einverleibt werde. Jedoch hat der Abt nicht
nur, ſo oft er einen neuen Vicarius aufnimmt,
dieſe Veränderung bey der erzbiſchöflichen Kanzley anzuzeigen und zur Erkenntlichkeit 2 Ducaten zu bezahlen, ſondern daſelbſt auch jährlich
am Neujahrstage zu einem Opfergelde Einen
Gulden Rheiniſch zu erlegen." *)

Wegen Auslieferung der Uebelthäter, wegen
der Bergwerke, Waldungen und Landesgränzen
im

---

*) Dieſer Vertragsbrief findet ſich in Noviff. Chronic.
Monaſt. ad S. Petrum pag 459.

im Zillerthale, Windischmatrey und Lengberg gab es zwischen Salzburg und Oestreich
noch immer Zwiste und Irrungen. Um eine dauerhafte gute Nachbarschaft herzustellen, hatten König Ferdinand, als Erzherzog von Oestreich, und
der Erzbischof von Salzburg die streitigen Gegenden durch eigne Commissarien beschauen und untersuchen lassen. Salzburgischer Seits erschien dabey der Kanzler, Dr. Georg Thesinger nebst
M. von Thurn zu Neupeyern. Nach geschehener Untersuchung kam ein umständlicher Vergleich
zu Stande, welcher von den beyderseitigen Commissarien zu Innsbruck am ersten December 1533
unterzeichnet, und hierauf von König Ferdinand
sowohl, als vom Erzbischofe bestätigt wurde. *)

Noch ließ der Erzbischof in diesem Jahre
eine allgemeine Landesordnung ergehen, welche
wir, da sie uns nicht nur den damaligen Zustand
der peinlichen Gerichtsverfassung gleichsam verge-
genwärtiget, sondern auch dem Kenner überhaupt
jetzt noch einen praktischen Nutzen gewähret, ihrer
Seltenheit wegen hier vollständig einrücken wollen.

---

*) Bey dieser Gelegenheit wurde von ganz Zillerthale und
dessen Umliegenheit eine eigne Charte veranstaltet, die
ganz gemalet und mit großem Fleiße bearbeitet ist. S.
Ignatz de Luca Journal der Literatur und Statistik Erster Band (Innsbruck 1782.) S. 147.

Ordnung der Haubtmanschaft des
Stiffts Salzburg, wie es nun für=
hin in Verwaltung derselben ge=
halten werden soll ꝛc. Aufgericht
Anno 1533.

1) „Als der Hochwürdigist Fürst, vnnser
„gnedigisster Herr, Cardinal Erzbischof zw Salz=
„purg ꝛc. bisher in Seiner F. Gl. Regierung, zu
„mermallen betracht, vnnd Sich mit zeittigem
„Ratte, enndtschlossen hat, in der Verwalttung
„Seiner F. Gl. Haubtmanschafft, Ordnung für=
„zunemen, vnnd einsetzung Zuthuen, Damit die=
„selb, zw Seiner F. Gl. Siffts notdurfft, nach
„dem Pessten gehanndlt, Auch seiner F. Gl.
„land vnnd leut, desster paß fürgesehen, vnnd
„vor vnratt vnnd schaden Verhüet wurden,
„Daran aber sein F. Gl. Stifft, nit in khlaine
„Vnordnung khomen ist, Auch durch annbere Sei=
„ner F. Gl. vnnd Jres Stifts obligennde geschäfft
„bisheer verhinndert worden, daraus dann eruolgt
„ist, das die sachen vnnd Hannblung, auch die
„fall vnnd Sträffen, in die Haubtmanschaft ge=
„hörig, die dann ainem lanndtsfürsten in Seiner

Re=

„Regierung, hoch anhenngig seinn, in Zerrüttung
„khomen, die Haubtmansfäll vnbestraft beliben,
„Auch ainn grosser tail, so gestrafft worden, nit
„eingebracht, Vnd mit der Zeit gar verlorn wor:
„den seinn, Solchem hinfüran zufürkhomen, hat
„hochgedachter vnnser gnädigister Herr Cardinal,
„mit zeittigem Ratte, nachuolgennde ordnung für:
„genomen, Wie es nun fürohin, biß auf seiner
„F. Gl. vnnd Jrer nachkhomen, wolgefallen in
„der Verwalttung vnnd hanndlung, bemelter
„Haubtmanschaft sachen, auch in abtädigung,
„vnnd einbringung der fal vnd Straffen, Auch
„derselben Raittüngen, vnnd sonnst gehalten wer:
„den soll 2c.

2) Anfenngkhlich, hat Sein F. Gl. fürgeno:
„men, Nun fürohin, neben ainn Haubtman vnnd
„Lanndtschreiber, zu Hülf, obgemelter Haubtmanschafft
„von Jrer F. Gl. Camer wegen, ainn dritte Persen,
„für ainen Gegenschreiber zuhalten, der Seinen F.
„Gl. vnd Jren Stifft. Inmassen, wie der Haubtman
„vnnd Lanndtschreiber verpflicht seinn soll, der auch
„mit, vnnd neben demselben Haubtman vnnd Lanndt:
„schreiber, verantlich hanndln soll, Wie hernachvolgt.

3) Nemblich sol bemelter Haubtman, all
„Haubtmans Verhör vnnd Handlungen zehalten,

Auch

„Auch ſonnſt gegen den Malefizigen Perſonen,
„peinlichen vnnd Strengen Rechtens, zuuerſchaf;
„fen, vnnd ergeen zelaſſen, macht haben, Vnnd
„was Verprechung vnnd mißhannblung in gemel;
„te vnnſers gnedigiſten Herrn Cardinaln, Erzbi;
„ſchouen zu Salzburg ꝛc. Lannd gebietten, und ge;
„Richten, ſich yeder Zeit begeben, die in ſeiner
„F. Gl. Haubtmanſchafft ze ſtraffen, vnd zepueſ;
„ſen gehören, wie dann derhalb ain ſondere Ver;
„zaichnuß geſtelt iſt, die ſoll Er ſtraffen, vnnd
„pueſſen, wie vorheer beſchehen iſt, Doch ſoll
„Er in dapffern ſachen, die Im Zeſchwär ſeinn,
„ober durch yemannbts angefochten wurden, als
„ſoltens nit Haubtmans hännbl ſeinn, vnnſers
„gnedigiſten Herrn, vnnd in abweſen Seiner F.
„Gl. Stathalter vnnd Rätte beſchaids begeren,
„vnnd erwarten, vnnd alsdann lautt deſſelben,
„darinn handeln,

4) „Hochgebachter Vnnſer Gnedigiſſter Herr
„hat auch darauf fürgenomen, vnnd geordnnet,
„das nun füran, all Seiner F. Gl. Pfleger,
„inn, vnnd vor dem gepirg, gegen den Straff;
„mäſſigen, mit peynnblicher vnnd Strenger frag,
„nit Ee Verfahren ſollen, Sy haben dann vor
„die geſchicht vnnd anzaigen, die auf den gefann;
gen

„gen khoinen sein, an obberürten seiner F. Gl.
„Haubtman gebracht, Der soll alßdann erwegen,
„ob die anzaigen zu Strenger frag genug seinn,
„vnnd was darauf beschlossen wirdet, demselben
„Pfleger anzaigen, damit dem fürderlich nachgan=
„gen werde, Vnnd khain lange oder vbrige Cost=
„tung darauf beschehe. Dann Sein F. Gl. ye
„zu Zeitten befunnden hatt, daß in demselben,
„durch Irer F. Gl. Pfleger, Vnordenlich, vnnd
„oft gnuegsam anzaigen, gehanndlt worden, Da=
„raus alßdann allerlay geferlichait, vnnd vbrige
„Cofstung eruolgt ist.

5) „Vnnd nach dem etlich Pflegen vnnd
„Gericht, so aus altem Herrkhommen vnnd zue=
„geben, vnsers Gnedigissten Herrn, vnnd Seiner
„F. Gl. Voruordern, diser Zeit der Haubtman=
„schafft Exempt seinn, Als nemblich Kropfsperg
„Ytter, Raschenberg, Tittmaning, Tettlhaim,
„Matsee, vnnd Moßhaim, die das Malefiz selbs
„Zerichten haben, So sollen die Innhaber dersel=
„ben Pflegen vnnd Gericht, hinfüran gegen Ma=
„lefizigen vnnd Straffmessigen, auch mit peynnb=
„licher vnnd Strenger frag nit verfaren, sonn=
„der derselben gefanngen Inzicht vnnd Vrsachen,
„warumb Sy gefanngen worden, Vnnsersgnedi=

L   „gi=

„giften Herrn weltlichen Rätten zuuor anzaigen,
„Vnnd ferrer Jres bschaids gewartten, Vnnd
„darinn, lautt des Manndats, so deßhalben an
„denselben Exempten Pfleger vnnd Richter auß=
„gangen ist, halten.

6) „Deßgleichen soll bemelter Haubtman, so
„ainer vmb Jnzicht ainer Malefizigen begangen
„Hanndlung gefanngen wirdet, gegen demselben
„on gnuegsam erfarung vnnd anzaigen, auch mit
„Strenger frag nicht hanndln lassen, Wo Er
„aber in derselben sach etwas zweiflig wär,
„So sol Er dieselb an Seiner F. Gl. weltlich
„Rätt bringen, Vnnd alßdann denselben Hanndl
„mit Höchstem Vleiß erwegen, Vnnd die Vr=
„sach, den gefanngen Strenngkhlich Zuzichtigen,
„Vnnd waßmassen das beschehen soll, wol bedenk=
„hen, vnd daselb alßdann zethuen Verordnen,

7) „Vnnd so nun solch Zichtigung beschehen
„ist, sol der Haubtman die Hanndlung, wie der
„gefanngen strenngkhlich gefragt, Auch wie Er
„Sich darob gestelt, vnnd was Er bekhennt hat,
„widerumb mit Rat erwegen, ob dieselb zichti=
„gung vnnd sein bekhennen, darumben Er ge=
„fanngen worden ist, gnuegsam, oder ob noch
„net

„not fey, Jne auf vorangezaigt, oder annder
„Vrsachen Weitter Zuzichtigen. Wo man sich
„dann verhoffte, vil Geselschaffter, seiner begang=
„nen mißhandlung, in der Sach zehalten, vnnd
„Er darauf gefragt, oder daßelb für Sich selbs
„bekhennen, vnnd guet anzaigen thuen wurde so
„sol alßdann der Haubtman weiter erwegen, ob
„sein anzaigen gnueg sey, vnnd alsdann fürder=
„lich nach den Jhenen, darauf Er bekhennt, greif=
„fen laßen, damit Sy zu Fänngkhnuß gebracht
„werden.

8) „So nun der Haubtman, samt den Rät=
„ten wißen haben, das derselb Thätter, vnnd
„sein Geselschaffter in Fänngkhnuß sein, vnnd was
„der Erst auf die aunbern bekhennt, hat Er wei=
„ter zuerwegen, Vnnd souerr es nott, mit sambt
„den weltlichen Rätten Zuberratschlagen, Was
„mit der yeden Zehanndln sey, den ersten noch
„auf sein anzaigen weitter Zuzichtigen, oder Sich
„ab den andern zuerkhundigen, damit khainen
„Vnrecht beschehe, Vnnd das Vbel dennocht ge=
„strafft werde, wie Er dann das, nach bemelts
„Vnnsers Gnedigisten Herrn Rätte guet bednuk=
„hen, Vnnd auf sein aigne gewißen zethuen,
„Zuuerordnen, vnnd Zubeuelhen waiß,

9) „Bemelter Haubtman sol auch alweeg,
„Ain yede Vrgicht für sich nemen, Vnnd die-
„selb mit allem Vleiß erwegen, ob Sie lautter
„vnnd khlar, vnnd des anzaigens gnueg sey, das
„man den gefanngen, oder dieselben, Zu peinblie
„chen Rechten, Verschaffen soll, vnnd müg.

10) „Vnnd wann Jne bedunkht, Sein an-
„zaigen vnnd bekhanntnuß, sey so gnuegsam nicht,
„das man Jne mit Recht müg vberwinden, so
„soll Haubtman dem Lanndtschreiber vnnd Pan
„Richter beuelhen, wie Sy Sich darinnen halten
„sollen, dann die Recht Sprecher sonnst aines
„khlainen Verstanndts aufm Lanndt sein, vnnd
„wirdt oft darfür gehalten, so man ainem Zum
„Strengen Rechten verschafft, so sol man den-
„selben vom Leben zum Tod verurtaillen, das
„doch nit alweg ist, dann es seinn sonnst vill
„annderer Peinblichen Strafen, die nit das Le-
„ben berrüeren, auch verhannden.

11) „Wo dann ainer mit der Strenng ge-
„fragt, Vnnd bey Im nit gefunnden wurde,
„das Jhenig, so auf Jne bekhannt worden ist,
„vnnd widerumb außgelaffen müeßt werden, So
„sol der Haubtman mit Rat seiner F. Gl. weltli-
                                                        chen

„chen Rätte dauon hanndln, damit, wann die-
„selben außgelaſſen werden ſollen, Das gemelter
„vnnſer gnedigiſter Herr von Salzburg derſelben
„Lanndt vnnd Leut, vnnd menigkhlich, es ſey
„mit Vrſetß, Bürgſchaft vnnd anndern, wie die
„notburft, nach glegnhait der Perſonnen, vnnd
„Irer Hanndlung ervordert, Verſichert werden.

12) „Deßgleichen ſol Lanndtſchreiber, noch
„khain Pfleger oder Richter, gegen khainen Straff-
„meſſigen, oder ſo ainer ſonnſt vmb Malefizſachen
„ aus Beuelh des Haubtmans Fanngkhlich an-
„genommen, oder durch ainen Pfleger oder Rich-
„ter, für ſich ſelbs betretten, Vnnd ain Zeitlang
„fänngkhlich Igehalten wurde, mit demſelben ge-
„fanngen, außer Beuelh, wiſſen vnd willen ge-
„dachts Vnnſers Gnedigiſten Herrn Haubtman,
„mit Strennger frag Rechtfertigung, oder in ann-
„der weeg, auch nichts Zehanndln haben, Es wä-
„re dann Periculum in Mora, ſo ſol Er den-
„nocht ſolch Hanndlung bey tag vnnd nacht an
„den Haubtman langen laſſen.

13) „Vnd was alſo vber ſolch Malefiz
„Recht, Coſtung geet, das ſol Haubtman dem
„Lanndtſchreiber alzeit alſo paar Zueſtellen, Ee
das

„das Er hie aus Reyt, das Er Jm albeg Zu
„Seiner wider anhaimkhunft ainn lautere Ver:
„zaichnuß gebe, was also auf solche Rechtfertti:
„gung vnd Costung aufgeloffen ist, damit daffelb
„durch den Gegenschreiber ordentlich beschriben,
„vnnd verraitt müg werden.

14) „Nach dem auch vor Alter heerkhommen,
„so ainn Malefiziger, der im Lanndt nit angesessen,
„gefanngen worden, das das Jhenig, so bey
„Jm gefunden, in die Haubtmanschaft eingezo:
„gen, dauon alßdann der Malefizig gericht ist,
„Dabey es dann vnnser Gnedigister Her, hinfür:
„an auch beleiben laßt, Mit Beuelch, das Sei:
„ner F. Gl. Haubtman, Lanndtschreiber, vnnd Ge:
„genschreiber mit vleiß darob halten, vnnd bestellen,
„damit daffelb alzeit in die Haubtmanschaft eingezo:
„gen, vnd auf die Malefiz Recht Costung gewenndet
„werde, vnnd was vber daffelb vberbleibt, davon sol:
„len die zway tayl der Haubtmannschaft, vnd der
„drit tayl, dem Pfleger, oder Richter, durch
„den der Malefizig betretten ist, volgen.

15) „Deßgleichen sol es auch gehalten wer:
„den, mit den angesessen, doch was dieselben auf
„ligennder oder vaarennder Güetter haben. vnnd
ver:

„erlaſſen ober das, ſo] ober Jr Rechtfertigung
„gangen wär, die ſollen vnnſerm gnedigiſten
„Herrn als Lanndtsfürſten, on alles mittel vnnd
„als vil Seiner F. Gl. von Rechts vnnd ge-
„wohnhait wegen, gebürt, Zueſteen, dieſelben
„furter, den wittiben, oder Erben, aus gnaden
„volgen Zulaſſen, oder ſonnſt damit Zehanndln,
„nach Jrer F. Gl. willen, vnnd gelegnhait.

16) „Wann aber bey ainem nit ſouil ge-
„funnden, das Er dauon Gericht mag werden, ſo ſol
„nun fürohin, halber tail der Coſtung, wie ob-
„ſteet, aus vnnſers Gnedigiſten Herrn Haubtman-
„ſchaft vnnd der annder Halbtail durch vnnſer
„Gerichts Vnndterthonnen, derſelben Ennde, be-
„zalt, Aber in den Gerichten, die das Malleſiz
„Selbs Zerichten macht haben, ſol ſolche Coſtung
„halb durch die Pfleger, vnnd der annder halb
„Tayll auch durch die Gerichts vnndterthonen aus-
„gericht werden, Alles laut vnnd Innhalt, vn-
„ſers Gnedigiſten herrn Manndat im 26ſten Jar
„außgangen, Es ſol auch durch den Haubtman be-
„ſtelt, vnnd verfüegt werden, damit die Coſtung
„ſo alſo auf die Gerichts Leüt geſchlagen wirdet,
„in beyſein etlicher Gerichtsleüt, Erberlich dar-
„gethon, gelegt vnnd gerrayt, Vnnd khain vber-

flüſ-

„flüſſiger Coſten in ſolcher Raittung gelegt werde.
„Damit Seiner F. Gl. Gerichts vnndterthonen
„wider die Pilligkhait nit beſchwärt werden,

„Der bemelt Lanndtßhaubtman, ſol auch
„verfüegen, das die gewönnblichen Redner, bey
„yeden Gericht, dahin vermügt, vnd gehalten
„werden, daß Sy, den armen Leütten, an den
„Malleſiz Rechten, auch Reden, wie Sy hie,
„in Seiner F. Gl. Haubt Stat, als Pillich
„thuen müeſſen, Vnnd welcher Redner Sich das
„verwidern wurde, Demſelben ſol in andern
„Sachen, vor Gericht vnnd Obrigkeit, zerreden,
„auch nit geſtatt werden.

17) „Begäb ſich dann, das ain Perſon
„Diepſtals bezigen, vnnd durch die Obrigkhait
„nit betretten, ſonnder deßhalben flüchtig wurde,
„Vnnd ſouerr auch den Güettern, durch dieſelb
„Perſon empfrömbdet, von den Ihenen, ſo die-
„ſelben Güetter endpfrömbdet wären, mit dem
„fürfang, wie der gebrauch iſt, nit nachkhomen
„wär, So ſollen dieſelben empfrömbten, vnnd
„anndere Ire verlaſſne Güetter, durch die Ge-
„richts Obrigkhait verpetſchiert, Vnnd zu Vnnſers
„Gnedigiſten Herrn Haubtmanſchaft hannden ein-
ge-

„gezogen, Vnnd dem Richter alß dann, der drittayl
„dauon gegeben, vnnd die Zwantayl durch den
„Haubtman vnnd Gegenschreiber, verrait werden.

18) „Bemelter Haubtman, soll auch on vor=
„wissen vnnsers Gnedigisten Herrn oder Seinen
„F. Gl. Stathalter vnnd Rätte, khainen Ma=
„lefizigen, noch annder beglaitten, Sonnder wo
„Er deßhalben von ainem vmb Glaytt ange=
„suecht wurde, solches vnnserm Gnedigisten
„Herrn, oder in abwesen Seiner F. Gl. Stat=
„halter vnnd Rätten anzaigen, Vnnd alßdann
„nach weiterm Beuelch derselben den Malefizigen
„beglaitten, dauon das Glaittgelt, dem bemelten
„Haubtman zuesteen soll, Wo aber Haubtman
„nit anhaym wär, vnd die verglayttung on
„nachtayl lennger nit aufgeschoben werden möcht,
„so sol sölch Glaytt von Seinem Verweser auß=
„geen, Doch sol bemelter Haubtman, oder Sein
„Verweser solch glaytt für Sigl, vnnd schreibt=
„gelt vber ainn 12 Fl. nit nemen, Aber dahinn=
„der, sol Er sich, noch glegenhait der Sachen,
„vnnd vermügen der Person, bschaidenlich hal=
„ten, Doch sol obuermeltem Vnnserm Gnedigi=
„sten Herrn, in solcher beglaittung, als oft Sein
„F. Gl. dieselb thuen wurde Seiner F. Gl.
„kannd nit gesperrt sein.   Was

„Was aber ausserhalb der Mallefizigen per:
„sonen Zubeglajtten seinn, die in die Haubtman:
„schaft nit gehören, die hat Sein F. Gl. vnnd:
„ter Jrem Tittl aus derselben Cannßley zubeglait:
„ten, Auch die Lanndßhulb selbs zugeben,
„Vnnd bemelter Haubtman noch Lanndtschreiber,
„nichts darinn Zehanndln, noch nyemannd Lanndtß:
„hulb Zugeben.

- „Wolgedachter Haubtman, sol auch die
„aufpot vnnd Lanndtpot, Als oft Sich die, . der
„notdurft nach, begeben. so vnnser Gnedigister
„Herr, vnndter Jrem Tittl, vnnd Namen, nit
„außgeen lassen wolt, Auf seiner F. Gl. Beuelch,
„von Seiner F. Gl. wegen thuen, vnnd auß:
„schreiben, vnnd ob denselben, vnnd anndern ge:
„scheften vnnd Beuelhen, so Er von Haubtman:
„schaft wegen, Innhalt Seiner F. Gl. ordnung
„yeder Zeit thuen wirdet, halten, vnnd darob
„seinn, das dieselben Strafhs Jr volziehung ha:
„ben, vnnd erraichen.

19) „Vnd als oft bemeltem Haubtmann sonst,
„in dem vnnd anndern, Haubtmanschaft sachen be:
„schwärlich Handlungen fürfallen, Darinnen sol Er
„Vnnd sonderlich in Seiner Fürstlich Gnaden abwe:
„sen, mit Rat vnnd wissen, Seiner F. Gl. Stathal:
„ter vnnd Rätte, hanndln, Vnnd Sy vmb Ratt,
„Hilff vnnd Beystannd ersuchen. 20)

20) „Gedachter Haubtman fol auch all
„Haubtmansfäll Wänndl vnd Püeffen zu nez=
„gemelts vnnfers Gnedigiften Herrn Hann=
„den, Thädigen, fezen, machen, vnnd Taxiern,
„In Beyfein Seiner F. Gl. Gegenfchreibers,
„der Ime yederzeit von Seiner F. Gl. Zuege=
„ordennt wirdet, vnnd Im Selbft darinnen khai=
„nen tayl, noch nichts zueziehen, fonnder dauon
„Seiner F. Gl. Haubtmanfchaft vnndterhalten,
„vnnd die föld vnnd annders, was fich gebürt,
„vnnd von alter Heerkhomen ift, dauon bezallen,
„Vnnd follen diefelben Haubtmansverhör, vnnd
„Hannblungen, alweeg auf zwen benennt Täg,
„in der wochen, gelegt, verhört, vnnd gehalten
werden, Nemblich an Mitichs, vnnd an Freyttag,
„nach Mittag, Vnnd was alfo gehanndlt wirdet,
„durch den Gegenfchreiber eingefchrieben werden.

21) Es fol auch hinfüran der Lanndtfchrei=
„ber, dem Haubtman, diefelben Straffen Pueff=
„fen, vnnd Wänndl, vnnd dagegen alles Einne=
„men, vnnd außgeben, fo Er von feiner F. Gl.
„Haubtmanfchaft wegen, thuen wirdet, aigennt=
„lich befchreiben, vnnd durch den Gegenfchreiber,
„ain Gegenpuech gehalten, nach welchem des Ge=
„genfchreibers Puech, folch der Haubtmanfchaft
Ein=

„Einnemen vnnd außgeben, Järlich in seiner F.
„Gl. Camer, wie von alter heerkhomen, verraitt,
„vnnd aller vleiß fürgewendet, das dieselben Peen
„vnnd fäll, souil der, in denselben Jar, abgetä-
„digt, vnnd gestraft seinn, vor außganng desselben
„Jars, durch die Richter von den vnndterthonnen,
„vnnd durch den Haubtman, von den Richtern,
„vnnd Ambtleütten, vor solcher Rayt Zeit gar
„eingebracht, vnnd verraitt werden, Doch sol
„den Phlegern vnd Ambtleutten, aus solchen
„Wänndln, der drittayl, souil über die außga-
„ben vnd Costungen, so die Richter den Malefi-
„zigen nachzetrachten, vnnd in annder weeg, von
„Haubtmanschaft, an den Haubtmanß Straffen,
„abraitten, per Rest vberbleibt, zuesteen, vnnd
„durch den Haubtman bey Inen verfüegt werden,
„daß Sy nit allain denselben, ein Drittail, Von
„den Straffmessigen, Wie bisher beschehen, sonn-
„der die Straff gar miteinannder einbringen,
„vnnd die Zwey tail alßbann in die Haubtman-
„schaft vberanntwurtten, vnnd verraitten. Vnnd
„sol durch den Lanndtßhaubtman mit vleiß darob
„gehalten werden, damit khain vngebürlicher Ko-
„sten, wider alt heerkhomen, durch die phleger
„vnnd Richter, eingelegt werde.

22)

22) „Es sol auch bemelter Haubtman, oder
„Lanndtschreiber, nichts Einnemen, oder außgeben,
„Es sey dann der Gegenschreiber dabey, oder es
„werd Im angesagt, Damit Er dasselb alzeit, in
„sein Gegenpuech einzuschreiben wiße.

23) „Bemelter Gegenschreiber, sol auch die
„Brief vnd schriften, so von Haubtmanschaft we:
„gen zeschreiben, vnd Zeferttigen nott seinn, ma:
„chen, vnnd verrichten, vnd darumb sein Belon:
„nung, wie bißher ain Haubtmansschreiber ge:
„thon hat, nach Zimblichen billichen dingen em:
„phahen, vnnd damit nyemanndts beschweren,
„Er sol auch derselben brief vnd schriften albeg
„Copeyen vnnd Prothocol behalten, vnnd dieselben
„Copeyen, nach der Zeit vnnd Ordnung, Regi:
„striern vnnd einbinden, Auch die Substancial
„Puncten, der Haubtmans verhör vnd Hannd:
„lungen in ain sonnder Puech auffs kurzest ein:
„schreiben, damit man hernach wißen müg, was
„Derselben verhör vnnd sachen gewesen, Vnd wie
„Auch wann, dieselben vertrag gehanndlt, vnnd
„gestelt sein.

24) „Es sol auch aufs wenigist Landschrei:
„ber vnd Gegenschreiber, Zwier im Jar, Nemb:
„lich in der Vastn, vnnd vmb Sannd Michel:
                                                    tag

„tag, ober als oft es die notdurft eruordert, in
„vnd vor den gepirg, ain gemains vmbreitten
„von Haubtmanschaft wegen, in alle vnnsers
„Gnedigisten Herrn, Stat, Lannd vnd Pergkh
„Gericht thuen, vnnd dieselben Gericht alle, mit
„vleiß, visitiern, vnnd die Phleger, auch Lanndt
„vnnd Pergkh Richter, in den Gerichten, so der
„Haubtmanschaft vnndterworffen sein, fragen, ob
„ Sy den Personen, So nach Innhalt, vnnsers
„Gnedigisten Herrn ordnung, in die Haubtman-
„schaft zestraffen gehören, ainen oder mer wußten,
„die zustraffen wären, dieselben anzaigen, vnnd
„in Iren, oder Irer Verweser beysein, zu straf-
„fen, damit Sein F. Gl. durch Sy die Phle-
„ger vnd Richter, in sölchen hänndln, nichts
„ennzogen werde.

25) „Vnnd so also bemelter Gegnschreiber
„vnnd Lanndtschreiber, in disen Sachen, vmb-
„Reytten werden, So sol Ir yedtweder, auf
„Sich vnd sein Phherdt tag vnnd Nacht für Zee-
„rung haben 24 Khreyzer, Was aber Zerung
„auf annder, der Sy zu erkhundigung vnd vnnd-
„terthädigung, der Haubtmansfal notdurftig sein,
„geen wurde, darinn sol ain maß gehalten.
„Vnnd durch den Haubtman, verordent vnnd
be-

„beuolhen werden, damit solch Zerungen, auff
„denselben Rahsen, vnnd sonnderlich wieuil an
„ainn neben tag vnd ortt Sy verzeren, aigent=
„lich beschrieben, vnnd durch den Gegenschreiber
„alßdann, in sein Gegenpuech gestelt, vnnd Zu
„seiner Zeit also verraitt werden.

26) „Sy sollen auch, nún füran, von den
„Partheyen vnd mißhandlern, so die, in solchem
„Irem vmbreitten, für Sy khomen, oder Inen
„Zustraffen, anzaigt werden, vber den Gemai=
„nen Haubtmansfall, in die Zerung nichts mer
„thädigen, sonnder die Pueß, nach gestalt der
„verprechung dest höher sezen; vnd nemen.

27) „Wo aber den Partheyen oder ver=
„hanndlern, sonnder verhörs täg, an ort vnnd
„Ennde, do es stat hat, vnd zuthuen gebürt,
„auf Ir begern angesezt, vnd benennt wurden,
„So mügen Sy ain zimbliche Tax, in die Ze=
„rung, auf dieselben Partheyen, doch auf den
„oberwunden oder selligen tayl mer, dann auf
„Seinen Gegentayl schlahen, dieselben von Inen
„einbringen, vnnd sambt anndern Haubtsmane=
„gesellen, von Post zu Post verraitten.

28) „Deßgleichen sollen Sy von den Par=
„theyen, khain Eerung, es wär dann ain Essen

Tisch

„Biſch, oder annder Eſſend ding, doch in khlai-
„nem weert nemen, damit Sich nyemanndts ob
„ſolcher Eerung beſchwärn, oder gefärs bekhlagen
„müge, Als wurde ſolcher Eerung halben, ai-
„ner vor dem anndern vergünſtigt, oder vbertragen.

29) „So aber ainer, aines Handels halben
„damit Er durch offenlich Haubtmansſtraff in
„ſchand khomen möcht, ſich ainer Eerung zuge-
„ben erputte, ſo mügen Sy denſelben, in An-
„ſehung ſeiner Perſon Staunndt vnnd Weſens,
„vnd ſouerr auch ſeinVerhanndlung ſolchs erleiden,
„vnd on nachtail des belaidigten geſchehen mag,
„Damit derſelben Perſon darinn verſchonet wur-
„de, vmb ain zimbliche Straff in der gehaim,
„abtädigen laſſen, Doch ſein F. Gl. dieſelb wie
„annder Straffen verraitten.

30) „Vnnd wo Sich etwo zuetrüg, das
„zwiſchen bemelts Haubtmans Lanndtſchreiber,
„oder Gegenſchreiber, vnnd ainicher Parthey, ſo
„in Straff eruordert, oder geſtraft wurde, Alſo
„das der bekhlagt vnnd Straffmeſſig, von Jnen,
„oder Jr ainen, beſchwert zu ſein vermaint, So
„ſollen ſy gedulben, das der bekhlagt dieſelb ſein
„beſchwerung, an obgemelten vnnſern Gnedigiſten
„Herrn, vnnd in abweſen an Seiner F. Gl.

man-

„Ratte, bringen müge, Von denen Sy alßbann
„nach Verhör der Sachen, enntschied empfahen,
„vnnd leiden sollen.

„Mergemelter vnnser Gnedigister Herr, hat
„auch ain verzaichnuß thuen lassen, der Haubt=
„mansfäl vnnd Vizthumb Hänndl, so in seiner
„F. Gl. Haubtmanschaft zu straffen gehören, vnnd
„dem Hauptman vberantwortten lassen, Wie her=
„nach volgt. *)

31) „All fräuenlich Gots Lesterung, mit
wortten vnnd werkhen.

32) „All Khezereyen, vnnd Aberglauben von
„der heilligen Khirchen Verworfen, Vnnd war
„den Khezern, Juden vnd vnglaubigen, besterk=
„hung Ires vnglaubens gibt.

33) „All Zauberey, vnnd beschedigung der
„Menschen und des Viechs, oder der Frucht.
„wie die erdacht, oder gebraucht mügen werden.

34) „All Fräuenlich gethatten, wider die or=
„denntlich fürgesezt Obrigkhait begangen.

m   35)

---

*) Nach einer jüngern Abschrift sind diese Hauptmannsfälle
oder Malefizhändel bereits abgedruckt in Meinem Aus=
zuge der Salzb. Landesgesetze II. Band S. 106 — 112.

35) „All vntrew wider den Lanndtffürften. „oder fein nachgefezte ordennlich Obrigkhait, Es „fey mit Meüterey, abbringen, abftellen, oder „vbergeben Jrer Stet, Schlöffer, Flekhen, „Lannd verkhunndtfchaften, vnnd verlaitten, der „vnndterthonen in der Veind Hennde.

36) „Wer des Lanndtffürften Freyung, oder „Glaytt, deßgleichen feiner F. Gl. oder derfelben „Rätte, vnnd Stathalter, Haubtman oder ann= „derer Ordentlichen Obrigkhait gebotten oder ange= „lobten frid fräuenlich oder muetwilligkchlich bricht.

37) „All Vhed, Veindtfchaft, Abfaz, Vnnd „all notzwäng, Nottäding, vnnd verprechung des „Lanndfridens, Vnnd alle die, fo außtretten, „vnnd bröllich fein.

38) „All öffenlich vberzüg, Gwalt vnnd „Khrieg, das man nennet Vim publicam, wo „ainer den anndern mit verfambleter macht, „ftäfft, vberzeucht, anfprengt, aufhebt, oder „fonnft dergftalt angreift, oder ainem fein Hauß „aufporht, oder abbringt, oder Jne oder die Sei= „nigen, in feiner Behaufung, mit brolicher ge= „parde, oder fräuenlicher Hannd vberlauft, be= „laydigt oder befchedigt.

39)

39) „All Rechtlich vberfäll, vnnd beschedigung,

40) „All Rauberey, vnnd andere Vermessue „fürwarttung, vnnd angriff, zubeschedigung Leybs „vnnd guets,

41) „Alle Mortt, wie die beschehen, oder „beganngen werden,

42) „All Todtschleg, die nit aus nott des „Gegenwerr oder anndern, in Recht gegrünnt „vrsachen beschehen,

43) „All Vergiftung der Mennschen, des „Viechs, der Wayd, wasser, oder Prunnen, Zu= „beschedigung des Leybs, oder der synne,

44) „Alle die Khinder Verthuen, Hilff, „Ratt oder That darzue geben,

45) „All Mortprannt, vnnd was sonnst „Rachig, vnnd verdächtlich prännt seinn,

46) „Welcher seinen verpflichten Herrn vers „rät, in den Tod gibt, oder Ime sonnst vntrew, „an seinem Leyb, Eeren, oder Guett, bewreist,

47) „Wer an Vatter oder Muetter, Fräue „enlich Hannd anlegt,

48) „Alle, die Frawen, oder Jungkhfraw= „en Zwingen, so das nach frischer That zus „schlag khombt.

m 2   49)

49) „Welcher mit seiner Muetter, oder
„Schwester, oder mit seinn aigen oder Seines
„Bruebers, oder Schwesster khinnd, oder Geschwi=
„streyt Khinnds khinnd, Vnkhewscht.

50) „Wer ainem sein Weyb, Khinnd, oder
„vnuogtpern Brueber, Schwesster, oder Phleg
„khinnd, haimblich oder mit Gwalt emphüert.

51) „All Eemannen, so mit annbern Wey=
„bern, offentlich, an der vnEe sizen, dergleichen
„die EeFrawen, so mit annbern Mannen der=
„massen haufen.

52) „Welcher von der Welt khert, vnnd
„mit Vieh, wider die Natur hanndelt.

53) „Wer an Geweychten Stetten Spilt,
„Gotschwert, Rumort, oder Vnkhewscht.

54) „All Diepställ, Betrug, Ablaichen,
„Haimblich enntweeren, vnnd abhanndlung, oder
„Empfrömbdung des guets, an des Beßzers
„willen mit geuerbe.

55) „Aller Falsch, mit Münnß, Briefen,
„Sigln, Gewicht, Oell, vnnd Maß, welcher
„das wissenntlich in seiner gwalt hat, darann
„Einnymbt oder außgibt.

56)

56) „All Händl, die von Gemainen Rech-
„ten offenliche Leyb Straff haben. Wer die
„Khauffmanßwaaren, Specerey, oder anndere
„Phennbert, oder ain Waar wissentlich für ain
„andere, die lezer ist, hingibt, Als Khupfer für
„Gold, falsch Edelgstain für guet und gerecht, ꝛc.
„Vnnd dergleichen, damit der annder betrogen
„wirdet.

57) „Wer wider sein gethone Andspflicht
„wissenntlich hanndlt.

58) „Wer ainen valschen Ayd schwert, oder
„ain Valsche khunndtschafft gibt, das dem anndern zu
„Nachtail khombt, vnnd zu Jme gebracht wirdet.

59) „Wer vmb vnzüchtige Scheltwort, mit
„Vrttl oberwunden, oder zum widerspruch
„erkhennt wirdet.

60) „Wer ains Guets, oder gelts, das
„Jme zu behalten gegeben, oder hinder Jne li-
„gent ist, verläugnet, vnnd des mit Recht ober-
„wunndet wirdet.

61) „Wann ainer oberweyst wirdet, das
„Er in der Gerhabschafft geuerlich gehanndlt hat.

62) „Wer ain guett, wissentlich Zwayen
„verphenndet, vnd in der Jüngern Verphannd-
„tung, die Elter verschweigt.

63)

63) „Deßgleichen, welcher ain Guett Zway-
„en verkhaufft.

64) „Alle die, So wiſſentlich Mörder, Ab-
„ſager, Dröllich Außtretter, vnnd Veind, des
„Lanndtſſürſten, oder deſſelben vnndterthonen vnd
„Lannde, beßgleichen auch die Diep, mit dem
„Diebſtal aufhalten, Jnen Einkher, vnndter-
„ſchlaiff, Eſſen oder Trinkhen, geben, oder in
„annder weeg, wie das beſchehen mag, Hilff,
„vnnd fürſchub thuen, oder Tayl mit Jnen haben.

65) „Wer den annbern geuerlicher Weiſe, Zu
„Veld, Wißmadt, oder annbern ennden vberraaint,
„vbermarcht, oder die March vberrukht, oder
„Haimblich vberzeynnt, ainem annbtrn ſein
„Grundt zu ennziehen, Wer ain Frey vnnd
„Gmain, on Verwilligung der Oebrigkhait einfacht.

66) „All vnnd yed fürkhauffer in allen,
„Stat, Markht, Lannd vnnd Pergkhgerichten,
„Sy ſein der Haubtmanſchaft vnndterworffen,
„oder Exempt.

67) „All Wänndl, Peen und Pueſſen, durch
„den Haubtman, oder Phleger vnnd Richter,
„in Sprüchen, Verträgen, Gepotten, vnnd ver-
„potten, ſo von Haubtmanſchaft wegen, aufge-
„ſezt vnnd verprochen werden,

68)

68) All Verhanndlungen, so von alter heer
„vber 5 Fl. 60 dl. gewanndlt, vnnd geftraft fein.

69) „Hochgedachter vnnfer Gnedigifter Herr,
„Ordennt auch hiemit, das nun furan ain Ge-
„genfchreiber, der Haubtmanfchaft, von feiner F.
„Gl. Camer wegen, in fonnderhait fein vleiffig
„aufmerkhen haben fol, auf die furftlichen vnnd
„fifcalifchen Fäll darinn die Phleger vnnd Ambt-
„leut khainen tayl haben, fonnder nach altem
„gebrauch, vnnd Heerkhomen, in aines Lanndtf-
„furften Camer, oder fo es ain Vrbar feiner F.
„Gl. betrifft, in derfelben Hofmeifterey allain ein-
„gezogen werden follen, Wie denn deßhalb auch
„ain fonndere Verzaichnuß hernach volgt.

Vnnd fo bemelter Gegenfchreiber, derfelben
„Fall ainen oder mer erfaren wurde, So fol Er
„macht haben diefelben von vnnfers Gnedigften
„Herrn wegen, in allen Lannd vnnd vrbär Gerich-
„ten feiner F. Gl. Stifts, fy feinn der Haubtman-
„fchaft vnndterworffen, oder Erempt, von Haubt-
„manfchaft wegen, zu Arreftiren, biß Er folche
„fäll, fein F. Gl. oder derfelben Camer Rätten
„anzaigen mag, darinn Er alßdann weitters
„bfchaids gewartten foll, Verrer nach feiner F.
„Gl. Beuelch, die notdurfft darinn zuhanndln.

Fürft-

„Fürstlich Fäll.

70) „Crimen lese Mayeſtatis, das iſt, ſo
„dem Lanndtſfürſten, an ſeiner Perſon, oder an
„ſeinen Eeren, mit Worten, anſchlegen, oder
„gethatten, zuegeſezt wirdet.

71) „Dabey werden auch verſtannden, all
„aufrueren, vnnd aufwigler, auch punndtnuß, vnnd
„aufStánndt macher, wider des Fürſten aigne
„Perſon, oder ſeiner F. Gl. Obrigkhait, oder
„Regiment.

72) „Welche on Teſtament abgeen. die nit Er-
„ben haben, oder die Erben haben, aber nit
„Eelich geporn ſein. Wellicher vnEelich geborn
„iſt, vnnd deſſelben vnEeliche Succeſſion.

73) „Welcher Im Selbſt den Tod thuet,
„aus ſorgen peynndlicher Straff, oder Verzweiff-
„lung an Gott, ſo ſein ſeine verlaſſne Güetter dem
„Lanndtsfürſten verfallen, Thät Er es aber aus
„ſchmerzlicher khrankhait, vnnd gebrechen, ſeiner
„Vernunft, dasbewärlich erfunnden wurde, ſo
„wärn dem Lanndtſfürſten ſeine Güetter nit verfallen.

74) „Aller widerTauffer verlaſſen Haab,
„vnnd Güetter.

75)

75) „Alle haimbgefallne Lehen.

76) „Dann betreffendt feiner F. Gl. vnnd
„Jres Stiffts, Hoch vnnd Schwarz Wáld, Der:
„halben die Verprecher vormals auch in vnnfers
„Gnedigiſten herrn haubtmanſchaft, geſtrafft wor:
„den fein, hat fein F. Gl: verſchiner Zeit, ain
„Wald Ordnung aufgericht, vnnd ainen Obriſten
„Waldmeiſter verordennt, den fein F. Gl. nun
„fúranhin, auf Jr wolgefallen, auch gedenkht
„zuhalten, vnnd folch Wald Ordnung durch den:
„felben zu Exequieren. Wie die beyligund Copey
„folcher Waldordnung vermag, Aber daneben
„wil fein F. Gl. das die Pueſſen, vnnd Straf:
„fen, aus den verprechern folcher Waldord:
„nung herrúerennd, durch obgemelten Haubt:
„man, wie von alter heer, geſtraft, vnnd in
„die Haubtmanſchaft eingebracht, vnnd verrait
„werden. Das. auch von Haubtmanſchaft wegen
„dem Obriſten Waldmaiſter zubehelff, ob folcher
„Waldordnung auch veſtigkchlich gehalten werde.
„Vnnd die Haubtmanſchaft, vnnd der Wald:
„maiſter in guetten Verſtannd miteinannder
„hanndln, vnnd das die Verprechung wider Wald:
„ordnung, albeeg durch den Waldmaiſter, zu ain
„oder Zwaymallen im Jar. der Haubtmanſchaft
an:

„anzaigt werden. Daneben ſich auch die Haubt=
„manſchaft ſolcher Verprechen vnnd fäll, bey den
„Richtern, in den Gerichten, ſelbſt erfragen, vnnd er=
„khnnndigen ſoll, Damit yeder Zeit ſolche Verpre=
„chungen, zu Ernſtlicher Hanndthabung ſolcher
„Waldordnung gebürlichen geſtraft werden, Vnnd
„dieweyl auch die Richter in den Straffen der Wäld,
„auch ain dritten Tayl haben. So ſol denſelben
„ſonnderlich, von Haubtmanſchaft wegen, mit
„Ernſt eingebunnden werden, das ain yder in
„ſeiner Verwaltung, ob ſolcher Waldordnung,
„mit vleiß halt, vnnd auf die verprechen mit
„vleiß ſehe, wie dann ainen yeben Richter deß=
„halben, durch ain Waldmaiſter Beuelch gegeben
„wirdet.

77) „Der gedacht Haubtman ſol auch ſonn=
„derlich, ſambt dem Lanndtſchreiber vnnd Gegen=
„ſchreiber ſo Sy alſo von Haubtmanſchaft wegen
„vmbReitten werden, auf den fürkauff Ir vleiſ=
„ſigs auffehen haben, damit derſelb, in Stetten
„vnnd Märkhten, Auch auf dem Lannd, nit ge=
„braucht, ſonnder das Sich die Richter, vnnd
„ſonnſt menigkclich, bemelts vnnſers Gnedigi=
„ſten Herrn deßhalb aufgerichten Ordnung, ge=
„mäß halten.

78)

78) „Bemelter Haubtman sol auch albeg
„betrachten, vnnd verfüegen, damit in obgemeltß
„vnnsers Gnedigisten Herrn Haubt Stat Salz;
„burg guette Pollicey, vnnd frid gehalten. Da:
„mit aufruebig, vnnd annder vngebürlich wesen,
„vermitten. Wo sich auch daselbst, vnnd sonnst
„in anndern seiner F. Gl. Vanndterthonen, oder
„anndern, Zwitracht, vnd widerwerttigkhait zue:
„trüegen, darinnen sol Er alzeit zum fürderlichi:
„sten einsehung thuen, strakhs hanndeln, vnnd
„das pest fürnemen, damit dieselben Zwitrâcht,
„nach billichen dingen, zum Pöldisten hingelegt,
„die Muetwiller nach gelegenhait Jrer verhannd:
„lung gestrafft, vnnd die vnschuldigen vnnd frid:
„samen, bey frid vnnd Rhue geschirmbt werden.

79) „Er sol auch bey den Phlegern, Richtern,
„vnnd Ambtleutten darob sein, daß Sy Jre
„Khunndtschaften vnnd aufmerkhen, auf die vnndter:
„thonen haben, Wie Sy Sich für vnnd für, wol
„oder vbel halten, vnnd was also an Jne
„langt, dasselb alzeit an sein F. Gl. bringen,
„vnnd bey den Phlegern vnnd Ambtleutten bestel:
„len, das sy Jne, solches für vnnd für, auch
„Zewissen thuen.

80)

80) „Nichts desto minder, sol Haubtman
„ausserhalb der Khundtschaft, die di Richter,
„vnnd Ambtleut haben, für sich selbs, auch sein
haimliche khundtschaft allenthalben bestellen, vnnd
„halten, vnnd dermassen verordnen, damit vn=
„ser Gnedigister Herr, für vnnd für wissen ha=
„ben müge, wie Sich yederman halt.

81) „Bemelter Haubtman sol auch bestellen
„vnnd alzeit sein getrewe, vnnd vleissige khundt=
„schaft haben, auf mergemelts vnnsers Gnedigi=
„sten Herrn von Salzburg ꝛc. Vnnd seiner F.
„Gl. Stifts, Lannd vnnd Leut, Veindt, densel=
„ben nachzetrachten, die zuerobern, vnnd zu
„Recht zebringen, zu demselben vnnd aunderm,
„die Haubtmanschaft berrüerenndt, sol Er seine
„Gerapsig Khnecht, die sein F. Gl. Ime von
„Haubtmanschaft wegen Helt, gebrauchen, Dar=
„zue sollen Im auch seiner F. Gl. Annspenig,
„wo Er dero notburftig, von seiner F. Gl. we=
„gen, darzue hilfflich, gehorsam, vnnd gewätt=
„tig sein. Vnnd ob vber das, ferrer die not=
„durft eruordern wurde, noch mer Raysig ze
„haben, so sol Er, seiner F. Gl. Hofmarschalch
„anlanngen, vnd Ime seiner F. Gl. Hofgesind,
„auch Zuezuverordnen, die Ime alßdann gegen
                                                    set=

„seiner F. Gl. widerwerttigen Hilff vnnd bey=
„stanndt thuen sollen, damit dieselben erobert,
„vnnd zu gebürlicher Straff, gebracht werden
„mügen.

82) „Bemeltem Haubtman, sollen auch,
„all seiner Fürstlich gnaden Phleger, Lanndt
„Richter, vnnd Ambtleüt, in difem fall, vnnd
„allen anndern Haubtmans Hanndlungen von fei=
„ner F. Gl. wegen, gehorsam vnnd gewerttig
„sein, vnnd seine gebott vnnd Beuelch, so Er von
„Haubtmanschaft wegen, Inen thuet annemen,
„vnnd gehorsamblich volziehen, Auch die Haubt=
„mansfäll, so sich in Iren verweifungen begeben,
„Ime dem Haubtman, Lanndtschreiber, vnnd
„Gegenschreiber, auf Ir erfuechen vnnd begeren,
„ansagen, vnnd darinn nichts verhalten, noch
„deßhalb nyemannds verschonen, als Sy dann
„zuthuen schuldig seinn.

83) „Vnnd in allen anndern Sachen, vnnd
„Hännd ln, der Haubtmanschaft anhenngig, dar=
„über in dieser Ordnung nit sonnbere fürsehung
„vnnd bschaidt, gethan, vnnd gegeben ist, sol
„es der Haubtman halten, wie von alter ge=
„braucht, vnnd heerkhomen ist, vnnd dauon
nichts

„nichts enntzießen laſſen, ſonnder die Haubtman=
„ſchaft mit Jrer, zugehörung, veſtigkchlich hanndt
„haben.

84) „Ob auch vnnſer Gnedigiſter Herr in
„ainicherlay Haubtmans hänndln, gemeltem
„Haubtman, Lanndtſchreiber, oder Gegenſchreiber
„etwas, ſo hieuor nit gemeldet wär, in ſonnder=
„halt beuelhen, vnnd Zehanndln, verſchaffen
„wurden, dieſelben ſeiner F. Gl. beuelch, vnnd
„geſchäft, ſollen ſy auch gehorſamblich annemen,
„vnnd volziehen.

85) „Bemelter Haubtman, Lanndtſchreiber,
„vnnd Gegenſchreiber, ſollen auch von berürtter
„Haubtmanſchaft, Lanndtſchreiberey, vnnd Ge=
„genſchreiberey wegen, hochgedachtem vnnſerm
„Gnedigiſten Herrn von Salzburg ꝛc. mit den
„Ayden, verpphlicht, vnnd verpunnden ſein, wie
„hernach volgt:

Haubtmans Ayd.

86) „Ich ſchwer, Das ich dem Hochwirdigiſten
„Fürſten, meinem Gnedigiſten Herrn, Cardinaln
„Erzbiſchouen zu Salzburg ꝛc. in allen vnnd yeden
„Articln, der Haubtmans Hanndlungen, mir von

Sein

„Sein F. Gl. beuolhen, getrew, gehorsam, vnnd ge=
„werttig sein sol, vnd wil, dieselb Haubtmanschaft
„hanndlung, Trewlich verwesen, vnd außrichten,
„die. Haubtmans vnnd Vizdombhänndl, vnnd
„was Ich Innhalt der Ordnung, von gesellen,
„in solch Haubtmanschaft zethädigen hab, durch
„N. als meinen Gegenschreiber in ain Register
„schreiben, die einbringen, vnnd sein F. Gl.
„nach desselben Gegenschreibers einschreiben, Jär=
„lich verraitten vnnd bezalln, Auch mit Einne=
„men vnnd außgeben, nichts hanndln, On bey=
„sein des Gegnschreibers oder Ich hab das dem=
„selben Gegnschreiber, wo Er dabey nit sein
„mag, einzuschreiben angesagt, Ich sol vnnd
„wil auch on wissen vnnd willen seiner F. Gl.
„von den Straffmessigen, nach anndern, so von
„Haubtmanschaft wegen bey mir zethuenn haben,
„khainn gaab noch schannkhung emphahen, noch
„durch nemannds anndern von meintwegen, Zu=
„emphahen, bestellen, oder gestatten, daraus mir
„ainicher nuz oder genieß eingeen möcht, Trew=
„lich Ongeuerde, Des helff mir Gott, vnnd
„all Heiligen.

Lanndtschreibers Ayd.

87) „Ich schwer, das ich dem Hochwirdigisten
„Fürsten, meinem Gnedigisten Herrn, Cardi=
„naln, Erzbischouen zw Salzburg rc. mit dem
„Lanndtschreiber Ambt, mir von sein F. Gl. be=
„uolhen, getrew, gehorsam, vnnd gewertig sein
„wil, Die Haubtmans Hanndlung gesell, vnnd
„Wänndl, Treulich helffen thädtigen, auffschreiben
„vnnd in ain Register bringen, vnnd mein vleis=
„sig aufmerkhen haben, das derselben gesell sei=
„nen F. Gl. nichts ennzogen, noch verhalten
„werde, Ich sol vnnd wil auch on wissen vnnd
„willen, seiner F. Gl. von den Straffmessigen,
„noch anndern, so von Haubtmanschaft wegen
„ze thuen haben, khain gab noch schankhung
„empfahen, noch durch yemands anndern, von
„meintwegen zuempphahen bestellen, oder gestatten,
„Daraus mir ainicher nuz, oder genieß eingeen
„möcht, Treulich on geuerde, Also helff mir
„Gott, vnnd all heiligen.

Gegnschreibers Ayd.

88) „Ich schwer, Das ich dem Hochwirdi=
„gisten Fürsten, meinem gnedigisten Herrn Car=
„dinaln, Erzbischouen zw Salzburg rc. mit dem

Gegn=

„Gegnschreiber Ambt, mir von sein F. Gl. be=
„uolßen, getrew, gehorsam, vnd gewerttig sein
„wil, Die Haubtmans Hannblung, gesell vnnd
„Wänndl, treulich helffen thädigen, Auffschrei=
„ben, vnnd in ain Register bringen, Vnnd mein
„vleiffig auffsehen haben, auf die Fürstlichen
„Fiscallischen fäll, das derselben geföll aller seinen
„F. Gl. nichts ennzogen noch vorbehalten werde,
„Ich sol vnnd will auch, on wissen vnnd willen
„seiner F. Gl. von den Straffmessigen, noch
„anndern, so von Haubtmanschaft wegen ze
„thuen haben, khain gaab noch schannknuß em=
„phahen, noch durch yemanndt anndern, von
„meinenntwegen, zu emphahen bestellen, oder ge=
„statten, daraus mir ainicher nuz, oder genuß
„eingeen möcht, Trewlich on geuerde, Also helff
„mir Gott, vnnd all Heilligen.

89) „Sein F. Gl. Will Jr auch hiemit
„vorbehalten haben, solch obgemelt Ordnung, in
„allen vnnd neben Articln zuuerännbern, zumin=
„dern vnnd zumeren, auch mer vnnd annders zu ma=
„chen, vnnd hinzue zu sezen, oder gar aufzuhe=
„ben alles nach seiner F. Gl. wolgefallen, On
„geuerde.

n 90)

90) „Vnnd damit sölch obbestimbt Ordnung
„bester beständiger vnd khrefftiger beleib, vnnd
„derselben in allen Articln, strafs gelebt, nach=
„ganngen, vnnd volzogen werde. So hat sein
„F. Gl. Jr Secret hinfür gedrukht, Beschehen
„Sambstags sannbt Lucientag, den dreyzehennden
„des Monats Decembris Anno ꝛc. im 33isten.‟

Im Jahre 1534 gab ein gebürtiger Salz=
burger, Namens Ortholph Fuchsberger, Hof=
richter des Klosters Mondsee, in deutscher Spra=
che eine Logik heraus. Dieses sein Werk erschien
zu Augsburg unter dem Titel:

„Ain gründlicher klarer Anfang der natür=
lichen und rechten kunst der waren Dialectica,
durch Ortholphen Fuchsperger von Ditmoning,
Kaiserlicher rechten Licentiaten ꝛc. *)

Auch veranstaltete in diesem Jahre Peter
Schlafl, Verwalter des Land=Markt=und Ur=
bar=

---

*) Auszüge aus diesem seltenen Buche finden sich in Fr.
Mich. Vierthaler's Intelligenzblatte vom Jahre 1800 S.
199 — 201. Man sehe auch Heumanni Acta philoso-
phica Tom. III. p. 745. seq. und Bernhard Raupachs
Erläutertes Evang. Oesterreich S. 75 Folg. Die Prote=
stanten machen den guten Fuchsberger zu einem heimli=
chen Bekenner und Beförderer der Lutherischen Lehre.

hergerichts zu St Veit im Pongau eine Samm-
lung von den, in den fünf Gerichtsstäben im
Pongau hergebrachten Rechtsgewohnheiten und
Urtheilssprüchen. *)

Bisher gieng der Weg (nur ein Saumschlag)
über die drey Waller von Embach) nach der Gastein. Mit Hülfe der Gewerken und der Landschaft ließ Erzbischof Matthäus im Jahre 1534
die Felsen durch die Klam sprengen, und hierdurch nach der Gastein eine fahrbare Straße
anlegen. Die darauf erkaufenen Kosten betrugen
2,885 Fl. und wurden aus der erzbischöflichen
Maut zu Lend bestritten.

Auf den 13ten October 1534 hatten die
Herzoge Wilhelm und Ludewig in Baiern
einen Münztag nach Augsburg ausgeschrieben,
und dazu nebst andern benachbarten Fürsten und
Stän-

———————

*) Diese Sammlung ist vollständig abgedruckt in Carl Fried.
Walch's vermischten Beyträgen zu dem deutschen Recht.
Zwert. Theil (Jena 1772.) S. 149 — 182. und führet
folgende Aufschrift: „Das Puechl mit der Ordnung des
Landtädings hatt lassen abschreiben der fürsichtig ersam
weys Peter Schlafl Burger auch verwalter des Gerichts
zu Sandt Veitt im Pongew. Anno 1534.‟

Ständen auch den Erzbischof von Salzburg
eingeladen. Dieser beschickte zwar denselben, ließ
aber gleich Anfangs durch seinen Rath, Dr.
Niklas Ribeisen, schriftlich erklären, „daß,
weil bey dieser Münzhandlung sonst kein anderer Bergwerksfürst, noch Stand verwandt
sey, er nicht anders als mit Vorbehalte der, einem Bergwerksherrn zustehenden Befugnisse
beytreten könne.“ Am 16ten darauf erfolgte der
Abschied dieses Münztages, der von Seiten Salzburgs durch den Magister Andreas Endlich
nnterschrieben wurde. Es warb darin verabredet,
daß die Patzen und Groschen nicht anders, als
nach der Reichsmünzordnung in Schrot und Korn
ausgeprägt, und auch nicht höher angenommen
werden sollten, jedoch mit dem ausdrücklichen
Beysatze: „daß der Erzbischof von Salzburg
als ein Bergwerksherr andern Bergwerks-
herren nicht eingreifen, und deßhalb in dem Ausschreiben nicht begriffen seyn wolle.“ *)

Der Erzbischof selbst war um diese Zeit von
Salzburg abwesend; denn um Mariä-Geburt
war

---

*) S. die Urkunden in Joh. G. Lori's Sammlung des
Baierischen Münzrechts. I. Band S. 175 folgg.

war er, auf Veranlaſſung des Kaiſers und des
Römiſchen Königs, nach Rom verreiſet, um den
Pabſt zur Ausſchreibung einer allgemeinen Kirchenverſammlung wegen Beylegung der in Deutſchland ausgebrochenen Glaubensſtreitigkeiten zu bewegen. Bald nach ſeiner Ankunft in Rom ſtarb
Clemens VII. den 26. Sept. 1534. Er hatte
daher als Cardinal die Ehre, der Wahl des neu-
en Pabſtes Paul III. beyzuwohnen, welcher am
13. October darauf gewählet wurde, und gleich
nach Beſteigung des päbſtlichen Stuhles dem
Erzbiſchofe zu Salzburg ſowohl als dem Cardinal Bernard von Trient mündlich verſprach,
zu Ausrottung der in Deutſchland eingeriſſenen
Ketzereyen nächſtens ein Concilium zuſammen zu-
rufen. Nachdem Erzbiſchof Matthäus von
Rom wieder nach Hauſe gekommen war, ertheilte ihm der neue Pabſt unterm 16. Februar 1535
den Titel eines Biſchofes von Alba. *)

Mancherley Widerwärtigkeiten, als die Ver-
wüſtung des Hofes und der Weinberge zu Dorn-
bach

---

*) Seit dieſer Zeit bediente ſich der Erzbiſchof in ſeinen la-
teiniſchen Ausfertigungen dieſes Titels: Matthaeus, mi-
seratione divina Episcopus Albanensis, sacrosanctæ
Romæ ae Ecclesiæ Cardinalis, Archiepiscopus Salisburgensis, Apostolicae Sedis Legatus etc.''

bach) durch die Türken, die ausserordentliche Tür-
kensteuer, welche das Kloster St. Peter für seine
Besitzungen in Oestreich zu entrichten hatte, der
Abfall mehrerer seiner Mönche nicht bloß
von der Ordensregel, sondern selbst vom katholi-
'schen Glauben, und die ewigen Zänkereyen wegen zeitlicher Güter machten den guten Abt Chilian so mißlaunisch, daß er am Stephans = Tage
1534 dem Erzbischofe eine Bittschrift überreichte,
in welcher er ihm seinen ernstlichen Entschluß,
die Abtey niederzulegen, entdeckte, und sich für seine Lebenstage nur einen anständigen Unterhalt
nebst seinem bisherigen Wohnzimmer ausbath.
Allein ein Unglücksfall verhinderte die Ausführung seines Entschlußes; denn gleich zu Anfange
des folgenden Jahres wurde er von dem Landes-
Hauptmanne in Steyer, Andreas Hofmann,
eines Streithandels wegen nach Grätz vorgeladen. Bey dieser Gelegenheit wollte er den Wein-
berg zu Leibnitz, welchen ein Pfarrer zu Gut-
taring in Kärnthen dem Kloster St. Peter ver-
macht hatte, in Augenschein nehmen. Er bestieg
zu dem Ende an dem Gestade des Flußes Muer
ein Schiffchen; allein dieses wurde durch den
Strom überwältiget und umgestürzet; und so
gieng Abt Chilian mit seinem Reisegefährten,
Wolf-

Wolfgang Porbeck, Pfarrer zu Hallein, am 13ten Februar 1535 im Wasser kläglich zu Grunde. Sein anderer Begleiter und Kaplan Georg Oeller, Mönch zu St. Peter, rettete sich noch aus dem Schiffbruche, er suchte den entseelten Körper seines Abtes auf, zog denselben aus dem Wasser, und brachte ihn mit sich nach Salzburg, wo er in der St. Veitskapelle im Kloster beerdiget wurde. Am 2ten März 1535 wurde eben dieser Georg Oeller zum neuen Abte gewählet und am 12ten darauf von dem Erzbischofe bestätiget; *) allein er starb noch am 25sten des nämlichen Monats, und erhielt den bisherigen Küster des Klosters, Aegidius Radlmair, zu seinem Nachfolger, welcher den 6ten April gewählet, und den 11ten darauf von dem Erzbischofe bestätiget wurde.

Der Ritter Christoph Fuchs, Hauptmann zu Kuffstein, schrieb am 3ten Januar 1535 an den resignirten Bischof zu Chiemsee, Berthold Pirstinger, „daß er dessen Teutsche Theologey fleißig gelesen und sich dadurch in der Wahrheit

---

*) Die Wahl-Urkunde und der Bestätigungsbrief finden sich in Noviss. Chronic. Monast. ad S. Peter pag. 466 — 468.

heit des Christlichen Glaubens gegen die Verführ=
rungen der neuen Irrlehrer vollkommen bestärket,
jetzt aber erfahren habe, daß derselbe seitdem ei=
nen andern noch ungedruckten Tractat von der
heiligen Messe, benanntlich ein **Teutsches Ra=
tional**, verfaßt habe. Daher bitte er denselben,
ihm diesen neuen Tractat, und was er sonst et=
wa noch dergleichen geschrieben hätte, väterlich
mitzutheilen, und auch in den Druck kommen
zu lassen."

Der ehrwürdige Greis antwortete dem from=
men Ritter noch im nämlichen Monate,*) und
übersandte ihm nicht nur das verlangte Teutsche
Rational, sondern auch eine andere ähnliche Ab=
handlung, unter dem Titel: **Kelchbüchlein**; und
wiewohl er aus Bescheidenheit gegen den Druck
Be=

---

*) Sein Schreiben ist datirt: „zu Salfelden im Pinzgew
am zwainzigisten tag Januarii. Anno Domini M.
D. XXXV." Die Aufschrift lau et: Dem edlen Erenfe=
sten vnd gestrengen Ritter Herrn Cristoffen Fuchs von
Fuchsperg zu Lauffenburg. Römischer Königlichenn
Maiestat Rath des Regiments zu Anspruk vñ
Haubeman zu Kuefstain meinn sondern Herrn vñ
geliebten frewnd. Embewe ich Berrold Bischof et=
wañ zu Chiembse, Meinen fleissigen dienst vnnd
frewndlichen grueß allzeit beuor."

Bedenklichkeiten äusserte; so wurden doch beyde Abhandlungen noch in demselben Jahre zusammen in Fol. gedruckt; jedoch ohne Benennung des Orts und des Druckers. Die erstere Abhandlung hat die Aufschrift:

„Tewtsch Rational über das Ambt heiliger meß. M.D.XXXV."

Und der Titel der zweyten lautet:

„Religpuchel Ob der kelig ausserhalb der meß zeraichen sey."

Der Erzbischof verlangte, daß Berthold Pirstinger, seines hohen Alters ungeachtet, von Salfelden nach Salzburg zurückkehren, und sich zu seinem Stellvertreter bey den bischöflichen Verrichtungen gebrauchen lassen sollte; allein dieser entschuldigte sich durch ein Schreiben vom 22. October 1535 und stellte vor, „daß, so weit er zurück denke, kein Bischof zu Chiemsee sich solchen Aufträgen unterzogen, sondern der Erzbischof sonst einen eignen Weihbischof gehalten habe." *)

Da

_____

*) „Alloqui Episcopi Chiemenses (lauten seine Wort) qui „suam refidentiam non Salisburgi, fed in Bifchofhofen, vel allbi habuerunt, nunquam vel raro officia Episcopa-
M2

Da das Erzstift' wegen seiner, in **Oestreich,**
Steyer und **Kärnthen** gelegenen Herrschaften
und Güter von Zeit zu Zeit mit neuen Beschwerden heimgesuchet, und daher bald mit den Erzherzogen selbst, bald mit ihren Landschaften in endlose
Streitigkeiten verwickelt wurde; so machte darüber
Erzbischof **Matthäus** dem Könige **Ferdinand**
eine dringende Vorstellung und bath ihn, zu güt-
licher Beylegung aller bisherigen Irrungen eine
Tagsatzung zu bestimmen. Auf den 8ten July
1535 ward nun an das königliche Hoflager nach
Wien eine solche Tagsatzung angesetzet, wozu der
König aus seinen Räthen sechs, Unterhändler verordnete, und wobey auch einige erzbischöfliche
Räthe als Gesandte erschienen. Nach einer weit-
läuftigen Unterhandlung kam über die streitigen
Gegenstände ein ausführlicher Vergleich zu Stande, worüber zu **Wien** am 259sten October 1535

un-

_____

„lia pro Dominis Reverendissimis peregerunt, quando-
„quidem meus proximus Antecessor Episcopus **C h r i s t o -**
„**p h o r u s** nunquam cantavit, vel consecravit, vel qua-
„lemcunque Episcopalem sanctionem neque Salisburgi,
„neque alibi peregit. In tali casu Dominus Salisburgi
„ad expedienda Pontificalia habuit aliquem *Suffraganeum,*
„prout nuper **H i p p o n e n s e m.** Olim memini alicuius
„Suffraganei **B a r u t e n s i s.**"

unter königlicher Bestätigung zwey Urkunden ausgefertiget wurden. *) Nebst mehreren andern Artikeln wurde

1) „der Streit wegen der Lehenschaft des Bisthums Gurk dahin verglichen, daß das Haus
Oestreich, wenn dieses Bisthum erlediget
wird, die Bischöfe zwey Male nacheinander
zu ernennen haben, dem Erzbischofe zu Salzburg aber das Erneuerungsrechte erst in dritten
Erledigungsfalle zustehen soll; jedoch mit dem
Vorbehalte, daß der ernannte Bischof im jedem Falle dem Erzbischofe präsentirt werden,
und von ihm die Bestätigung, Weihe und
Investitur empfangen soll.

2) Begab sich der Erzbischof der landesfürstlichen
Obrigkeit (Landeshoheit) über die in den Nie-
deröstreichischen Landen gelegenen Salzburgischen
Güter; und

3) erboth er sich mit gedachten Gütern in allen
Steuern, Reisen, Aufgebothen und andern,
wie

---

*) Beyde Urkunden finden sich in Meinem Corpore Juris pu-
blici Salisburg. pag. 40 — 80.

wie andere Landleute der Ritterschaft thun, ein
gleiches Mitleiden zu tragen. Es sollten daher die Salzburgischen Hauptleute, Vizdo-
me und Hofmeister, oder welche der Erzbischof sonst dazu verordnet, zu allen Land-
tägen, Hofgerichten, und Landschrannen
gefordert werden, und neben andern Niederöstreichischen Landleuten, Grafen, Herren, und
der Ritterschaft Sitz und Stimme haben."

Das Kloster St. Peter hatte sich anheischig
gemacht, über den, vor 2 Jahren getroffenen
Tauschvertrag wegen der Pfarren Hallein und
Abtenau auf seine Kosten eine päbstliche Bestä-
tigungs-Bulle auszuwirken. Diese Bulle wurde
erst am 14ten Juny 1536 zu Rom ausgefertiget und im September darauf nach Salzburg
gebracht. *)

Der Streit der Landschaft von Kärnthen mit
dem Erzbischofe wegen persönlicher Erscheinung
vor den dortigen Landrechten blieb noch unentschie-
den; und da auch auf dem, jüngsthin um Jubi-

la-

*) S. diese Bulle in Noviss. Chron. Monast. ad S. Petrum
pag. 460 — 462.

late zu St. Veit in Kärnthen gehaltenen Landtage deßhalb kein Vergleich zu Stande gebracht
wurde; so schrieb König Ferdinand auf den
21gsten August 1536 eine andere Tagsatzung nach
Klagenfurt aus, und verordnete den Landshauptmann von Kärnthen, Veit Welser, und den
Vizdom Christoph von Laaß, mit dem Be-
fehle zu Commissarien und Unterhändlern, daß sie sich
möglichst bestreben sollten, die bisherige Irrung
zwischen dem Erzbischofe und der Landschaft gütlich beyzulegen. Im Namen des Erzbischofes erschienen auf dieser Tagsatzung der Domdechant
und Official zu Salzburg, Ambrosius von Lamberg, Franz von Thannhausen, Ritter, Hauptmann und Vizdom zu Friesach und Doctor Niklas Ribeisen. Am 26gsten desselben Monats
ward nun ein Vergleich abgeschlossen und darin
ausgemacht, daß binnen Einhundert und Einem
Jahre, von Weihnachten 1537 angerechnet, der
jetzige und die nachkommenden Erzbischöfe zu
Salzburg, auf Jemands Klage und Anrufen,
vor den Landrechten des Herzogthums Kärnthen
persönlich zu erscheinen oder zu antworten nicht
schuldig, sondern befugt seyn sollten, sich durch
ihren Hauptmann oder Vizdom zu Friesach, der
ein gekorner Adelsmann seyn muß, vertreten

zu

zu laſſen. Nach Verlaufe der 101 Jahre aber
ſollte dieſer Vergleich wieder aufgehoben und er-
loſchen ſeyn." *)

In dieſem Jahre ſtarb ſowohl Biſchof Aegidius zu Chiemſee, **) als Biſchof Chriſtoph
zu Seckau. Das erſtere Bisthum verließ der
Erzbiſchof ſeinem Landsmanne und Domherrn zu
Paſſau, Hieronymus Meyting oder Meittin-
ger, einem gelehrten und angeſehenen Manne, ***) welcher an Unſer lieben Frauen-Em-
pfängniß-Tage 1536 eine Verſchreibung dahin
ausſtellen mußte, „daß er ſich in des Erzbiſchofs
Hof- und Kammerrath, wie auch in Bothſchaften gebrauchen laſſen, und, auf Verlangen des
Erzbiſchofes, auch deſſen Kanzleramt übernehmen
wollte." Zum Bisthume Seckau beförderte der
Erzbiſchof ſeinen bisherigen Kanzler, Doctor
Georg von Theſſingen, der, nach erhaltener
Beſtätigung, im folgenden Jahre am Sonntage
qua-

*) Er iſt eingedruckt in Meinem Corpore juris publ. Salisb.
pag. 80 — 87.
**) Lebensnachrichten von ihm liefert Franz Ant. Veith in
Biblioth. Auguſt. Alphab. I. p. 149.
***) Vid. Valent. Rotmari Annales Ingolſt. Academiæ
Edit. Ioan Nep. Mederer Tom. I. pag. 94.

qualimodo geniti gleichfalls einen Revers abgeben mußte, „daß er die Regalien und Weltlichkeiten von dem Erzstifte empfangen habe."

Nachdem Pabst Paul III. auf den 23sten
May 1537 gegen Mantua ein gemeines Christliches Concilium ausgeschrieben, und zu Besu-
chung desselben auch insbesondere den Erzbischof
zu Salzburg durch einen eignen Nuntius mündlich und schriftlich eingeladen hatte, beschloß der
Erzbischof, über die Zubereitung zu diesem Concilium und über andere Obliegenheiten der Salzburgischen Provinz sich vorläufig mit seinen Mitbischöfen und Suffraganen zu berathschlagen. Zu
diesem Ende veranstaltete er auf den 10ten Januar 1537 in Mühldorf einen Zusammentritt,
wozu er den Bischof Hieronymus zu Chiemsee
nebst andern Räthen abordnete, und auch die
übrigen Bischöfe ihre Bothschafter schickten. Am
15ten darauf ward daselbst ein Receß ausgefertiget, und darin unter andern beschlossen, „daß
durch den Erzbischof nächstens ein Provincial-Concilium nach seinem Gefallen entweder nach Salzburg oder Mühldorf ausgeschrieben, und zugleich
die andern drey Metropolitane, Mainz, Köln,
und Trier, wegen des allgemeinen Concitiums
um ihre Meinung befraget werden sollten.

Kaum

Kaum war dieser Receß vollendet, als der Römische König Ferdinand die Fürsten des Baierischen Kreises nebst einigen andern angränzenden Fürsten auf den 12ten Febr. nach Passau berief, um mit ihnen nicht nur wegen der Türkennoth, sondern auch wegen der bedenklichen Rüstungen der Protestanten in Deutschland sich zu berathschlagen. Er sowohl als der Erzbischof zu Salzburg und die Herzoge in Baiern nebst vielen andern Fürsten begaben sich in eigner Person nach Passau, und verfertigten daselbst am 19ten desselben Monats einen Abschied. *)

Nachdem der Erzbischof von da nach Salzburg zurückgekommen war, schrieb er unterm 14ten März das neulich zu Mühldorf beschlossene Provinzial-Concilium nach Salzburg aus. Zu Eröffnung desselben bestimmte er den 23gsten April; und er lud nicht nur die Bischöfe, Prälaten und andere Klostervorsteher seiner Provinz dazu vor, sondern ersuchte auch die benachbarten weltlichen Fürsten, ihre Gesandten nach Salzburg zu schicken, und durch sie ihre allenfallsigen Erinnerungen übergeben

---

*) Dieser Abschied findet sich in Joh. G. Lori's Samml. des Baierischen Kreisrechtes S. 8 — 12.

geben zu laſſen. Da jedoch ein Hinderniß ein-
trat; ſo wurde dieſes Concilium erſt am 14ten
May eröffnet, und am 25gſten eben deſſelben
Monats geſchloſſen. *) Einige Geiſtliche nahmen
es dem Erzbiſchofe übel, daß er auch die weltlichen Fürſten zu dieſer Verſammlung eingeladen
hatte; allein er wies ſie mit der Bemerkung zu-
recht, daß ja ohne Beyſtand der weltlichen Fürſten an keinen Vollzug der Conciliar-Schlüſſe zu
gedenken wäre. Es erſchienen daher ſowohl Oeſtreichiſche als Baieriſche Geſandte. Dieſe warte-
ten zwar den Ausgang des Geſchäftes nicht ab;
jene aber blieben bis zum Ende, und überreichten
im Namen des Römiſchen Königs dem Erzbiſchofe und den übrigen verſammelten Vätern eine
ſchriftliche Vorſtellung, in welcher ſie den Verfall der Kirchenzucht und die Sittenloſigkeit der
Geiſtlichkeit nachdrücklich rügten, und unter andern darauf drangen, „daß eine beſſere Zucht eingeführet; daß die Zahl der Prediger vermehret,
und zum Predigtamte und zur Seelſorge Keiner,
der nicht vorher durch andere weiſe und geſchickte

o   Prie-

_____

*) Dieſes vorher unbekannte Concilium nebſt andern darzu
   gehörigen Actenſtücken iſt abgedruckt in Floriani Dalham
   Concil. Salisb. pag. 287 — 322.

Priester geprüfet worden ist, zugelassen und jedem Priester aufgeleget werde, sich eine Bibel beyzuschaffen, und, wenn er die Messe und den sonstigen Kirchendienst verrichtet hat, die übrige Zeit, anstatt im Müssiggange zu verleben, **im Lesen des alten und neuen Testaments zuzubringen.**"

Der Hauptgegenstand der Berathschlagung war, ob und auf welche Art man von Seiten der Salzburgischen Provinz das, vom Pabste ausgeschriebene allgemeine Concilium besuchen sollte. Man bath den Erzbischof, dasselbe in eigner Person zu besuchen; allein da er sich hierzu nicht bestimmt einließ; so beschloß man, den Bischof **Hieronymus** zu Chiemsee im Namen der ganzen Provinz zum Besuche des allgemeinen Conciliums zu bevollmächtigen, und ihm zwey Doctoren der Theologie und einen Doctor der Rechte nebst einem Kenner der Römischen Kanzley-Praxis beyzuordnen. Am letzten May ließ der Erzbischof sowohl an die Erzpriester seines Kirchsprengels, als an seine Mitbischöfe den Auftrag ergehen, ihre untergeordnete Geistlichkeit zu einem pflichtmässigen Betragen und zum Studium der heiligen Schrift mit allem Ernste anzuhalten; die Conciliar-Schlüsse selbst aber machte er zur

Zeit

Zeit noch nicht bekannt, um den Schein zu ver-
meiden, als ob er dem ausgeschriebenen allgemeinen Concilium hätte vorgreifen wollen. Aus dieser Geheimhaltung schloffen einige unzeitige Eife-
rer, als wären auf diesem Provincial - Concilium
irrige und der bisherigen Kirchenzucht zuwiderlau-
fende Sätze aufgestellt worden, und sie mußten
ihrem voreiligen Schluße sogar in Rom einen solchen Benfall zu verschaffen, daß Pabst Paul
III. am 5ten August 1537 ein Schreiben an den
Erzbischof erließ, wodurch er ihm sein Befrem-
den bezeigte und ihn ermahnte, künftig behutsa-
mer zu handeln, und die irrigen Sätze, welche
er auf seinem Provinzial - Concilium aufgestellt
haben sollte, soviel möglich, zu unterdrücken. *)

Um dem Hause Oestreich einen neuen Beweis persönlicher Hochachtung zu geben, stellte der
Erzbischof in diesem Jahre die Erklärung aus,
„daß er auf seine Lebenstage an Oestreich den
Vorrang überlaffen wolle, jedoch ohne Nachtheil
des Erzstiftes für die folgenden Reichstage. Dar

ge-

---

*) Dieses päbstliche Schreiben findet sich in Franc. An-
tonii Veith Bibl. Aug. Alphab. V. pag. 113. Die Aecht-
heit deffelben hat zwar Florian Dalham bezweifelt; allein seine Gründe sind nichts weniger, als überzeugend

gegen erhielt er eben heuer von dem Kaiser und dem Römischen Könige die Bewilligung, zu Salzburg eine Maut aufzurichten, welche er dann auch um Weihnachten darauf, nicht ohne Murren der Kaufleute, wirklich einführte.

Da in der jüngsten **Bergwerksordnung** der Artikel, die Durchschläge und Vorbaue betreffend, etwas dunkel war; so ließ der Erzbischof am Freytage nach dem heil. Ostertage 1538 darüber eine gesetzliche Erklärung ergehen.

Da sich der Ruf verbreitete, daß die **Türken**, welche erst im vorigen Jahre den Deutschen bey **Esseck** eine gräuliche Niederlage beygebracht hatten, wieder ausserordentliche Zurüstungen machten; so ward auf Veranlassung des Römischen Königs **Ferdinand** auf den 22gsten May 1538 nach **Regensburg** ein Baierischer Kreistag ausgeschriebene, und in dem, am 26gsten darauf errichteten Abschiede zwar eine eilende Türkenhülfe bewilliget, aber zugleich von Seiten der geistlichen Fürsten gegen die Oestreichischen **Doppel = Anlagen** ein Widerspruch eingeleget. *) Als Salzburgische Gesandte erschienen auf diesem Kreistage **Eberhard von Ziernhaim**, Domherr zu Salzburg,

Augs=

*) S. diesen Kreisabschied in J. G. Loris Sammlung des Baierischen Kreisrechts S. 12 — 19.

Augsburg und Freysing, Eustachius von der Alben und Docter Niklas Ribeisen. Zwar, kam es damals zu keinem Feldzuge wider die Türken; dagegen aber drohte in Deutschland ein Bürger-Krieg auszubrechen; denn der, von den Protestanten zu einer bewaffneten Vertheidigung ihres Glaubensbekenntnißes zu Schmalkalden geschlossene Bund wurde im vorigen Jahre nicht nur auf 10 Jahre erneuert, sondern auch mit mehreren neuen Mitgliedern verstärket. Auf Seite der Katholiken war es demnach hohe Zeit, sich auf eine standhafte Gegenwehr gefaßt zu machen. Zu dem Ende wurde zu Nürnberg am 10ten Juny 1538 zwischen dem Kaiser, dem Römischen Könige, dem Erzbischofe Matthäus zu Salzburg und andern katholischen Fürsten auf eilf Jahre ein Gegenbund (der heilige Bund) geschlossen, und zu Handhabung und Vollziehung desselben zugleich eine umständliche Ordnung errichtet. Vermöge dieser Ordnung verband sich Erzbischof Matthäus sammt seinem Kapitel zu der, zu einem eilenden Heerzuge erforderlichen Geldanlage alsobald einen Antheil von 25,000 Gulden vorzustrecken. *)   Die

***

*) Beyde Urkunden finden sich bey Hortlebern von den Ursachen des Teutschen Kriegs Tom. I. 8. Buch 14. und 15 Capitel.

Die Salzburger waren wegen ihrer Bergbaukunde weit und breit berühmt. Markgraf Georg von Baireuth ließ daher im Jahre 1538 Bergleute aus Salzburg kommen, um die Goldkronacher Bergwerke zu besichtigen. Dieselben befuhren bey ihrer Ankunft mehrere Gruben, und schlugen verschiedene neue Einrichtungen im Poch- und Schmelzwesen vor. Auf ihre Veranstaltung kamen im folgenden Jahre mehrere Salzburger, nämlich zwey Wäscher, zwey Zimmerleute, und zwey Schmelzer zum Baue gedachter Bergwerke.[*]

Am Montage vor Maria Magdalena 1539 ließ Erzbischof Matthäus die Verordnung ergehen, „daß von allen Zehendleuten der Zehend, als eine vermöge göttlicher Rechte eingesetzte Abgabe, ohne Abgang gereicht, und kein Acker, der gewöhnlich zu dem Baue gebraucht worden, ohne Wissen der Zehendherren öde und graßtragend gelassen werden sollte."[**]

In

---

[*] Karl Hein. Lang's Neuere Geschichte des Fürstenthums Baireuth zweyt. Theil (Göttingen 1801) S. 105.

[**] Ein kurzer Auszug aus dieser Verordnung findet sich in Meinen Beyträgen zur Literatur des Salzb. Rechts in Joh. Christ. Siebenkees Beyträgen zum Teutschen Rechte dritter Theil S. 39.

In eben diesem Jahre starb die Abtissinn
auf dem Nonnberg, Ursula Traunerinn, eine
sehr kluge Haushälterinn, und bekam die Nonne,
Veronika Waltprunnerinn, zu ihrer Nach=
folgerinn.

Zwischen dem Erzbischofe zu Salzburg, und
dem Probste Wolfgang zu Berchtesgaden hat=
ten sich bisher sowohl wegen zweymaliger Erhöh=
ung der Salz = Maut, als wegen des Kreuzers,
der zur Besserung des Kaufgeldes erst zu Anfan=
ge des Jahres 1540 auf ein Fuder Salz zu
Schellenberg aufgeschlagen wurde, so wie we=
gen anderer Sachen Anstände und Irrungen ent=
sponnen. Beyde Theile wählten die Herzoge
Wilhelm und Ludewig in Baiern zu ihren
Schiedsrichtern, welche dann ihren Rath Leon=
hard von Egck zu Wolffseck und Randeck
mit dem Auftrage nach Salzburg abordneten,
die bisherigen Streitigkeiten durch eine gütliche
Unterhandlung zu schlichten. Durch Verwendung
dieses Unterhändlers ward nun zwischen dem Erz=
bischofe Matthäus, und dem Probste Wolf=
gang am Sonntag Judica in der Fasten 1540
ein Vergleich geschlossen und darüber eine schrift=
liche Urkunde ausgefertiget, welcher, zu mehrerem
Zeug=

Zeugniße, auch **Leonhard** von **Egg**, als Unterhändler, sein Insiegel anhängte. *)

In der nämlichen Woche wurde der Markt
Straßwalchen durch die **Zigeuner** abgebrannt.

Je mehr der Erzbischof **Matthäus** an Jahren zunahm, desto sichtbarer äufferten sich an ihm
die Folgen der aufferordentlichen Anstrengung seiner
geistigen und körperlichen Kräfte in den Geschäff-
ten seiner jüngern Jahre. Sein Kopf war ganz
geschwächet und nahete sich wieder der Kindheit.
Seine Verrücktheit gieng manchmal so weit, daß
er nicht wußte, ob er zu Hause, oder auf Reisen wäre. Schon die ganze Fastenzeit hindurch
war er immer krank. Am Gründonnerstage wurde er sehr schwach; und da am folgenden Tage
seine Krankheit zusehends überhandnahm; so wurde ihm am Oster-Samstage zwischen 5 und 6
Uhr Abends von seinem nunmehrigen Kammermeister und ehemaligen Hofkaplan, **Johann
Rotmar,** das heilige Abendmahl nebst der letzten Oelung gereicht. Endlich am Oster-Erch-
tag, den vorletzten März 1540 zwischen 10 und

II

*) S. diese Urkunde in den Berchtesgadischen Prozeß-
schriften Brolage Lit. A A. und in Joh. Georg Lori's
Sammlung des Baier. Bergrechts S. 240.

11 Uhr Nachts entschlief dieser große Fürst, nachdem er das Erzstift 20 Jahre und 10 Monate
beherrscht und demselben beynahe in allen Ver-
fassungs-Zweigen durch seine weise Gesetzgebung
eine neue Gestalt verschaffet hatte. Nach sechs
Tagen wurde seine Leiche in der Domkirche vor
dem St. Ruprechts-Altare eingesenket, und ihm
auf sein Verlangen, nur ein schlechter Grabstein
mit einer einfachen Inschrift gesetzet. *)

Schon im Jahre 1536 am Mittwoche nach
St. Jakobs-Tag im Schnitt hatte Erzbischof
Matthäus ein ordentliches Testament aufgerichtet und darin die, von seinem verstorbenen Bruder, Lucas Lang, hinterlassenen drey Söhne
Matthäus, Lucas und Markus zu seinen Erben eingesetzet. Allein da er darnach noch einige
Jahre lebte; so fand er es für gut, einen Nachtrag
oder Codicill zu verfertigen, in welchem er, unter
Bestätigung der vorigen Erbeinsetzung, noch verschiedene sowohl fromme, als weltliche Vermächt-
niße anordnete. Die feyerliche Ausfertigung und
eigenhändige Unterzeichnung dieses merkwürdigen
Co-

---

*) S. diese Inschrift in Franc. Ant. Velth Biblioth.
Aug. Alph. V. pag. 71.

Codicills geſchah durch den Erzbiſchof in ſeiner
gewöhnlichen Stube auf dem **Rinderholz** des
Salzburgiſchen Hofes am Pfingſttag den ſechſten
Tag des Monats Februar um 4 Uhr Abends
1539 in Gegenwart des offenen Notarius **Hanns
Kalbſer**, und folgender vier Zeugen, **Veit
Schartl**, Salzburgiſchen Hofmeiſters, **Johann
Piettenberger** Licentiaten und Kammermeiſters,
Johann Pleier, Salzburgiſchen Raths und
Protonotarius und **Paul Altmann** Salzburg.
Hofſchreibers. Im Eingange ſtellet der Erzbiſchof
den Satz auf, „daß ſeine Vorfahrer alles Ein-
kommen des Erzſtifts, das man ad manus nennet,
jederzeit zu ihren Händen eingenommen, und nach
ihrem Gefallen ausgegeben haben, ohne darüber
Jemanden eine Rechnung zu legen oder auch nur
eine Antwort zu geben; und wiewohl er daher allerdings befugt wäre, von des Erzſtifts Einkom-
men ad manus zu ſeinem Seelenheile und zu Gun-
ſten ſeiner Freunde und Verwandten allerley Vermächtniſſe anzuſchaffen und damit ſeine Kammer
zu beladen; ſo wolle er dieſes doch aus Andacht
zu den heiligen Landes-Patronen St. Ruprecht
und St. Virgil und in Erwägung der großen
Schulden, in welche das Erzſtift wegen der vor-
gegangenen Aufſtände gerathen ſey, unterlaſſen,

und

und alle Vermächtniſſe nur allein aus ſeinen ſelbſt=
eignen erblichen und verdienten Gütern *)
verordnen." Unter den vielen Anſchaffungen
und Vermächtniſſen, beſonders für Spitäler und
Bruderhäuſer verdienen einige zum Andenken des
großen Mannes ausgehoben zu werden. Er

---

*) Auſſer Verſchiedenen aufliegenden Kapitalien und Koſt=
barkeiten, und nebſt einem Hofe, Hauſe und Garten
in der Stadt Salzburg hinter der Pfarre in der Abts=
gaſſe, die der Erzbiſchof von Rudolph Schöndorfer und
ſeiner Hausfrau gekauft, und noch bey Lebzeiten ſeinem Vet=
ter Matthäus Lang, übergeben hatte, beſaß derſelbe
als Privatvermögen 1) Das Schloß und die Herrſchaft
Wellenburg, 2) die Herrſchaft Kitzbühel, und 3) das
Schloß und die Herrſchaft Oſterwitz ſammt dem Landge=
richte. Jedoch gehörten ihm die zwey letztern nur als
Pfandherrſchaften zur Verſicherung einer beträchtlichen
Summe Gelds, welche er noch während ſeiner Statt=
halterey in Italien dem Kaiſer Maximilian zu mehre=
ren Malen auf deſſen Kriegsnothdurft vorgeſtrecket, und
worüber er von demſelben zu Cöln am 12ten Auguſt 1512
eine ordentliche Schuld= und Pfandsverſchreibung erhalten
hatte. Maximilian's Enkel und Erben, Kaiſer Karl
und König Ferdinand, hatten dieſe Schuld, nachdem
ihnen der Erzbiſchof mehr als die Hälfte daran nachgelaſ=
ſen und ſich mit ihnen auf eine Summe von dreyßig
Tauſend Gulden verglichen hatte, nicht nur als Selbſt=
ſchuldner ausdrücklich übernommen, ſondern darüber auch
zu Worms am 25ſten April 1521 einen neuen Schuld=
brief ausgeſtellet. Da ſeitdem König Ferdinand an die=
ſer Schuld bereits 15,000 Fl. abgeführet hatte, ſo hafte=
ten zur Zeit des Codicills nur noch 15,000 im Ausſtande.

„Er verordnet, daß zu jedem seiner Begängnisse, zum ersten, siebenten und dreyßigsten, so viele Messen gelesen werden, als viele Priester man in Salzburg haben mag, wovon einem Jeden zu einem Opfer 15 Kr. gegeben werden sollen.

Zu Jedem Begängniße entweder einen Tag vor oder nach demselben soll den armen Leuten ein gemeines Seelenbad an dem Rappelbad gehalten, und jedem armen Menschen, der das Bad besuchet, drey Kreuzer auf die Hand gegeben werden.

Zu dem Bau und zur Aufrichtung des neuen Spitals zu Salfelden und zur dortigen Priester = Bruderschaft schaffet er fünfzig Gulden.

Den armen Frauen zu St. Maria Magdalena bey Chiemsee vermachet er jedweder 15 Kr. Item den armen Jungfrauen zu St. Michael jedweder 15 Kr. Auch schaffet er, drey arme Jungfrauen auszuheurathen und jeder zur Heurathsteuer 25 Fl. zu geben.

Den fünf Predigern, als dem Nachpfarrer, dem Stiftsprediger und den drey Chormeistern,

da=

damit sie alle predigen und für ihn bitten, vermachet er jedem 3 Fl. oder zusammen 15 Fl.

Da er bereits für sich einen ewigen Jahrtag in der Domkirche sammt einer Präsenz,
Seelenbad und Spende geftiftet und darauf
aus seinen eignen erkauften Gülten 27 Pfund
Pfennige jährlicher ewiger Gült dem Domkapitel
angewiesen hat; so verordnet er, daß, wenn das
Domkapitel den Jahrtag nicht mehr halten würde,
alsdann die ihm angewiesene jährliche ewige Gült
eingezogen, und zu einem andern frommen End-
zweck verwendet werden soll.

Seinem jungen, noch unvogtbaren Vetter,
Marcus Lang, welcher durch Hanns Thomas von Rosenburg gefangen genommen worden ist, vermachet er auf den Fall, wenn derselbe bey seinem Tode noch in der Gefangenschaft
fitzt, zum voraus 3000 Fl. um sich mit dieser
Summe von der Gefangenschaft loskaufen zu
können.

Die Ausgaben und Unkosten, welche der
Erzbischof für das Domkapitel, um die Aufhe-
bung der Ordensregel zu erwirken, zu Rom ver-
wen-

wendet hatte, beliefen sich auf mehrere Tausend
Gulden; jedoch begnügte er sich dafür mit 6000
Fl. und erhielt darüber auf das Erzstift eine or=
dentliche Schuldverschreibung, wovon er aber in
seinem Codicill das Erzstift auf immer gänzlich
lossprach, weil er auf dessen Güter schon bey
Lebzeiten seinen Verwandten soviele Einkünfte an=
gewiesen hatte, als obige Summe ausmachte.
Soviel von diesem merkwürdigen Codicille!

Gleichwie sich Erzbischof Matthäus in al=
len seinen Handlungen durch Pracht und Größe
auszuzeichnen suchte, also bezeigte er auch insbe=
sondere, zumal in den ersten Jahren seiner Regie=
rung, gegen Bekannte und Unbekannte eine fast
gränzenlose Gastfreyheit; denn er ließ allen Wir=
then in der Stadt befehlen, sobald bey ihnen ei=
ne namhafte Adelsperson, ein Prälat, Graf,
Freyherr oder Ritter in die Herberg kommen wür=
de, davon bey Hofe sogleich eine Anzeige zu ma=
chen, damit diesen Gast der Erzbischof dahin
einladen, oder denselben wenigstens, auf seine
Kosten, bey dem Wirthe tractiren lassen könnte.
An den hohen Festtagen, als zu Weihnachten,
zum Neujahre, in der Faßnacht rc. pflegte er al=
lerley Belustigungen, als Mummereyen, Renn=
spie=

spiele, Turniere und andere Ritterspiele anzustel-
len, und die Preise meist selbst auszutheilen.
In der Fasten hingegen beobachtete er nicht nur
das Abstinenzgeboth sehr gewissenhaft, sondern
in der Charwoche entfernte er sich sogar aus aller
menschlichen Gesellschaft, und begab sich entweder auf das Schloß Hohen = Salzburg, oder
nach Hallein, um ganz der Andacht abzuwarten.

Er wollte den erzbischöflichen Hof (Residenz) ganz neu erbauen, und hatte dazu bereits
einen Riß entwerfen lassen; allein durch den Bauern = Krieg ward er davon abgehalten. Indeß
hat er bey Hofe den sogenannten Schnecken
und neben demselben eine neue große Thürniß erbauet, worin über 30 Tische gesetzet werden konnten. Unter seine übrigen Gebäude gehören nebst
Beyschaffung vieles neuen Geschützes die neue
Bastey auf der Festung Hohen = Salzburg, die
er, nach dem Bauern = Kriege, oder dem Frauenkloster auf dem Nonnberg herum bis zum Getreidkasten der Aebtissinn auf die Felsen aus Quader-
steinen setzen ließ, und dann die große Cisterne
in gedachter Festung, welche nach seinem Plan
durch einen Venetianischen Baumeister aufgefüh-
ret und im Jahre 1539 vollendet wurde. Man
fand

fand diese Cisterne so nützlich, daß darauf ein
schönes Schaustück mit dem Bilde des Erzbischofes und einer lateinischen Aufschrift geprägt wurde. *) Auch hatte der Erzbischof auf dem
Schloßberge gegen die Abtswiese hinaus einen
herrlichen Weingarten anlegen, und denselben
mit den edelsten, aus Italien eigens verschriebe-
nen Weinstöcken, Feigen, Pomeranzen und andern seltenen Obstbäumen bepflanzen lassen. Endlich ist auch der Weg von Tamsweg im Lungau bis nach Ramingstein sein Werk.

*) Diese Aufschrift findet sich in Franc. Ant. Veith.
Bibl. Aug. Alpb. V. p. 69.

Erneſt,

acht und vierzigſter Erzbiſchof vom Jahre
1540 bis 1554.

Erneſt, Pfalzgraf bey Rhein, Herzog in
Ober- und Nieder-Baiern, und bisheriger Adminiſtrator des Bisthums Paſſau, hatte bereits
zur Zeit des Bauern-Krieges von dem Domkapitel zu Salzburg die Zuſage erhalten, daß man
ihn, nach dem Abgange des Erzbiſchofes Matthäus, zu deſſen Nachfolger befördern würde. *)
Um ſich dieſer Zuſage deſto mehr zu verſichern,
trat er im Jahre 1539, als Erzbiſchof Matthäus bereits ſchwachſinnig zu werden anfieng, mit
dem Domkapitel in eine förmliche Unterhandlung.
Das Domkapitel erneuerte zwar ſein Verſprechen;
damit aber der künftige Erzbiſchof Einer aus ſeinen Chorbrüdern wäre, ſo machte es den Herzog, der ſich damals zu Reichenhall aufhielt, vor-

p

läu-

---

*) Auch Erzbiſchof Matthäus hatte, wie er ſelbſt in ſeinem
Codicille erzählt, dem Herzoge Erneſt aus beſondern
Urſachen auf ſeine Pfandherrſchaft Kitzbühel eine jährliche Penſion von 900 fl. verſchrieben und angewieſen, ihm
aber dieſelbe noch bey ſeinen Lebzeiten wieder abgelöſet.

läufig zu einem Domherrn von Salzburg. Sobald
nun Erzbischof Matthäus verstorben, und dessen Lei-
chenbegängniß geendiget war, wurde Herzog Ernest einhellig zum Erzbischofe postulirt, und ihm
die Postulation ungesäumt durch eine ansehnliche
Bothschaft hinterbracht, zugleich aber auch eine
Wahl-Capitulation zur Unterzeichnung vorgelegt,
vermöge welcher er sich unter andern verpflichten
mußte,

1) „dem Domkapitel aus den Kammergefällen
jährlich 1000 Fl. zu bezahlen, und

2) seine Brüder, die Herzoge in Baiern, bey erster Gelegenheit mit allem möglichen Fleiße dahin zu vermögen, daß sie nicht nur den, im
Jahre 1529 von dem Erzbischofe und seinem
Domkapitel wegen der damaligen Salz-Mehrung ausgestellten Revers wiederum herausge-
ben, sondern auch gegen die neue zu Anfange des Jahres 1540 geschehene Erhöhung des
Salzpreises keine Hinderung machen.“

Herzog Ernest befand sich damals ebenfalls
wieder zu Reichenhall, und empfieng nicht nur
die Bothschaft sehr gnädig, sondern nahm auch
keinen Anstand, die ihm vorgelegte Capitulation

am

am Mittichen nach dem Sonntag Jubilate, der da iſt der ein und zwainzigſt Tag des Monat Aprilis 1540 eigenhändig zu unterſchreiben *)

Erneſt war der jüngſte Sohn des Herzogs Albert IV. in Baiern und ſeiner Gemahlinn, Kunegunde, einer gebornen kaiſerlichen Prinzeſſinn, und folglich ein Bruder der noch regierenden Herzoge Wilhelm und Ludewig in Baiern. Er kam am 3ten Auguſt 1500 auf die Welt, wurde mit ſeinem Bruder Ludewig zu Burghauſen erzogen, und erhielt den berühmten Baieriſchen Geſchichtſchreiber, Johann Thurmayr (Aventin) zu ſeinem Lehrmeiſter, von welchem er im Lateine, und in den ſchönen und mathematiſchen Wiſſenſchaften vortrefflich unterrichtet wurde. In der Folge wählte er die Mathematik, womit damals auch die Aſtrologie verbunden war, vorzüglich aber die Mineralogie zu ſeiner Lieblingswiſſenſchaft, und brachte es darin ſo weit, daß er zu ſeiner Zeit für einen der größten Kenner in Deutſchland gehalten wurde. **)

p 2　　　　Wäh-

---

*) S. Extract aus der Wahl = Capitulation Erzbiſchofen Ernſt Herzogs aus Bayrn; in den Halleiniſchen Salz = Comptomißſchriften Beylage Lit. ZZ.

**) Dieſes bezeuget ein Zeitgenoß, der berühmte Oeſtreichiſche

Während seine zwey ältern Brüder über die
Theilung der väterlichen Länder sich miteinander
zankten, entschloß er sich, unter Verhehlung sei=
nes fürstlichen Standes mit seinem Lehrmeister
Aventin nach Italien zu reisen, um seiner Wiß=
begierde neue Nahrung zu verschaffen. Auf die=
ser Reise lernte er verschiedene gelehrte Italiäner,
als den Nicolaus Perottus und Aldus Ma=
nutius persönlich kennen, und insbesondere besuch=
te er zu Pavia die Vorlesungen des berühmten
Rechtslehrers Jason Maynus. Von da begab
er sich in Begleitung des Tyrolischen Edelmans,
Johann von Malentein, nachherigen Bischofs
zu Seckau, nach Paris, wo er den König
Franz zu sehen bekam. Als er aber von diesem
erkannt wurde, entfernte er sich augenblicklich aus
Frankreich, und reisete mit seinem Begleiter nach
Sachsen und von da wieder nach Hause. Am
28gsten Januar 1516 wurde er, auf Verwendung
des Kaisers, von dem Pabste zum Coadjutor und
Nachfolger des Bischofs Wigileus zu Passau
ernannt; und als dieser im folgenden Jahre den

6ten

---

sche Kanzler Johann Albrecht von Widmanstade. S.
dessen Biographie von G. E. Waldau (Gotha, 1796)
S. 72. und Valent. Rotmari Annal. Ingolst. Acade=
miae Part. I. pag. 103.

6ten Nov. mit Tode abgieng, nahm er von dem
Bisthume ſogleich wirklichen Beſitz. Um ſich
zum geiſtlichen Hirtenamte vorzubereiten, hatte er
bereits im Jahre 1515 die Univerſität zu Ingolſtadt bezogen, wo er am folgenden Jahre zum
Rector erwählet wurde, und, als er am Ende
des Schuljahres dieſe akademiſche Würde niederlegte, an die Lehrer und Studenten eine ſchöne
lateiniſche Abſchiedsrede hielt. *) Das Bisthum
Paſſau regierte er, als Adminiſtrator, ohne eine
biſchöfliche oder prieſterliche Weihe anzunehmen,
23 Jahre hindurch bis zu ſeinem Antritte des
Erzſtiftes Salzburg, und empfahl ſich bey den
Katholiken vorzüglich dadurch, daß er die Irr-
glaubigen, beſonders die Wiedertäufer, deren es
in Paſſau ſehr viele gab, mit einer unerbittlichen
Strenge verfolgte, und nur allein im Jahre
1528 zwölf dergleichen unglückliche Schwärmer lebendig verbrennen ließ. **)

Nachdem Herzog Erneſt zum Erzbiſchofe von
Salzburg erwählet worden war, und unter den
vorgeſchriebenen Bedingungen die Wahl angenommen

---

*) Arioniſti Bojorum Ducis Oratio habita publice
in Gymnaſio Angeloſtadienſi An. C. 1516. XV. a. d.
Cal. Nov. Auguſtae in officina Milleriana 1517.

**) Von ſeiner Paſſauiſchen Regierung ſ. Hanſiz Germania
Sacra Tom. I. pag. 603 — 614.

men hatte, schickte das Domkapitel aus seiner Mitte die zwey Domherren **Wilhelm** von **Trautmanstorf** und **Eberhard** von **Ziernheim,** und die Landschaft aus dem Landadel den Ritter **Christoph Trauner,** und aus der Bürgerschaft den **Berthold Thenn** nach **Rom,** mit dem Auftrage, dem Pabste **Paul** III. die geschehene Postulation zu hinterbringen und ihn um Genehmigung derselben zu ersuchen. Diese Abgesandten erhielten zwar die päbstliche Bestätigung sammt dem Pallium, jedoch mit der ausdrücklichen Bedingung, daß der neue Erzbischof binnen 10 Jahren die Priesterweihe empfangen, oder das Erzstift wieder abtreten sollte.

Sobald Herzog **Ernest** auf solche Art in der erzbischöflichen Würde bestätiget war, machte er Anstalten zu seinem feyerlichen Einzuge, zu welcher Feyerlichkeit er den 12ten October 1540 bestimmte, und wozu er nicht nur seine Brüder, die Herzoge **Wilhelm** und **Ludewig** in Baiern, sondern auch andere Fürsten und Große durch eigne Bothschafter einladen ließ. *)

Am

---

*) Diesen Einzug hat angeordnet und beschrieben **Hanns Lutz** von **Regensburg,** der Pfalzgrafen bey **Rhein** und Für=

Am 6ten October geschah zu München der Aufbruch der Herzoge Wilhelm und Ludewig, dann der Frau Jacobea Herzoginn in Ober- und Niederbaiern mit ihrem Frauenzimmer. Die Grafen, Freyherren und Ritter waren schon einen Tag vorausgegangen, und lagen über Nacht zu Ebersberg, und so die zweyte Nacht zu Wasserburg, immer eine kleine Tagreise voraus. Hier machten sie Halt, und erwarteten die Herzoge, die von einer Fahne der Bürgerschaft eingeholet, und von gesammter Ritterschaft herrlich empfangen wurden. Den 8ten October traffen die Herzoge mit ihrem Gefolge zu Burghausen ein, wo sie 100 wohlmontirte Reiter von Passau einziehen sahen. Den 9ten war Rasttag, und an diesem Tage kam der neue Erzbischof von Salzburg mit einem mässigen Hofstaate daselbst an. Am 10ten war Hochamt zu Burghausen; und der Hofmarschall theilte der Ritterschaft die Befehle aus, wie sie sich zu Salzburg zu verhalten habe. Noch am nämlichen Tage wurde die Reise bis

Lau-

Fürsten zu Bayern, auch des heil. Röm. Reichs Ehren-Hold. S. dessen Beschreibung in Jos. Benignus Schlachtners ungedruckter Chronik, und daraus in L. Hübners Beschreibung der Haupt- und Residenzstadt Salzburg II. B. S. 119.

Laufen fortgeſetzet. Am 11ten October kam
man bis **Salzburghofen**, wo nun die Fürſten
unter prächtigen Gezelten ſtille lagen. Hierher
kamen ihnen aus der Stadt das Domkapitel,
die Ritterſchaft, und der aus 21 Mitgliedern be=
ſtehende Stadtrath entgegen, alle zuſammen
mit ungefähr 300 Pferden ſammt 8 Trompetern
und einem Heerpauker. Die Herzöge ritten den
Ankommenden einige Schritte weit entgegen, ſtell=
ten ſich dann auf die linke, der Erzbiſchof aber
auf die rechte Seite. Die Domherren, worunter
Kaſpar von Rieſenbach, Domprobſt; **Ambro=**
ſius von Lamberg, Dombechant und **Sigis=**
mund Graf von Ortenburg, Senior, waren,
ſtiegen nun von ihren Pferden; und der Dom=
bechant hielt im Namen des Kapitels die Em=
pfangsrede. Darnach ſtieg auch die Ritterſchaft
von ihren Pferden, und Doctor **Matthias Al=**
ber, Salzburgiſcher Rath und Kanzler, *) hielt
ebenfalls eine Anrede. Im Namen der Bürger=
ſchaft aber, die gleichfalls abgeſeſſen war, traten
Georg

---

*) Dieſer, von Briten gebürtig, war vorher Profeſſor der
Rechte zu Jngolſtadt. Jn der Folge kam er von Salz=
burg als Regent (Regimentsrath) nach Jnnsbruck,
und erſchien im Jahre 1548 als Oeſtreichiſcher Geſandter
auf dem Reichstage zu Augsburg.

Georg Schrott von Kellenberg, Stadtrichter, Christoph Schwaiger, Verwalter des Bürgermeisteramts, und Doctor Georg Funk,, Rath und Stadtschreiber, vor den Erzbischof; und auch letzterer hielt an die Fürsten eine gelehrte Rede. Nun ließ der Erzbischof in seinem Namen den Doctor Niklas Ribeisen die Danksagung machen, worauf die in zwey Fahnen bestehende Bürgerschaft auf dem freyen Felde Feuer gab, welches 10 Feldschlangen beantworteten. Die Bürger wurden von 2 Lieutenants Virgil Fröschlmoser und Georg Unterholzer commandirt. Diese zogen nun, 27 Mann hoch, voran; und als die 4 erstern Glieder davon eingezogen waren, erschien Marcus Thenn Münzmeister mit 20 Münzergesellen. Hierauf folgte die zweyte und dritte Abtheilung der Bürgerschaft, und dann die Reiterey unter dem Rittmeister Christoph Schnecken. Unmittelbar darauf ritt der Adel; und die Fürsten beschlossen den Zug. Als derselbe an das Thor kam, wurden auf dem Mönchsberge 70 Doppelhacken losgebrannt; und nun war der Einzug durch die Getreidgasse zu dem Rathhause. Hier standen die alten Bürger, und gegenüber die Diener gemeiner Stadt in weißen Röcken, mit solchen Hüten und Straußfedern.

Nun

Nun gieng der Zug weiter über den Markt der Domkirche zu, wo Alles von den Pferden stieg, und einige Domherren die Ankommenden empfien-gen. **Marquard von Stein,** Domherr zu **Mainz,** Salzburg und Bamberg, und Dom-probst zu Augsburg, hielt hier eine Anrede, wor-auf von der Festung das grobe Geschütz zu don-nern anfieng, und in der Domkirche das Te De-um gesungen wurde. Die Bürgerschaft sammt der Reiterey der Landschaft hatte sich indessen mit ihren 10 Feldschlangen auf dem Marktplatze in Ordnung gestellet, und gab jetzt Feuer. Bey Ho-fe war große Tafel, nach deren Vollendung der Stadtmagistrat mit folgenden Geschenken vor dem Erzbischofe erschien: mit einer großen vergoldeten silbernen **Scheyern** (Schüssel) von künstlicher Arbeit, 200 Fl. am Werthe, 5 Sam Muscat-teller Weins (auf 60 Fl. geschätzt) und zwey falben Ochsen von ungemeiner Größe (44 Fl. an Werthe.)

Der Tag darauf, als der 12te October, ein Dienstag, war zum eigentlichen Einritte be-stimmt. Der Erzbischof ritt sehr frühe aus der Stadt in das Schloß Freysaal. Hier war ein Zelt aufgeschlagen. Unter diesem ließ sich der Erz-
bi-

bischof den Legaten = Habit ankleiden, und stieg
dann zu Pferde, das mit einem sammetenen Sat=
tel nach damaliger französischer Mode bedeckt
war. Vor ihm ritt der Domherr, Christoph
von Lamberg mit dem Stangen = oder Lega=
tenkreuze. Als nun der Fürst mit seiner Reiterey
sich dem Nonnthaler Thore näherte, zogen ihm die
Herzoge Wilhelm, Ludewig, Otto Heinrich,
Markgraf Albrecht von Baaden, die Grafen
Wolf und Friedrich von Oettingen, Graf
Ladislaus von Haag, Graf Marquard von
Königsegg, die Freyherren von Degenberg und
von Heydeck, und Konrad von Bemmelberg,
Ritter und Pfleger zu Friedberg, nebst 200 Pfer=
den mit 20 Trompetern und 2 Paukern entgegen.
Die vier Erbamtsherren stiegen unter dem Nonn=
thaler oder Kay=Thore ab. Blasius von Nuß=
dorf zu Prünning Erbmarschall des Erzstifts und
damaliger Pfleger zu Krayburg, führte nun dem
Erzbischofe das Roß; Sigismund von Thurn,
als Erbschenk, trug einen silbernen Becher, wor=
aus der Erzbischof den ersten Trunk that; Ge=
org Wißbeck, als Erbkämmerer, trug ein sil=
bernes Hand = und Gießbecken; und Kaspar von
der Alben, als Erbtruchses, hatte bey sich zwey
silberne Schüsseln. Am Thore kam dem Erzbi=
scho=

schofe das Domkapitel mit der gesammten Geistlichkeit entgegen; und es wurde mit allen Glocken
zusammengeläutet. Als der Zug über den alten
Brodmarkt durch die Judengasse, dann vor dem
Rathhause vorbey in die Kirchgasse zu U. L. Frau
Pfarrkirche kam, stellten sich die Nonnen von St.
Peter dem Erzbischofe vor, worauf, nach einem
kurzen Gebethe in der Kirche, der Zug in die
Domkirche fortgesetzt ward, bis wohin Balthasar Sulzer, Patricier von Augsburg, den Le-
gaten-Hut nachgetragen hatte. In der Domkirche sang man das Te Deum, unter beständigem
Donner der Kanonen auf der Festung. Nach
demselben hielt der berühmte Gottesgelehrte, Dr.
Johann Eck, *) in dem Chore eine lateinische
Rede, und darauf stimmte der Domprobst das
Hochamt an, wobey 10 infulirte Aebte und Pröbste,
und unter diesen auch der Probst von Berchtesgaden, zugegen waren. An diesem Tage war
bey Hofe eine Tafel von hundert und etlichen Ge-
decken, wozu aller Adel eingeladen wurde.

Am 13ten October geschah die Huldigung
von allen Ständen, worauf die vier Fürsten von
Bal-

*) Schlachener nennet ihn einen Domherrn von Salzburg
und Assessor des dasigen Consistorii; allein seine Bio-
graphen schweigen hievon.

Balthasar von Thannhausen in seinem eignen Hause fürstlich bewirthet wurden. Nach der Mahlzeit ritt der Erzbischof mit seinen Gästen in die Festung Hohen-Salzburg, um die Rüstung und andere Merkwürdigkeiten zu besehen. Abends war bey Hofe Tafel und darnach ein Tanz.

Am 14ten war abermals große Tafel bey Hofe, und dabey Musik, nach derselben aber eine deutsche Komödie.

Den 15ten nach der Tafel geschah der Aufbruch, die Ritterschaft gieng nach Titmaning und Burghausen, die Herzoge aber nach Reichenhall, und Tags darnach auf eine Bärenjagd nach dem Untersberg; allein der Bär, den sie jagen wollten, entkam ihnen, obgleich zu dessen Einschließung die Bauern von fünf Gerichten aufgebothen worden waren. Den 17ten begaben sich die Herzoge nach Traunstein, der Erzbischof aber nach Salzburg zurück, wornach die Lustbarkeiten beschlossen wurden.

Im Sommer des Jahres 1540 gab es eine so anhaltend heiße und trockene Witterung, daß die Feldfrüchte, Wälder und Berge von der

Son-

Sonnenhitze entzündet wurden. Der Wald am Untersberg hinter Glaneck fieng zu brennen an; und es wurden etliche 100 Gerichtsleute aufgeboten, durch Wegschlagung der Bäume dem weitern Brande vorzubeugen.

Am 8ten November dieses Jahres starb zu Wagrain ein vornehmer Gewerke, Hanns von Parr, Herr und Gewerke in allen dortigen Bergwerken. *)

Als Kaiser Karl der V. vorzüglich, um die immer steigenden Religionsstreitigkeiten gütlich beyzulegen, auf den heil. drey Königstag 1541 nach Regensburg einen Reichstag ausgeschrieben hatte, begab sich Erzbischof Ernest persönlich dahin, und blieb daselbst bis zu dem, am 29ßten July darauf erfolgten Reichsabschied, welchen er unmittelbar nach den Kurfürsten eigenhändig unterzeichnete. Während dieses Reichstags wurde er vom Kaiser mit den Hoheitsrechten und Weltlichkeiten belehnet, und erhielt von demselben zugleich einen, am 3ten April ausgestellten Revers, „daß,
weil

***

*) S. feine Grabschrift im Vierthalers Intelligenzblatt vom Jahre 1800 S. 172.

weil er auf diesem Reichstage der Oestreichischen
Bothschaft am ersten Tage den Vorsitz gutwillig
überlassen, und sich für die folgenden Tage nur den
Umwechsel im Range vorbehalten hätte, diese
Gutwilligkeit dem Erzstifte an seinen Gerechtigkei-
ten, Würden und Freyheiten für die Zukunft zu
keinem Nachtheile gereichen sollte." Allein Erzbischof
Ernest wollte sich mit diesem Reverse nicht be-
gnügen, sondern verlangte für die Zukunft den
beständigen Vorrang vor Oestreich, und wandte
sich deßhalb an das versammelte Reich, ohne jedoch mehr, als den zeitherigen Umwechsel im
Range behaupten zu können. *)

Am 24gsten September 1541 starb zu Salzburg der weltbekannte Arzt und Chemist, Philip-
pus Theophrastus Paracelsus von Hohen-
heim, der freyen Künste und Arzney Doctor,
in einem Alter von 48 Jahren, und wurde mit-
ten im Freythofe zu St. Sebastian zur Erde bestattet, wo man sein Andenken durch Errichtung einer
lobrednerischen Grabschrift zu verewigen suchte. Er
bewohnte bisher zu Salzburg ein kleines Stübchen
im Wirthshause zum weißen Roß im Kay, und
mach-

*) Nachrichten von Invavia S. 325 und 326 S. 500

machte darin brey Tage vor seinem Tode, näm=
lich den 21gsten September ein Testament, wo=
rin er über all sein Vermögen, welches aber in wenigen
Fahrnissen und Kleidern, und in einigen gemünzten
und ungemünzten Goldstücken, und Silbergeschir=
ren bestand, die armen Leute zu seinen Erben einsetz=
te. An Legaten vermachte er seinen nächstgesippten
Freunden zu Einsiedeln in der Schweiz 10 Fl., dem
Meister Hanns Rappelbader zu Salzburg 6. Fl.,
dem Meister Andree Wendl, auch Bürger und
Barbirer zu Salzburg, alle seine Arzneyen, Stich=
pflaster und Kunstbücher, und den zwey, von ihm
ernannten Testamentarien und Geschäftsherren,
Georg Teyssenberger, geschwornem Hofprocu=
rator, und Michael Sennagel, Bürger da=
selbst, jedem für seine Mühe 12 Fl. in Münze.*)

Auf dem, nach Speyer auf den 14ten Ja=
nuar 1542 ausgeschriebenen Reichstage erschienen
im Namen des Erzbischofs von Salzburg als

Ge=

---

*) Dieses Testament nebst dem, am 18ten October darauf
errichteten feyerlichen Inventario ist vollständig einge=
druckt in L. Hübners Beschreibung der Haupt = und Re=
sidenzstadt Salzburg I. Band S. 336 — 346. und in
Christoph Gottl. von Murr's Neuem Journal zur Lit=
tera=

Gesandte Doctor Matthias Alber, Kanzler, Eustachius von der Alben, Hofmarschall, und Hanns Münich, Pfleger zu Tettlheim und Halmberg. Sie hatten den Auftrag, in Einverständniße mit den übrigen in Oestreich begüterten Bischöfen die noch immer fortdauernde Beschwerde wegen der Doppel = Anlage zur Sprache zu bringen, und ihr Gesuch um Abhülfe derselben mit der ernsten Erklärung einzubegleiten, „daß, wofern es nicht bey dem Speyerischen Reichsabschiede vom Jahre 1530 zu verbleiben hätte, sie sich der Sitzung enthalten und der Kaiserlichen Proposition gar nicht beywohnen würden." Hierauf stellte der König Ferdinand am 20gsten Februar 1542 eine Urkunde aus, „daß zu den Zeiten, wann das Erzstift Salzburg und die andern betheiligten Bisthümer des Reichs Anschlag zur Hülfe wider die Türken leisten, sie von aller Steuer in den Niederöstreichischen Landen befreyt seyn sollten." *) Um übrigens die, auf diesem Reichstage bewilligte Türkenhülfe in

q

Voll-

---

teratur und Kunstgeschichte zweyt. Theil (Leipzig 1799.) S. 164 — 276. In diesem gelehrten Werke finden sich überhaupt die zuverlässigsten Nachrichten von Theophrastus Paracelsus, einem der berühmtesten Aerzte seiner Zeit.

*) Nachrichten von Juvavia S. 288 S. 395.

Vollzug zu setzen, wurde am 28gsten April darauf zu **Regensburg** ein Baierischer Kreisabschied geschlossen, wobey von Seiten des Erzbischofs zu Salzburg **Paulus Stadler,** Dombechant zu Regensburg und Domherr zu Salzburg,
Doctor **Niklas Ribeisen** zu **Neuenkuemig**
und **Christoph** von **Nopping** als Bothschafter
erschienen waren.

In diesem Jahre wurde auch nach **Nürnberg** auf den 13ten July ein Reichstag ausgeschrieben, welchem **Hieronymus** Bischof zu
Chiemsee, Doctor **Matthias Alber,** Kanzler
und Pfleger zu **Glaneck, Wilhelm** von **Trautmansdorff,** Domherr zu Salzburg, und Doctor
Niklas Ribeisen, als Salzburgische Bothschafter, beywohnten.

Am 25gsten August 1542 war zu **Oettingen** ein Zusammentritt von Salzburgischen und
Baierischen Räthen, wobey über Beförderung
des Halleinischen Salz-Ausganges, über die geistlichen Lehenschaften des Erzstifts Salzburg, wenn
sie in päbstlichen Monaten ledig werden, über
Austauschung der Baierischen Vogt-und Ka-
stenleute in den Salzburgischen Landgerichten

Tit-

Titmaning und Tettlheim und noch über an=
dere Artikel unterhandelt, aber nichts Beſchließliches
verglichen wurde. *) Von Seite Salzburgs er=
ſchienen dabey der Domdechant Ambroſius von
Lamberg, Doctor Niclas Ribeiſen und Chri=
ſtian Berner, Hofräthe zu Salzburg.

Bereits am 13ten September 1541 hatte
Georg von Theſſingen, Biſchof zu Seckau,
auf ſein Anſuchen von dem Erzbiſchofe in der
Perſon des Chriſtoph von Lamberg einen Co=
adjutor erhalten. Heuer trat er das Bisthum
ſeinem Coadjutor ganz ab, welcher von dem Erz=
biſchofe auch ſogleich als Biſchof beſtätiget wur=
de. Zwar entſtand der Streit, ob der Erzbiſchof
ohne päbſtliche Bewilligung die Reſignation habe
annehmen können; allein er ließ ſich dadurch nicht
irre machen und behauptete ſein Recht.

Auf dem, im Jahre 1543 am 23ſten April
zu Nürnberg geſchloſſenen Reichstage erſchienen
als Salzburgiſche Geſandte Hieronymus Biſchof zu
Chiemſee, Wilhelm von Trautmansdorff, Eber=

q 2 hard

*) Der darüber errichtete Receß findet ſich in den Halleini=
ſchen Salz = Compromißſchriften Beylage Lit. X X.

hard von **Hirnhaim**, beyde Domherren zu Salzburg, **Euſtachius** von der **Alben**, Hofmarſchall, Doctor **Niklas Ribeiſen**, Pfleger zu
Gemünd, und **Hanns Münich**, Pfleger zu
Tettlheim und Halmberg.

Um die auf dem letzten Reichstage bewilligte
Türkenhülfe zu bewerkſtelligen, wurde auf den
3ten Juny 1543 nach **Ingolſtadt** ein Baieri-
ſcher Kreistag ausgeſchrieben. Dabey erſchienen
als Salzburgiſche Bothſchafter Doctor **Matthias Alber**, Kanzler und Pfleger zu **Glaneck**, und
Hanns Wolfahrt Ueberacker, zu **Sigherte-
ſtain**, Pfleger zu Alten- und neuen Liechtenthann;
ſie erklärten aber gleich Anfangs, daß das Erzſtift ſich nicht höher, als nach Maßgabe ſeines
Einkommens, das es auſſer den Oeſtreichiſchen
Erblanden zu beziehen hätte, zur Leiſtung der
Reichshülfe einlaſſen könnte, wenn nicht die noch
immer fortwährende Beſchwerde wegen der Doppelanlage wirkſam abgeſtellet würde. Die nämliche Erklärung machten **Freyſing, Regensburg**
und **Paſſau**.

Auch ward in dieſem Jahre zu **Salzburg**
ein Landtag gehalten, und auf demſelben zum erſten

ſten Male die Aufſtellung einiger Kriegsräthe
für nothwendig erachtet. Zu ſolchen Kriegsräthen
wurden nun aus dem Landſchafts = Ausſchuſſe ver=
ordnet: der Domdechant, vier Ritter, Einer von
den Städten und zwey von den Gerichten. Ih=
re Pflicht beſtand darin, daß ſie die Beſatzun=
gen der Päſſe und Gränzen mit Reitern, Geſchü=
tze, Pulver und der übrigen Nothdurft verſehen,
und überhaupt Alles, was auf die Türken und
Gegenwehre Bezug hätte, beſorgen ſollten.

Am 19ten July 1543 ſtarb zu Salfelden im
Pinzgau Berthold Pirſtinger, reſignirter Bi=
ſchof zu Chiemſee, ein gelehrter, frommer, wohl=
thätiger Prieſter, in einem Alter von vollen 78
Jahren, und wurde in der dortigen Pfarrkirche begra=
ben, wo man ihm zu Ehren ein Denkmal errichtete*).
Er hatte zu Salfelden eine Prieſter = Bruder=
ſchaft, das iſt, ein Spital oder Pfründhaus für
alte

———————

*) Seine Grabſchrift iſt abgedruckt in L. Hübners Beſchrei=
  bung des Erzſtifts Salzburg III. B. S. 1004. Viertha=
  lers Jnt lligenzblatt vom Jahre 1800 S. 340. und in der
  Hiſtoriſch = topographiſchen Beſchreibung des Pfleggerichts
  Liechtenberg oder Salfelden (Salzb. 1802) S. 6. Jn
  der hieſigen Conſiſtorial = Regiſtratur habe ich eine andere
  etwas umſtändlichere Grabſchrift gefunden, welche ich
                                                      hier

alte, verdiente Seelsorger gestiftet, und zugleich eine Kapelle erbauet, die er im Jahre 1541 zu Ehren des heiligen Geistes und aller Heiligen selbst einweihete.

Zu dem, auf den letzten November 1543 nach Speyer ausgeschriebenen und erst am 10ten Ju-

---

hier zum Andenken des vortreflichen Mannes einrück. Sie lautet buchstäblich also: „Sepulchrum Redmi in Xsto „Patris et Dni Dni Bertoldi Pürstinger, Epi quondam „Khiemen, tamen post libere ceffum Epatum, Parochiæ „hujus (Eremitæ instar) Cultoris ad tempus, Istius-„que interni sacelli, unacum sacerdotali sua fraternitate „hic, et novo ibidem ad se pertinenti Hospitali, funda-„toris ac dotatoris primarii, viri, Divinorum studiosissi-„mi, qui et pro Ecclia utiles quosdam ædidit libros, „Obiit autem novissime, dicto in Hospitali suo, primus „ejusdem ut incola pauper, Die 19. Iulii Ao suæ ætatis „79 Xsti vero Domini 1543." Fr. Ant. Veith in Biblioth. Aug. Alphab. VI p. 177. und Ant. Maria Kobolt im Baierischen Gelehrten Le-xikon S. 87. wollen diesen berühmten Bischof zu Chiemsee Pürschtinger genannt wissen; allein in den Salzburgischen Urkunden heißt er immer Pirstinger oder Pürstinger. Ob er übrigens außer den in dieser Chronik genannten Werken auch die freymüthige Schrift (Onus Ecclesiæ) verfaßt habe, wie Joh. Georg Schelhorn dafür hält, ist noch ungewiß. Eine ausführliche Inhaltsanzeige die-ses seltenen Buches findet sich in Burc. Gottl. Stru-vii Thesauro variæ eruditionis (Ienæ 1710) vol. I. pag. 201 et 315.

Juny des folgenden Jahres geendigten Reichsta=
ge giengen als Salzburgische Gesandte Euſtachi=
us von der Alben, Hofmarſchalk, und Niklas
Ribeiſen, Pfleger zu Gemühd. Kaiſer Karl
V. welcher dieſen Reichstag in eigner Perſon
beſuchte, zeigte am Schluße deſſelben den Stän=
den an, daß er auf den künftigen Winter wegen
der Glaubens = Streitigkeiten wieder einen Reichs=
tag ausſchreiben, inzwiſchen aber durch gelehrte
und gewiſſenhafte Perſonen eine Chriſtliche Re=
formation verfaſſen laſſen, und ſolche dann den ver=
ſammelten Ständen zur Berathung vorlegen woll=
te, um mit ihrer Einſtimmung eine Richtſchnur
feſtzuſetzen, wie es in den ſtreitigen Artikeln
der Religion bis zur Entſcheidung eines allgemei=
nen Kirchenraths gehalten werden ſollte. Zugleich
ſtellte er es den Ständen frey, auch ihrer Seits
dergleichen Reformationen zu entwerfen und ſie bey
dem Reichstage einzureichen.

Dieſer Kaiſerliche Entſchluß veranlaßte den
Erzbiſchof Erneſt, noch im Jahre 1544 zu
Salzburg ein Concilium zu halten, auf welchem
nicht nur die Salzburgiſchen Suffraganbiſchö=
fe, ſondern auch der berühmte Cardinal und
Biſchof zu Augsburg, Otho Truchſeß von
Wald=

Waldburg, und Bischof Morit zu Eichstädt
persönlich sich einfanden. Der erstere führte zugleich auch, auf besonderes Verlangen des Erzbischofes, den Jesuiten Claudius Jajus, einen
gewandten Theologen, mit sich nach Salzburg.
Man berathschlagte sich in dieser geistlichen Versammlung, „wie man sich auf dem künftigen Reichstage in Betreff der, vom Kaiser vorzulegenden
Reformation verhalten, und was man darauf
antworten sollte." Nach dem Gutachten des anwesenden Jesuiten, Claudius Jajus, der
deßhalb eine eigne Schrift aufgesetzt hatte,
und ohnehin das Vertrauen der ganzen
Versammlung besaß, ward nun auf diesem
Concilium einmüthig beschlossen, daß „der
Erzbischof sowohl, als die übrigen Bischöfe, ohne Bewilligung des päbstlichen Stuhles und vor
dessen Entscheidung, in Religions-Sachen nicht
die mindeste Veränderung vornehmen oder in ihren Sprengeln gestatten, auch sich hierüber vor
einer weltlichen Versammlung niemals in eine
Unterhandlung einlassen wollten." Dieser Beschluß wurde nun von dem Erzbischofe, und dann
von den Bischöfen von Augsburg und Eichstädt
und allen Uebrigen eigenhändig unterzeichnet.

Eu-

Eustachius von der Alm, zu Zieburg und Triebenbach, Erbtruchseß des Erzstifts und der Zeit Hofmarschalk zu Salzburg, hatte neben und bey seinem Sitze zu Triebenbach, an dem Wasserstrome der Salzach, auf seine Kosten, beträchtliche Werke und Schlachten (Dämme) errichten lassen. Da nun durch diese Verwerkung auch die, dem Kloster St. Peter mit Grundherrschaft angehörigen Güter und Häuser zu Zeining und Villärn versichert und erhalten wurden; so forderte er vom Abte Aegidius zu St. Peter einen Beytrag zum Ersatze seiner Kosten; allein dieser weigerte sich, und es kam darüber zwischen ihnen zu einem Streite. Zur Beylegung desselben wurden vom Erzbischofe Doctor Matthias Alber, Kanzler zu Salzburg und Pfleger zu Glaneck, und Zanns Münich, Pfleger zu Tetelheim und Zalbenburg als Schiedsrichter bestellet, welche die Sache dahin verglichen, daß Abt Aegidius und sein Convent die Güter zu Zeining und Villärn, jedoch mit Vorbehalt des Zehends, dem Eustachius von der Alm für einen landläufigen Preis käuflich überließen. Am Pfingsttag St. Antonien=Tag 1544 wurde diese Kaufshandlung von dem Erzbischofe bestätiget.*)

3 i

---

*) S. die Urkunde in Noviſſ. Chronic. Monaſt. ad S. Pet. pag. 472

Zu Vollziehung des jüngst zu Speyer aufge=
richteten Reichsabschiedes wurde von dem Erzbischo=
fe und seinen Brüdern Wilhelm und Ludewig,
Herzogen in Baiern, auf den 24sten Oktober
1544 nach Mühldorf ein Kreistag ausgeschrie=
ben, welcher am 27sten darauf geendiget, und
worauf unter andern beschlossen wurde, daß die
Beschwerden der Kreisstände wegen der Reichs=
hülfe, besonders aber jene der geistlichen Fürsten in
Betreff der Doppelanlage bey dem, vom Kai=
ser nach Worms ausgeschriebenen Reichstage ein=
gereicht werden sollten. Als Salzburgischer Both=
schafter erschien auf diesem Kreistage Hanns
Münich zu Münichhausen und Münchdorf,
Pfleger zu Tettelheim und Halmberg.

Um diese Zeit lebte zu Salzburg ein from=
mer und gelehrter Arzt, Dionysius Sibenbür=
ger, welcher, da eben in der Nachbarschaft eine
Seuche wüthete, im Jahre 1544 eine Schrift
herausgab, unter dem Titel: Ein Nüzliches
vnnd Tröstlichs Regiment wider das gyff=
tig Fieber der Pestilenz, wie vnnd wohyn
ein jeder die grausamen Plag fliehen, vnnd
Christlich vonn diser Welt abzuschayden,
Menigklich zu nuz vnnd gut, durch dio=
ni=

niſium Sibenbürger, Freyer natürlicher
Künſt vnnd bayder Ærzney Doctorn be=
ſchryben. Gedruckt zu Nürnberg durch
Chriſtoph Gutknecht." Die Zuſchrift, vom
23gſten July 1544, iſt an den Richter, Bür=
germeiſter und Rath der Stadt Salzburg ge=
ſtellet *)

Auf dem, im Jahre 1545 nach Worms
ausgeſchriebenen Reichstage erſchienen im Namen
des Erzbiſchofes von Salzburg der Biſchof
Hieronymus zu Chiemſee, der Marſchalk Æu=
ſtachius von der Alben, und Hanns Münich
von Münichhauſen und Münchdorf. Dieſe drey
Salzburgiſchen Geſandten ermangelten zwar nicht,
die Beſchwerden wegen der Doppelanlage bey
dem Reichstage mit allem Nachdrucke vorzuſtellen;
allein Oeſtreich gieng jetzt ſogar über ſeine
bisherigen Verheißungen ganz hinaus, und ſuch=
te

*) Die frommen, chriſtlichen Geſinnungen, welche Si=
benbürger in ſeiner Schrift äuſſerte, brachten ihm bey
den Proteſtanten die Ehre zuwege, unter die heimlichen
Bekenner ihres Glaubensbekenntniſſes gezählt zu werden.
S. Joh. Georg Schelhorns Hiſtoriſche Nachricht vom
Urſprunge, Fortgang und Schickſale der Evangeliſchen Re=
lion in den Salzburgiſchen Landen. Aus dem Lateiniſchen
überſetzt (von Fried. Wilh. Städner) S. 148 — 167.

te fein Besteugrungsrecht durch eine weitläuftige
Rechtsausführung zu vertheidigen. *) Es dauerte übrigens der Reichstag zu **Worms** bis auf
den 4ten August 1545, ohne daß jedoch die Absicht
des Kaisers, in Religions-Sachen eine **Christ-**
liche Ausgleichung zu stiften, im Mindesten
erreicht wurde. Der Kaiser schrieb daher nicht
uur auf das künftige Jahr nach **Regensburg**
einen neuen Reichstag aus, sondern verordnete
auch, daß noch vorher in dieser Stadt zwischen
Katholischen und Protestantischen Gottesgelehrten
von gleicher Anzahl ein **Christliches Gespräch**
oder **Colloquium** angestellet, und dasselbe am letzten
November 1545, in Beysenn eines oder mehrerer Kaiserlichen Präsidenten, angefangen werden sollte. Er forderte zu dem Ende mehrere
deutsche Bischöfe auf, gelehrte Theologen auszu-
wählen und sie nach Regensburg abzuordnen;
allein er erhielt fast von allen Seiten abschlägige
Antworten. Erzbischof **Ernest** von Salzburg,
der sich von dem Jesuiten, **Claudius Jajus,**
ganz leiten ließ, antwortete dem Kaiser sogar in
harten Ausdrücken: „Er habe (schrieb er ihm
zurück) bey allen Religionshandlungen den Grund-
satz, nichts ohne Willen des Pabstes oder seiner Le-
ga-

*) Nachrichten von Juvavia §. 288. S. 395.

gaten und Nuntien zu thun; und eben daher habe er auch den letzten Wormſer Abſchied nicht angenommen. Was das jetzige Colloquium inſonderheit betreffe, ſo habe er ſich mit den vornehmſten Biſchöfen ſeiner Provinz berathſchlagt und dahin verglichen, daß ſie ſich deſſelben nicht annehmen ſollen, vornehmlich aus der Urſache, weil ſie aus dem Reichsabſchiede nicht verſtehen mögen, daß von Seiten des Pabſtes Jemand zugegen ſeyn werde; und wenn ſie ſich demnach in Handlung einließen, ſie es gegen den Pabſt nicht zu verantworten wüßten. Zu dem allem ſey ihm ein Schreiben von Trient zugekommen, daß das Concilium bald eröffnet werden ſollte, welches zu beſuchen er nicht umgehen möge; und die Perſonen, die dazu tauglich und geſchickt, (deren doch, wie allenthalben in deutſcher Nation jetzt an Theologen Mangel ſey, wenige zu finden,) müſſe er daſelbſt hinbrauchen." *)

Am 21ſten April 1545 ſtarb Herzog Ludewig in Baiern. Auf die Verlaſſenſchaft deſſelben machte auch der Erzbiſchof, als Bruder, einen Anſpruch, und gerieth darüber mit ſeinem noch lebenden Bruder, Herzog Wilhelm, in

ei-

---

*) Schmidts Neuere Geſchichte der Deutſchen I. B. S. 27.

einen kleinen Zwist, welcher aber zwischen ihnen
bald ausgeglichen wurde.

Eben in diesem Jahre starb der Domprobst
zu Salzburg, Kaspar von Risenbach, und erhielt den Domherrn und bisherigen Stadtpfarrer
zu Salzburg, Eberhard von Hiernheim, zu
seinem Nachfolger.

Am 13ten December 1545 wurde zwar das
Concilium zu Trient eröffnet, die erste Sitzung
aber erst am 7ten Januar 1546 gehalten.

Anstatt daß das, vom Kaiser zu Regensburg veranstaltete Religions = Gespräch, und
der, von ihm daselbst am 5ten Juny 1546 in
eigner Person eröffnete Reichstag zwischen den
Katholiken und den Protestanten eine beyderseiti-
ge Annäherung hervorgebracht hätten, kam es
vielmehr zwischen ihnen noch in diesem Jahre zu
kriegerischen Auftritten. Die ersten Feindseligkei-
ten begannen in Oberdeutschland; und da der
Erzbischof besorgte, daß dadurch auch im Salzburgischen, wo es ohnehin so viele heimliche Lutheraner gab, die öffentliche Ruhe gestört werden möchte; so ließ er an seine Beamten folgenden
Befehl ergehen: Von

„Von Gottes Genaden Erneſt Confirmirter
„zu Erzbiſchofen des Stüffts Salzburg, Legat
„des Stuhls zu Rom Pfalzgraf bey Rain,
„Herzog in obern und Niedern Beyrn ꝛc. unſern
„Grus zuvor getreuer, nachdem ſich Kurz ver=
„ſchiner Zeit ein gemein geſchrei allerley Kriegs=
„Riſtung und Gefährlichkeiten, ſo ſich an etlichen
„Orten Theutſcher Nation zutragen ſollen, erhe=
„be, und aber uns aus Fürſtl. Amt gebührt, Vor=
„ſehung zu thun, damit in unſern Erzſtüfft Fried
„und Ruhe erhalten, und all gefährliche Zufähl
„aller möglichkeit nach, Verhittet werden, ſo be=
„fehlen Wir hiemit, das du der Enden deiner
„Verwaltung, auf die Fremden Perſohnen, ſo ſich
„ohne ſonder genugſam: und glaubwürdige urſa=
„chen, deren du erkundigung nemmen ſolſt, in
„deiner Verwaltung enthalten, oder hin und wie=
„der reiſen, desgleichen auch auf die unterthanen,
„die ſich mit ungewohnlichen Reden, dergleichen
„ſachen, daraus einiche Emppöhrung zu vermu=
„then wäre, merken lieſen, dein Fleißig auffehen
„habeſt, und was dir unrechtfertiges oder Ar=
„gewohnigs hierinen begegnet, oder in erfahrung
„zukomt, uns oder in unſern Abweeſen, unſern
„Stadthaltern und Räthen, gutten und unverzo=
„gentlichen Bericht thueſt; daran geſchieht unſr
wil=

„willen, und heißen. Datum in unſerer Stadt „Salzburg denn 2ten Julj ꝛc. 1546.‟

Nach Erlaſſung dieſes Befehles verfügte ſich der Erzbiſchof zum Reichstage nach **Regens‑ burg,** wo er am 7ten July ankam, und am 239ſten darauf wieder abreiſete.

In eben dieſem Jahre legte **Chriſtoph** von **Lamberg,** bisheriger Biſchof zu **Seckau,** ſeine Würde nieder, und gieng nach Salzburg zurück, worauf der Erzbiſchof ſeinen ehemaligen Beglei‑ ter auf Reiſen, **Johann** von **Malentein,** Dom‑ herrn zu Salzburg und Paſſau, zu deſſen Nachfolger ernannte.

Der, im Jahre 1546 ausgebrochene Religi‑ ons‑Krieg wurde vom Kaiſer ſo raſch und mit einem ſolchen Glücke fortgeführet, daß der Kur‑ fürſt **Johann Friedrich** zu **Sachſen,** als das Haupt des **Schmalkaldiſchen Bundes,** am 24ſten April 1547 nicht nur geſchlagen, ſondern auch ſelbſt gefangen, und damit der ganze Bund geſprenget wurde. *)

Wäh‑

*) Dieſe Gefangennehmung beſchrieb ein Augenzeuge, Hanns Baumann von Rottenburg auf der Tauber, Buchdru‑ cker‑

Während Kaiser Karl im Jahre 1547 vor Ingolstadt lag, waren zu Oettingen und in der umliegenden Gegend gegen 10,000 Spanier einquartirt. Um ihr Lager zu besichtigen, ritt Herr N. Rehlinger von Salzburg auf einige Tage hinaus, gerieth aber in die größte Lebensgefahr, weil er ausgekundschaftet wurde, daß er Lutherisch wäre. *)   r   Wäh-

---

gesell, und damals Diener und Trabant bey dem Kaiserl. Obersten ; Feldhauptmann Ferdinand Herzog zu Alba. Er kam in der Folge nach Salzburg, und druckte da verschiedene Werke. Seine Beschreibung, welche zu München durch Andre Schobsser, auf 2 Bogen in Quart gedruckt wurde, und auch bey Hortleder von den Ursachen des Teutschen Kriegs Tom. II. S. 571 — 574 zu lesen ist, führt die Aufschrift : „Newe Zeittung. Ware vund gründliche anzaygung vnd bericht, in was gestalt, auch wenn, wie vnd wo, Hertzog Johann Friderich, gewesener Churfürst zu Sachsen, von der Römischen Kaiserlichen Maiestatt, neben Herzog Moritz zw Sachsen 2c. Am sontag Misericordie dni, der da wz der 24 tag april erlegt und gefangē worden ist. Anno Salutis. M.D.XLVII.

*) „Auf ein zeit (heißt es in einem alten Tagebuch in Westenrieder's Beyträgen zur vaterländischen Historie I. B. S. 149) ist Herr N. Rehlinger von Salzburg hinausgeritten, daß Leeger besichtigt, ist er verkundschaft worden, „daß er lutherisch sey, dahero sie ihn gefangen genommen, aber durch Herrn Graf Wolfen von Oeting als „selbiger Zeit Pfleger allhier (zu Wasserburg) wider erledigt, Jme Rehlinger ein Pater noster in Sack „geschoben, und durch Herrn Grafens Beystandt und Dolmatsch Herrn Peter Khern wider ausgeredt worden."

Die Unfläthigkeit des Spanischen und Jta=
lidnischen Soldaten, so wie die vielen Leichen,
welche bey Jngolstadt einige Zeit hindurch un=
begraben liegen blieben, verpesteten die Luft und er=
zeugten eine Seuche, welche sich bis gegen Salz=
burg verbreitete. Erzbischof Ernest suchte der
Verbreitung dieses fürchterlichen Uebels möglichst
vorzubeugen, und ließ daher im Jahre 1547
nachstehende **Medicinal = und Stadtsäube=**
rungsordnung *) bekanntmachen:

„Zu wissen sey Mäniglich, das des hochwür=
„digisten durchlauchtigen hochgebohrnen Fürsten un=
„sers gnädigisten herrn von Salzburg hauptman=
„schaft, von landfürstlicher obrigkeit auch Richter,
„und Bürgermeister von gemeiner Stadt Salzburg
„wegen gebiethen lassen, das nun hinfür keiner der
„Stadt Salzburg, es seyen Wein, bier, oder
„Methschenken, Wirt, gastgeben, oder sonst bur=
„ger, und Jnwohner keinen nicht behausen, noch
„beherbergen sollen, die sich von den sterbenden
Oertern kurz, oder lang allhier enthalten wollten,
„welcher sich aber dessen ausser Vorwissen der
„Obrigkeit unterstände, und des von ihm erfahren
„wird, der wird darum gestraft, dessgleichen wo
　　　　　　　　　　　　　　　　　　ein

---

*) Aus dem Salzburgischen Hofraths = Catenichel vom J. 1547.

„ein Perſon, Mañ, oder Weib über ſolch Ver-
„both, ſo aus ſterbenden läufen herkommt, betre-
„ten, die ſollen fänklich angenoꝫen, und auch
„geſtraft werden. Damit aber ſolches beſto ſtatt-
„licher fürkommen werd, ſo ſol Richter, burger-
„meiſter und Rath die Thör bewahren laſſen,
„und verhütten, das keiner eingelaſſen werde, der
„da kommt von den Oerten, da die ſterbende
„läufe regieren, der ſoll bey ſeinem Treuen anzei-
„gen, das er in 14 Tägen der Enden nicht ge-
„weſt, wie obengemeldt.

„Zum Andern das kein burger, noch In-
„wohner, der ſeiner hantierung nachziehen,
„und die Oeter, da die ſterbenden läufe
„regieren, beſuchen muß, oder ſeinen Diener,
„und Scheinbothen daſelbſt hinſchicken, nicht
„mehr durch ſich ſelbſt, oder ſeinen Scheinbothen,
„ſo an den Orten geweſen, bis nach Verſcheinung
„14 Tägen in die Stadt herein nicht koꝫen,
„ſondern ſich innet einer Meil wegs oder mehr an
„einem Ort, da nit ſterbend läuf ſind, enthalten;
„wer aber darüber betretten, der ſoll nach Un-
„gnaden geſtraft werden.

„Zum dritten wo auch Jemand hier wäre,
„der von den Oertern, da die ſterbend läuf regie-

ren

„ten, iñerhalb 3, oder 4 Tägen hergezogen, der
„soll sich bey scheinender Sonnen dies gegenwär=
„tigen Tags wider hinaus aus der Stadt thuen,
in Vermög obangeregten artikuls. So aber ei=
„ner, oder mehr darüber betretten würden, die
„sollen fänklich angenommen und gestraft werden.

„Zum vierten zu fürkommen dem üblen Ge=
„schmack, so die sterbende läuf bewegen mag, ist
„fürgenommen, daß kein burger, noch Inwohner
„alhier in der Stadt in seinem hause noch Her=
„berg kein Schwein halten, sondern dieselben in
„den nächsten 8 Tagen Firder und abweg aus der
„Stadt thuen, wer aber darüber betretten, der
„wird schwerlich gestraft werden.

Zum fünften soll auch Niemands kein ab=
„wasch, Prod, harm, oder ander Unsauberkeit
„und gestank weder bey tag, noch Nacht an offe=
„ne Gassen, oder in die gemeinen Höfe, und
„bevorab, das kein Kürschner sein Peyß, auch
„kein Färber die Farben, deßgleichen Niemand
„kein Prod von dem Kraut güssen, oder schüt=
„ten, sondern das alles in die Salza, und nicht
„in die alben, gemeine Straß, oder zu der Stad=
„maur oder andere Ort tragen, giessen oder schüt=

ten

„ten: dergleichen kein Miſt, oder Unſauberkeit
„an den Gaſſen, oder Plätzen, vor, und in den
„Häuſern nit liegen laſſen, ſondern das ein ieder
„burger oder Inwohner aufs wenigſt alle Wochen
„einmal, und auch zu den hohen Feſten den ih-
„ren befehle, vor ihren Häuſern ſauber zu kehren
„und das eheſt dannen zu bringen, und in der
„Stadt nit liegen zu laſſen bey der Strafe in der
„ſtadtlichen Polizei begriffen. gleicher - Geſtalt
„ſoll es auch mit Reinigung der heimlichen Ge-
„mäche, und Privet berührter Polizei gemäß gehal-
„ten, und dieſe Privet jetzt mit Fleiß beſichtiget
„und Ordnung gegeben, und derſelben Geſtank,
„und andere Unſauberkeit in den Häuſern abge-
„ſtellt werden. wer aber darüber betretten, der
„wird nicht ungeſtraft bleiben.

„Zum Sechſten die Beywohnung zu ver-
„hütten, iſt fürgenommen, daß nun hinfüran,
„ſo einem burger oder Inwohner ein Perſon in
„ſeiner herberg mit dem brechen befleckt, und krank
„wird, ſo er des kranken halben zu der Appo-
„thek ſchicken, anzaigen laſſen, ob die Schwach-
„heit mit hitz oder Khellt angeſtoſſen habe, wird
„er verordnet finden um ſein geld, was Ime
„einzegeben ſey, doch ſoll armuth halben Niemand

„manb verkürzt werden, dann wo das Unvermö-
„gen vor augen, und wiſſent iſt, ſo will die
„obrigkeit denſelben gelt fürſtrekßen

Dergleichen ob Jme Aberlaſſen not, ſeynd
„fürgenommen zu ſolichen Krankßen zu geen Ge-
„org Mulſer, und Hanns Peutner beed Pad-
„knecht, die paſb. ieder Zeit zu finden ſein auf
„der Schrann in dem khlain Stübel an dem
„Protmarkßt, ob auch die Krankßen aines leib-
„arßts beſürfftig, ſollen die zw doctor Paulu-
„ſen Röttinger oder doctor Pauluſen Seßer
„khumen,

„Item ſo auch der Krankß dem hausherrn
„dermaſſen verwonut, das er den in ſeinem haus,
„und herberg zu behalten willens, ſo ſoll er der
„Hausherr ſambt ſeinem andern geſindt unter die
„leut als zu Khirchen, offen Markt, und Straſ-
„ſen, auch ſaillen Pad zu geen ſich nit maſſen,
„und ander leut verordnen, die inen die Not-
„durft zutragen.

„Welche aber ſolch Gebot verächtlich und
„nicht halten, den wirt man die heiſer ſpörren
„oder unterſagen, daß ſie ſich von hie aus der
„Stat ain Zeit unterhalten ſollen.

Wel-

„Welche aber ihre kranthen in iren häusern zu
„behalten nit willens, oder Vermügens wären, die
„mügen dieselben und insonders die Eehalten in
„Sanct Sewaſtian bruederhaus zu tragen verord=
„nen, iedoch das solche abgesonderter Zeit, als
„zu Abents zwiſchen liechts, und morgens fruhe
„vor tags beschehen, und alba ir Unterhaltung
„jnen selbs geben, oder bezalten, und erſtatten,
„soveer das in iren der herrschaft, oder Eehalten
„vermögen, damit danocht das bruderhaus, und
„die armen damit nit zu vaſt beschwert werden.

: „Was auch Perſonen von dem prechen be=
„ſteht der Khrankhait wider genesen, und davon
„aufſteen wurden, die süllen ſich ain Monath
„lang in irren Wonungen, oder auſſer der Stat
„enthalten, gemaine Zamgenckh der Kirchen,
„Markht, Straſſen, Pad und Balbier heuſer
„bey schwerer Straf meyden.

„Was aber Meuschen an dem prechen ſter=
„bent, die sollen morgens frue, und für Abends
„zwiſchen liecht begraben werden. Die zwiſchen
„der Tör an den Clauſen zu Müllen, die in der
„Tragaſſen unter der Alben im Spittal Freyt=
„hof, auſſer der Traagaſſen ob der Alben, und
aus

„dem Nunthall, und Chay in Sanct Peters
„Freythof, vom Plaß in Sanct Ruedprechts
„Freythof, des so vil imer müglich verschont wer;
„den soll, enthalb der Pruggen zu Sanct Seba-
„stian im Freythof, das gemaine Volkh als dienst-
„poten, Petler, und ander schlecht Personen sol;
„len auch in Sanct Sebastian Freythof gelegt
„werden, und soll mit dem Ausleuten gehalten
„werden, das all Wochen zway mall am Mitt-
„chen, und am Samstag zu Mittag allen abge;
„storben miteinander ausgeleit werden.

„Damit aber die, denen gespert, oder so sich
„in iren hausungen enthalten müssen nit beschwört,
„so werden dieselben bey ordnlicher stetlicher
„obrigkeit als herrn Richter und burgermeister be;
„schaid findten, die Inen Einkauffer verordnen
„werden, welch alle Nottdurft ainem iedem umb
„sein Gelt für ihr hausung oder Zimmer haimtra;
„gen sollen, wer aber Wart halben zu den krang;
„khen leut betürftig würd, deßhalb bey dem Pet;
„ler Richter beschaidt finden,

„Und damit man solcher Personen im Fall
„der Not gewiß sey, so solle Richter und burger;
„meister yez aus den vermüglichen Manß vnd
Weybs

„Weß perſonen die das Allmuſen einnemen et=
„lich vernemmen, die den krancken, auf Jr be=
„gern vmb ain zimblich gelt wartten, welche
„ſich aber deſſelbigen on genugſame gegründte
„vrſachen verwidern, Die ſollen aus der Stat
„verſchafft, vnd fertter mit meer darein ge=
„gelaſſen werden.

„Das auch ſolcher eingriff nit ſtilſchweigent
„ſich einweyß, iſt fürgenummen das der Hauß
„Herr Jeder ſeiner Wonung ſchuldig ſeyn ſoll,
„ſo ſich vnnter ſeinem geſiendt was khrankhait
„oder beſteckhung begibt, ſolches, bey ſeiner obrig=
„khait ſelbſt khundt ze machen und anſagen
„zu laſſen, wer darüber betretten, ſoll geſtraft
„werden,

„Verrer ſollen auch die Zeit des Regieren=
„den prechens, Khain klaydung lein = gewanndt
„peth oder ander Zugehörung ſo den krangkhen
„gebraucht, nit geſaubert gewaſchen, noch an of=
„fen ſtraſſen oder Wög gelufftet, geſummt, ge=
„truckhet, noch fail gehabt oder hingeben werden,
„alles bey vermeydung der ſtraff, welch aber ſolchs
„lüfften, waſchen, oder Trugkhnen Willens, ſol=
„len das auſſerhalb der Stat vnnd abwerth der
„ſtraſſen Thuen,   Da=

„Damit aber bemelte klayder, leingewandt
„vnd Peth deßhalber nit gar verderben, so wir:
„det die sollich obrigkhait sonnder Wescherin ver:
„ordnen, die der khrankhen vnd abgestorbnen
„klaibet, lein gewandt, vnd anders an sondern
„Ortten waschen vnd fersehung vnd anzeigung
„thuen, wo bemellt wescherin neder Zeit zefin:
„den seyen.

„Es sollen auch weder bey tag noch nacht
„nichts bey den gemainen wasserstuben gewaschen wer:
„den, Son der alles abwaschen vnd in sonders
„die khutln der fleisch-Hagkher zu dem wasser an
„die Saltzach tragen werden,

„Zu dem allen ist fürgenommen das jeder:
„man, er sey Burger Innwoner der Stat in sei:
„nem Haus oder behausung Feuers halber in
„gütter warnung sein, die Feuerstet woll be:
„wart vnnd die Rauchfennckh gekhert haben soll,
„Damit man wirt in khurtz vmbgeen, vnnd des:
„halb beschaw halten, Auch wer des Halben
„onngewarsam erfunden, wirt man vngestrafft nit
„lassen, Darumb sey jederman gewarnt, Wel:
„cher aber sollcher Artiel halben, die nit zu
„halten, Hyetüber betretten, sollen jederzeit Zw

per

„per ain gulben verfallen, vnnd wo ainer vber
„die ſtraff vberfaren wurdt, nach gelegenhait
„der verprechung verrer an leib oder an guet ge-
„ſtrafft werden."

Im Jahre 1547 wurden im Pongau zwey
Wiedertäufer, Conrad Sibenbyrger, und Wolfgang Mazinger, entdecket, und am 12ten Auguſt zur peinlichen Verhaft gebracht.

Dem, vom Kaiſer auf den 1ten September
1547 nach Augsburg ausgeſchriebenen Reichstage wohnte Erzbiſchof Erneſt in eigner Perſon
bey, und unterſchrieb den, am letzten Junny 1548
ausgefertigten Reichsabſchied, jedoch erſt nach
den Bothſchaftern des Hauſes Oeſtreich. Unter
andern merkwürdigen Verfügungen, welche auf
dieſem Reichstage zu Stande kamen, ließ der
Kaiſer in Betreff der Religion am 15ten May
1548 das ſogenannte Interim kundmachen, als
eine Richtſchnur, wie es mit dem Gottesdienſte
einſtweilen bis zum Schluße des, zu Trient angefangenen Conciliums in Deutſchland gehalten werden ſollte. Nebſtdem ließ der Kaiſer am 14ten
Junny darauf auch insbeſondere für die Katholi-
ſche Geiſtlichkeit eine, in lateiniſcher Sprache ver-
faß-

faßte **Reformations = Formel** *) mit dem Be=
fehle bekanntmachen, daß in jeder Provinz eine
Synode gehalten, und darauf der Kirchenzustand
untersuchet und verbessert werden sollte.

Nachdem Erzbischof **Ernest** von Augsburg
zurückgekommen war, unternahm er eine Reise in
das Gebirge, und besuchte seine Gold = und Sil=
berbergwerke, fand sie aber in einem schlechten
Zustande, weil die Bergleute und Beamten theils
die Kunst zu wenig verstanden, theils nur ihren
Eigennuß suchten. Er, als Selbstkenner der
Mineralogie, traff daher zweckmäffigere Anstal=
ten sowohl in dem Baue, als in der Verwaltung
seiner Bergwerke.**)

Da

---

*) Von dieser Reformations = Formel finden sich zwey neue
Abdrücke, als: Andreæ Branburger Comment. de
formula Reformationis ecclesiasticæ ab Imperatore Caro-
lo V. in comitiis Augustanis A. 1548 Statibus ecclesiasti-
cis oblata. (Moguntiæ 1782) pag. 91 — 205. wie
auch Iul. Pflugii formula sacrorum emendand. in comitiis August. anno MDXLVIII. jussu (Car. V. Imp.
composita et proposita; ex autographo auctoris edidit,
et cum libro, qui Interim dicitur, contulit Chr.
Gottfr. Müller, Lipsiæ 1803.

**) Unter seiner Regierung fieng daher der Bergbau so reich=
haltig zu werden an, daß, wie Dückher in den ungedruc=
ten

Da Erzbiſchof Erneſt die, vom Kaiſer er;
laſſene Reformations = Formel weder geradezu zu
verwerfen, noch, ſeinen Grundſätzen gemäß, an;
zunehmen ſich getraute; ſo berathſchlagte er ſich
darüber mit dem Cardinal und Biſchof Otho
zu Augsburg, und eröffnete ihm durch ein Schrei;
ben vom 20gſten September 1548 ſeine Meinung
über die Mittel, dem Verfalle der Kirchenzucht
abzuhelfen. „Zuvörderſt ſollte man (ſchrieb er)
in jeder Diöceſe eine Synode halten, und in der;
ſelben den Reformations = Plan des Kaiſers, wie
es dieſer auf dem letzten Reichstage zu Augsburg
ſelbſt verordnet hätte, vortragen. Dann ſollte
man die Gelehrſamkeit und die Sitten der Geiſt;
lichkeit unterſuchen, und dieſe bewegen, ſich einſt;
weilen dem guten Willen des Kaiſers zu unter;
werfen. Was auf einzelnen Diöceſan = Verſamm;
lungen verhandelt ſeyn würde, ſollte nach Salz;
burg berichtet, und hierauf daſelbſt ein Provin;
cial = Concilium gehalten werden, um Alles ge;
meinſchaftlich zu entſcheiden, und ſodann vermit;
telſt einer allgemeinen Viſitation in der ganzen
Pro;

Provinz zu vollziehen." •Ernest glaubte näm=
lich, daß der Reformations=Entwurf des Kaisers
zwar für kein Gesetz zu halten wäre, darin aber
doch Vieles vorkäme, das bey einem Provincial=
Concilium mit Nutzen angewendet werden könn=
te. Seine Meinung fand bey dem Bischofe zu
Augsburg, so wie bey seinen Suffraganbischöfen
allgemeinen Beyfall. Er selbst schrieb auf den 13ten
November 1548 nach Salzburg eine Diöcesan=
Versammlung aus. Auf derselben geschah im
Namen des Erzbischöfes der Vortrag: „Um dem
allgemeinen Sittenverderbniße der Geistlichkeit zu
steuern, seyen jetzt Concilien höchst nothwendig.
Der Kaiser habe vermöge seiner Frömmigkeit,
nachdem er im Reiche den Landfrieden hergestellet
hätte, nunmehr auch Hand angeleget, die Kirche
von ihrem Unrathe zu reinigen. Vorzüglich drin=
ge er darauf, daß die Sitten der Geistlichen ver=
bessert werden; denn aus dieser Quelle sey alles
Unheil geflossen. Weil daher der Kaiserliche Re=
formations=Entwurf von allen Bischöfen gutge=
heißen worden wäre; so verlange er, daß solcher
auch in seiner Provinz beobachtet, und also von
Allen unweigerlich angenommen werde."

Nach diesem Vortrage wurde der Kaiserl.
Reformations=Entwurf öffentlich verlesen, und
so=

dánn von den anwesenden Prälaten und Pfarrern darüber berathschlaget. Der Kaiserliche Reformations = Entwurf wurde hierauf von Allen, jedoch mit Vorbehalt der päbstlichen Genehmhaltung, freywillig angenommen, und hierüber am 22gsten November 1548 ein Synodal = Receß errichtet, welchen im Namen des Prälaten = Standes Domprobst Eberhard zu Salzburg, und Abt Aegidius zu St. Peter, und im Namen der übrigen Geistlichkeit, Doctor Georg Vischel, Probst zu Friesach, und Christoph Diether, Pfarrer zu Teisendorf, unterzeichneten. *)

Am 3ten Januar 1549 ward zu Regensburg wegen Verringerung der Reichsanschläge ein Baierischer Kreistag gehalten, welchem Eberhard von Ziernheim Domprobst zu Salzburg, und Hanns Wolfhard Ueberacker, Pfleger zu Alten = und Lichtenthann, als Salzburgische Gesandte beywohnten.

Nachdem in der neulichen Diöcesan = Versammlung zu Salzburg die nöthigen Vorbereitungen

_____

*) Dieser Synodal = Receß findet sich in Floriani Dalham Concil. Salisb. pag. 325 — 328.

gen getroffen, und auch in den übrigen Diöcesen
dergleichen Versammlungen gehalten worden waren,
schrieb der Erzbischof auf den 18ten Februar 1549
nach Salzburg ein Provincial = Concilium aus,
welches von Bischof Georg zu Regensburg, Bi=
schof Wolfgang zu Passau, Bischof Hierony=
mus zu Chiemsee, Bischof Johannes zu Se=
ckau, und Bischof Philipp zu Lavant in eigner
Person besuchet, von den übrigen Salzburgischen
Suffraganbischöfen aber durch Gesandte beschicket
wurde. Auch erschienen dabey sehr viele Aebte,
Pröbste und Abgeordnete von den Dom=und Col=
legiatstiftern und von der gesammten Geistlichkeit
aus der ganzen Provinz. *) Unter den Abgeord=
neten wollen wir hier nur einige ausgezeichnetere
Männer namhaft machen. Im Namen des Dom=
kapitels zu Regensburg erschien Laurentius
Hochwart, Doctor der Rechte und Domherr
zu Regensburg und Passau, ein berühmter Pre=
diger seiner Zeit; im Namen des Domkapitels
zu Passau Michael von Küenburg, nachheri=

ger

---

*) Ein Verzeichniß aller, auf diesem Concilium erschienenen
Personen findet sich in Hundii Metrop. Salisb. Tom.
I. pag. 60. seq. Hansizii Germ. Sacr. Tom. II. pag. 615
und in Floriani Dalham Concil. Salisb. pag. 341,
wo auch das Concilium selbst vollständig abgedruckt ist.

ger Erzbiſchof zu Salzburg; im Namen des Kapitels zu Irk im Bisthume Brixen Johann Sebaſtian Pfauſer, ein gelehrter und freymüthiger
Mann, nachheriger Rath und Hofprediger bey
Kaiſer Maximilian II., und im Namen der
Prälaten aus der Freyſinger Diöceſe Benedict
Abt in Roth, und im Namen der dortigen übrigen Geiſtlichkeit Michael Graſſer, Michael
Zerrer und Wolfgang Trinkl. *) Auch unter
den anweſenden geiſtlichen Räthen des Erzbiſchofes verdienet M. Johannes Mann als Vor-
ſteher der St. Ruprechts-Schule (Rudpertinae
ſcholae Praeſes) genannt zu werden.

Als das Concilium eröffnet wurde, geſchah
im Namen des Erzbiſchofes folgender Vortrag:
„Die Kirchenzucht ſey allenthalben ſo tief geſun-
ken, daß ſie nicht mehr anders, als durch ein
Provinzial-Concilium wieder hergeſtellet werden
könne. Das Betragen der meiſten Geiſtlichen ſey
ſchändlich und ärgerlich. Man dürfe ſich alſo
nicht wundern, daß der geiſtliche Stand, nachdem er in Hinſicht auf Frömmigkeit und Ge-

S   lehr-

---

*) Wegen Vergütung ihrer Reiſe- und Zehrungskoſten findet
ſich eine merkwürdige Urkunde bey Michelbeck in Hiſt.
Friſing. Tom. II, Part. I, pag. 317.

lehrsamkeit alle Achtung verloren hätte, von den weltlichen Fürsten unterdrücket werde." Hierauf klagte man über die unanständige Kleidertracht der Geistlichen, welche häufig in buntscheckigen Röcken und mit Seitengewehren öffentlich erschienen. Besonders stark wurde gegen ihren Concubinat geeifert. „Wer dem Erzpriester oder dem Ruraldechante (hieß es) eine gewiße Summe Gelds (Tributum concubinarium) zahle, der dürfe seine Beyschläferinn und die mit ihr erzeugten Kinder ungeahndet in seinem Hause öffentlich bey sich behalten. *)" Ferner brachte man vor, daß der Feyertage zuviele wären, und man also einige abschaffen sollte. Auch verlangte man, daß, weil bey den Katholiken an gelehrten Männern der größte Mangel wäre, man in den Klöstern die fähigern Köpfe aufsuchen und sie zum Unterrichte auf eine katholische Universität schicken sollte. Nachdem man nun über diese und ähnliche

---

*) Der gleichzeitige Schriftsteller, Friederich Staphylus, sagt in seiner Consult. de instauranda Religione ad Imp. Ferdinandum I. (in Joa. Georg. Schelhornii Amoenitatib. Hist. ecclef. Tom. I. pag. 651) „Adeo invaluit etiam in Clero Catholico, qui adhuc reliquus est „in Germania, et passim, haec matrimonii consuetudo ut „in Parochis vix inter centum reperias unam, qui non „sit aut clam, aut palam maritus."

che Gegenſtände berathſchlaget, und einige Saßungen gemacht hatte, wurde am leßten Februar
das Concilium geſchloſſen.

Uebrigens wurden auf dieſer Verſammlung
auch die alten Beſchwerden gegen die weltlichen
Obrigkeiten wegen Verleßung der geiſtlichen Gerichtsbarkeit, und der Kirchenfreyheit neuerdings
aufgewärmet. Um eine Abſtellung derſelben zu
bewirken, beſchloß man, ſowohl an den Römiſchen
König Ferdinand, als an den Herzog Wilhelm
in Baiern Geſandtſchaften abzuordnen, und ihnen
vorſtellen zu laſſen, „daß ſich keine Reformation
der Geiſtlichkeit hoffen laſſe, wenn der Kirche
und der Prieſterſchaft ihre geraubten Rechte und
Freyheiten nicht zurückgeſtellet werden."

Die weltlichen Fürſten nahmen dieſe Vorſtellung ſehr übel auf; indem ſie daraus folger-
ten, daß es den Biſchöfen mehr um Erweiterung
ihrer Herrſchaft und um Beförderung ihres Ei-
gennußes, als um eine wahre Kirchenverbeſſe-
rung zu thun wäre. Auf ihr Andringen wurde
daher noch in eben demſelben Jahre nach Salzburg ein neues Provincial-Concilium ausgeſchrieben, bey welchem ſich auſſer den Geiſtlichen auch

Oeſtreichiſche, und Baieriſche Geſandte ein‘an:
den. *) Die Baieriſche Geſandtſchaft beſtand
aus dem Probſte zu Jllmünſter, Vitus Tuch:
ſenhauſer, aus dem Dechante zu München, Ge:
org Stengel und aus dem gelehrten Conrad
Brunnus (Braun) Kanzler zu Landshut. Die
Oeſtreichiſche Geſandſchaft, an deren Spitze Frie:
derich Nauſea, Biſchof zu Wien, ſtand, be:
ſchwerte ſich im Namen ihres Herrn, des Röm.
Königs Ferdinand, in ſtarken Ausdrücken über
die Beſchuldigung, als ob in den Oeſtreichiſchen
Staaten die Rechte der Biſchöfe und Prieſter auf
eine unerlaubte Art gekränket würden, und forderte
deßhalb einen Wiederruf und eine Genugthuung.
„Vielmehr (behaupteten die Oeſtreichiſchen Geſand:
ten) ſuche die Geiſtlichkeit die Gränzen ihrer
Gewalt zum Nachtheile der Landeshoheit immer
wei:

---

*) Die Wirklichkeit dieſer Kirchenverſammlung beſtätiget ein
Augenzeuge, Laurentius Hochwart, in Andr. Fel.
Oefelii Rer. Boic. ſcript. Tom. I. pag. 153., wo er al:
ſo ſchreibt: „Cum autem deinceps Synodus Provincialis
„iterum cogeretur eodem anno, quo res ipſa cum collimi-
„taneis Provinciis Auſtria Bojariaque tractaretur, tum et
„ego miſſus iterum interſui, dum Statuta Provinci-
„alia una cum nuntiis Sereniſſimi Romanorom Regis
„Archiducis Auſtriæ Ferdinandi et Illuſtriſſimi Ducis
„Bojariæ Wilhelmi discuterentur.“

weiter auszudehnen, und ſich von den ſchuldigen
Abgaben in Anſehung ihrer, in Oeſtreich gelege=
nen Güter gänzlich loszureißen. König Ferdi=
nand weigere ſich nicht, die Beſchwerden zu heben,
wenn man beweiſen könne, daß in ſeinen Staaten
die Geiſtlichkeit auf eine ungerechte Weiſe be=
ſchweret werde."

Beynahe die nämliche Sprache führten auch
die Geſandten des Herzogs Wilhelm in Baiern.
Sie erinnerten unter andern die verſammelten Vä=
ter, daß ſo lange alle Synodalſchlüſſe vergebens
wären, bis nicht die Geiſtlichkeit gebeſſert ſeyn
würde, weil aus ihrer Verdorbenheit alle Ketze=
reyen entſprungen wären. „Daher (ſagten ſie)
müſſen auch ſelbſt die Biſchöfe und die Domka=
pitel reformirt werden. Nur fromme und gelehr=
te Männer ſollen zu Kirchenämtern befördert wer=
den; denn es ſey bekannt, daß aus der Unwiſ=
ſenheit und Sittenloſigkeit der Pfarrer das meiſte
Unheil entſproſſen ſey. Auch darin liege ein
Hauptgrund des bisherigen Verderbnißes, daß
die Unadelichen von den Dompfründen aus=
geſchloſſen würden; und daß die Pfarrer, anſtatt
ihr Amt ſelbſt zu verſehen, ſich von ihren Kir=
chen entfernten, und unwiſſende und kärglich be=
ſol=

foldete Vicarien dahin stellten. Sie verlangten
daher im Namen des Herzoges, daß, weil der=
mal fast kein einziger Priester zu predigen im Stan=
de wäre, man Jünglinge auf Universitäten zum
Studiren schicken, und, bis diese gebildet wür=
den, einstweilen den Geistlichen ein allgemeines
Predigtbuch zum Leitfaden vorschreiben sollte.

Der Erzbischof und die übrigen Väter ant=
worteten den Gesandten, daß sie ihrer Seits zur
Verbesserung der Kirchenzucht alles Mögliche bey=
tragen würden; allein was die Beschwerden we=
gen Verletzung der geistlichen Gerichtsbarkeit und
der Kirchenfreyheit beträff, so stritt man sich dar=
über bis zum October, ohne sich nur in einem
Puncte mit einander vergleichen zu können. Es
kam daher gar kein Schluß zu Stande. Die Oest=
reichischen Gesandten verlangten, daß man dasje=
nige, was auf diesem Concilium bisher unterhan=
delt worden wäre, unmittelbar an den Röm. Kö=
nig Ferdinand einschicken und darüber seine Ent=
schließung abwarten sollte. Dieses geschah; allein
der König schrieb an den Erzbischof, daß er
jetzt nicht Zeit habe, die Unterhandlungen der
Salzburgischen Synode mit gehöriger Reife zu
überlegen, und verlangte daher, daß auf den

März

Mårz des künftigen Jahres eine neue Synode
ausgeſchrieben, und auf derſelben eine gütliche
Beylegung der bisherigen Irrungen verſucht wer=
den ſollte. „Inzwiſchen aber (ſetzte er bey) wol=
le er nicht zugeben, daß in ſeinen Staaten ir=
gend ein Salzburgiſcher Synodalſchluß kundge=
macht werde,‟

Der Erzbiſchof antwortete dem Könige,
„daß er das Schreiben deſſelben ſeinen Mitbi=
ſchöfen, weil dieſen die Reiſe zu einem neuen
Concilium nach Salzburg vielleicht zu beſchwer=
lich fallen dürfte, mittheilen, und ſie um ihre
Meinung fragen werde. Es könne aber ein neues
Concilium ganz unterbleiben, wenn es dem Kö=
nige gefällig ſey, ſeine Geſinnung über die ſtrei=
tigen Gegenſtände ſchriftlich zu eröffnen. Uebri=
gens wolle er (der Erzbiſchof) ſich die Verbeſſe=
rung der Kirchenzucht, mit allem Ernſte ange=
legen ſeyn laſſen; auch verlange er keine Kund=
machung der Salzburgiſchen Synodalſchlüſſe in
den Oeſtreichiſchen Landen, bevor nicht die bishe=
rigen Streitigkeiten abgethan wären.‟

Hierauf ſchrieb der Erzbiſchof an ſeine Mit=
biſchöfe, theilte ihnen Abſchriften von dem Königli=
chen

chen Schreiben mit, und erklärte sich, so bald es dem Könige gefallen würde, ein neues Provinzial-Concilium zu veranstalten. Als der König noch immer zauderte, seine Entschließung hierüber zu eröffnen, schrieb der Erzbischof im folgenden Jahre den 24. April an denselben, daß so lange, bis zwischen ihm und den Bischöfen die Streitigkeiten nicht beygeleget wären, keine Diöcesan-Visitationen Statt haben könnten. Er bath ihn also wiederholt, „daß er sich endlich einmal entschließen, oder doch die Schuld wegen verzögerter Kirchenverbesserung künftig nicht mehr auf die Bischöfe schieben möchte." Allein der König gab nicht nach; und so dauerten die Immunitäts-Streitigkeiten der Bischöfe mit Oestreich, so wie mit Baiern noch mehrere Jahre fort.[*]

Im Jahre 1549 machte der Reichsfiscal bey dem Kaiserlichen Kammergerichte gegen den Erzbischof zu Salzburg und den Bischof zu Chiemsee eine Klage anhängig, und stellte sein Gesuch dahin, „daß, weil ein Bischof zu Chiemsee von Alters her für einen Reichsfürsten gehalten wor-

---

[*] Joa. Bapt. de Gasparis Archiep. Salisb. Res in Lutheranismum gestae p. 87 seq.

worden, in der Reichsmatrikel begriffen, auch
bey den Reichstagen erschienen sey, zu Recht erkannt werden möge, daß er ein unmittelbarer
Reichsfürst sey, mithin alle Reichsanlagen zu
tragen habe, und dem Erzbischofe zu Salzburg
wegen angemaßter Ausziehung entweder das Stillschweigen auferleget, oder wenn er dessen befugt
wäre, die Chiemsee betreffenden Reichsanlagen zu
bezahlen angehalten werde." Salzburg und
Chiemsee machten gegen diese Klage gemeinsame
Sache, und zeigten in ihrer Antwort, „daß die
Bischöfe zu Chiemsee niemals unmittelbare
Reichsfürsten, sondern von jeher Salzburgische
Landsassen gewesen seyen, und den Reichsfürstli-
chen Titel nur wegen ihrer bischöflichen Würde führen."

In eben diesem Jahre brachte Erzbischof
Ernest die Grafschaft Glatz in Böhmen gegen
baaren Erlag von 140,000 Gulden von dem damaligen Besitzer, Johann von Bernstein, un-
terpfändlich an sich, bald hernach aber kaufte er
sie um diese Summe eigenthümlich *).

Auch starb im Jahre 1549 Bischof Johannes zu Seckau, welcher das Bisthum in einem
                                                sehr

---

*) Franz Dom. Häberline Kleine Schriften II. B. S. 167.

sehr verschlimmerten Vermögenszustande hinterließ. Nach seinem Tode ließ daher Erzbischof
Erneſt eine Vermögens=Unterſuchung anſtellen,
und ernannte zwar im folgenden Jahre den 13.
Juny den **Petrus Perſicus,** Licentiaten der geiſtli=
chen Rechte, zum Biſchofe; allein die Zehende
und andere Güter des Bisthums verpachte er dem
Chriſtoph Heymer.

Um dieſe Zeit beſtand im Erzſtifte noch die
uralte deutſche Sitte, daß ein Todtſchläger den
Anverwandten des Entleibten eine **Buße** (emen-
da) zahlen, oder ſich mit ihnen darüber durch
einen Vergleich abfinden mußte. Dieſes erhellet
aus einem Befehle *), welchen der Erzbiſchof am
5ten Februar 1550 an den Pflegsverwalter zu
Moßheim, **Hannſen Gambſen,** erließ, und
wodurch er ihm anzeigte, „daß er einem, in ſei=
ner Pflegsverwaltung ſeßhaft geweſenen Mörder,
weil ſich die Entleibung aus Ueberweinen zuge=
tragen, und der Thäter ſich mit der Freundſchaft
des Entleibten der Buße halber vertragen hätte,
auf 14 Tage die **Landshuld** gegeben habe, um
in

---

*) S. auch oben den fünften Theil dieſer Chronik S. 106.

in dieſer Zwiſchenzeit die verglichene Buße verrichten zu können *)."

Im Jahre 1550 erfuhr man zu Salzburg,
daß es im Gebirge mehrere Wiedertäufer gebe.
Der Erzbiſchof ſchrieb daher an den päbſtlichen
Nuntius in Wien, und begehrte von ihm die
Erlaubniß, dergleichen Schwärmer, wenn ſie ihrem Irrthume entſagen, von dem Verbrechen der
Ketzerey loszuſprechen. Darunter fand ſich ein
gewißer **Lucas Kramer** zu Golling, welcher
mit den Wiedertäufern in Mähren und insbeſondere mit ihrem Lehrer **Johann Král** in Verbindung ſtand. Er wurde verhaftet und nach
Salzburg geführet, wo er bey ſeinem Verhöre
unter andern eingeſtand, daß er die Gottheit des
heiligen Geiſtes geläugnet habe.

Am 6ten März dieſes Jahres ſtarb zu München der Bruder des Erzbiſchofes, Herzog **Wilhelm**, welchem ſein Sohn **Albert V.** in der Regierung folgte.

In

---

*) Der erzbiſchöfliche Befehl ſowohl, als der Vergleich zwi-
ſchen der Freundſchaft des Entleibten und dem Thäter
findet ſich in **Philipp Gäng's** Program. de orig. incre-
ment. et hodierna poteſt. et Juriſd. crim. Salisb. Condit.
pag. 25 — 27.

In der, zu Augsburg im Jahre 1548 kund=
gemachten kaiserlichen Reformations = Formel ward
ausdrücklich verordnet, daß ein Bischof, wenn er
nicht Priester ist, unverzüglich die Priesterweihe
empfangen soll; allein Erzbischof Erneſt weigerte
sich noch immer, den geistlichen Stand anzutreten;
und da auch der ihm vom Pabſte bewilligte Auf=
schub von 10 Jahren sich dem Ende nahete; so
drang der Kaiser darauf, daß Erneſt das Erz=
stift abtreten sollte, wozu dieser Anfangs auch
nicht ganz ungeneigt zu seyn schien; denn er litt
stark an Steinschmerzen, und sehnte sich daher
nach Ruhe. Nicht nur der Kaiser und sein Bru=
der, König Ferdinand, sondern auch die Prinzen
aus ihrem Hause, und die Oeſtreichiſchen Land=
schaften gaben sich nun alle mögliche Mühe, ih=
rem Lieblinge, dem Cardinal und Bischofe zu
Trient und Brixen, wie auch Domherrn zu
Salzburg, Chriſtoph Freyherrn von Madrutz,
zum Besitze des Erzſtifts Salzburg zu verhelfen,
oder ihm doch einstweilen die Coadjutorey zu ver=
schaffen. Sie wandten sich deßhalb sowohl an das
Salzburgiſche Domkapitel, als an die dasige Land=
schaft, und brachten es durch ihre Anhänger wirk=
lich so weit, daß auf den 29ſten Auguſt 1550 zu
Salzburg ein peremptoriſches Capitel angeſtellt wur=

de,

de, bey welchem ſowohl kaiſerliche und königli=
che, als andere anſehnliche Bothſchaften ſich
einfanden.

Im Namen des Kaiſers erſchienen: der
Cardinal und Biſchof Otho zu Augsburg, Frie=
derich Graf von Fürſtenberg und Chriſtoph
Freyherr von Seiſſenegg. Im Namen des Röm.
Königs Chriſtoph von Eyzing, Statthalter
in Oeſtreich, und Hanns Ungnad Freyherr von
Sonnegg, Landeshauptmann in Steyer *). Im
Namen des Spaniſchen Kronprinzen Philipp
erſchien J. A. de St. Martin, ein Niederländi=
ſcher Freyherr. Im Namen des Erzherzogs Fer=
dinand kamen Balthaſar Freyherr von Pre=
ſing, Landeshauptmann in Oeſtreich ob der Ens,
und Andreas Ungnad Freyherr von Sonnegg.
Im Namen des Erzherzogs Karl zu Gräz war
zugegen Leonhard von Harrach. Die Abge=
ordneten des Landes Kärnthen waren: Sig=
mund von Khevenhiller, Vizdom im Kärn=
then, Moritz Welzer, Ritter, Wolf von
Perghaim Freyherr, und Kaspar Peuſcher.
Im

---

*) Dieſer trat in der Folge zur Lutheriſchen Religion über,
und ließ ſich in Würtemberg nieder. S. Schelhorns
Ergötzlichkeiten aus der Kirchenhiſtorie I. B. S. 598.

Im Namen des Landes Steyer erschienen Ulrich
Freyherr von Scherfenberg, Franz von Sey-
rau, Ritter und Marschalk, Christoph von
Ratmanstorf, und Sigmund Gayler. Im
Namen des Landes ob der Enns Graf Wolf
von Schaumberg und Erasmus von Stah-
renberg; und endlich im Namen des Landes Tyrol und des Hochstifts Trient kamen Hanns Jakob von Vels Freyherr, Landshauptmann in Tyrol, Johann Jakob Kuen, Domdechant zu
Brixen, Jakob Trapp, Sigmund von Thunn,
Doctor Rosst und Doctor Jung.

Die Unterhandlungen aller dieser Gesandten fanden bey den Domherren keinen andern Eingang, als daß diese die Sache reifer zu überlegen versprachen, und daher das angestellte per-
emptorische Kapitel vom 29sten August auf den
9ten September vertagten. An diesem Tage kam
der Cardinal selbst zu Salzburg an, und wurde
bey Hofe in dem sogenannten Rinderholz beherberget. Doch auch seine persönliche Erscheinung
machte auf das Domkapitel keinen günstigern Eindruck; denn dasselbe bestand unabweichlich auf seiner Wahlfreyheit, auch zeigte Erzbischof Ernest
keine Lust mehr das Erzstift abzutreten, oder sich

ti-

einen Coadjutor aufdringen zu lassen; zumal da
ihn nicht nur sein Neffe, Herzog Albert in Baiern, durch Briefe sowohl, als durch seine Gesandten mündlich davon abmahnen ließ, sondern
er selbst wieder neue Hoffnung schöpfte, daß ihn
der Pabst, wo nicht lebenslänglich, doch noch
wenigstens auf einige Jahre von der Annahme
der Priesterweihe dispensiren würde. Er erklärte daher, „daß er, sobald er die Stein = Cur
glücklich überstanden haben würde, lieber die Priesterweihe empfangen, als das Erzstift bey so ge-
fährlicher Zeit verlassen wollte. Er sey (wie er
beyfügte) gesetzmäffig postulirt und bestätiget worden, auch habe er bisher vermittelst päbstlicher
Dispensation seiner Herde als ein getreuer Hirt
vorgestanden, und weder dem Domkapitel, noch
der Landschaft jemals eine Beschwerde verursachet.
Am wenigsten aber glaube er eines Coadjutors zu
bedürfen, da ihm das Domkapitel mit Rath und
That an die Hand gehen möge.‟

Durch diese bestimmte Erklärung wurden
nun alle bisherigen Unterhandlungen vereitelt. Be-
schämt und in größter Stille entfernte sich der Cardinal und Bischof zu Trient aus der Stadt,
um dem Gespötte des Volkes auszuweichen. Am
St.

St. Ruprechtstag oder den 24gsten September trat er, der regnerischen Witterung ungeachtet, frühe Morgens, noch vor Tagesanbruche, seine Reise an. Ihm folgte noch am nämlichen Tage der Cardinal und Bischof zu Augsburg; und so verloren sich die übrigen fremden Herrschaften und Bothschaften nacheinander aus der Stadt *).

Am 20gsten November 1550 ließ Erzbischof Ernest eine Waldordnung ergehen, in welcher er unter andern das **Schwenden** und **Einfangen** nicht nur in den Hoch = und Schwarzwäldern, sondern auch in den Heimhölzern und Hofsachen bey schwerer Strafe verboth **).

Im folgenden Jahre unterwarf sich nun Erzbischof Ernest dem Steinschnitte. Da während seiner Cur in der Stadt und selbst vor der Residenz sich ungewöhnlich viele Raben sehen ließen, welche

---

*) Johann Stainhauser (Bürger und Kirchenprobst zu Salzburg) in seiner ungedruckten Lebensbeschreibung der Erzbischöfe, Michaëlis und Georgii von Khuenburg. Er setzet hinzu: Hæc omnia ex Chronicis, quæ in aula as„servantur, exscripsi.‟

**) Diese Waldordnung ist abgedruckt in Karl Erenbert Freyherrn von Moll's fortgesetzter Müllenkampfischer Sammlung der Forstordnungen S. 21 — 24.

che durch ihr gräßliches Geſchrey ſeine Schwer=
muth noch mehr erhöhten; ſo hielt er die unge=
wöhnliche Erſcheinung dieſer Raubvögel für eine
Vorbedeutung ſeines nahen Todes. Er erzürnte ſich
daher ſo ſehr über dieſe Thierchen, daß er öffent=
lich verrufen ließ, „daß Jedermann, welcher einen
Raben ſchießt oder ſonſt erlegt, für jedes Stück,
das er nach Hof einliefern würde, drey Kreuzer
zu empfangen hätte.“ Dieſer Verruf veranlaßte
unter dem Pöbel eine auſſerordentliche Verfolgung
der Raben. Nicht nur zu Salzburg, ſondern
auch zu Hallein, Laufen und Reichenhall wurden
die Raben in Menge niedergeſchoſſen oder in
Netzen gefangen, ſo daß in wenigen Tagen etli=
che hundert Stücke nach Hofe eingeliefert wurden,
und darüber nicht wenig Geld aufgieng.

Auf den 25gſten Juny 1550 hatte Kaiſer
Karl abermals einen Reichstag nach Augsburg
ausgeſchrieben. Er erſchien in eigner Perſon,
und ertheilte im Eingange des erſt, am 14ten Feb=
ruar 1551 erfolgten Reichsabſchiedes den Stän=
den die Nachricht, daß auf ſeine Verwendung
das allgemeine Concilium wieder nach Trient
verleget und daſelbſt fortgeſetzt werden ſollte. Als
Salzburgiſche Geſandte erſchienen auf dieſem

t   Reichs=

Reichstage Hieronymus Bischof zu Chiemsee, Wilhelm von Trautmansdorff, Domherr zu Salzburg, Adam von Thurn, Pfleger von Tit, maning, und **Simon Bauer**, der Rech, te Licentiat. Eine Folge dieses Reichtages war es, daß auf den 19ten März 1551 nach **Landes hut** ein Baierischer Kreistag ausgeschrieben, und sofort am 21gsten darauf in Betreff des Münz, wesens, der Reichsanschläge und der Polizey ein Abschied geschlossen wurde. Als Salzburgische Gesandte erschienen **Simon Bauer**, der Rechte Licentiat, und **Sebastian Fraislich**, Wardein. Auf diesem Kreistage entspann sich zwischen den Salzburgischen und Baierischen Gesandten der er, ste Rangstreit; indem die letztern vorsitzen, die Umfrage stellen, und den Abschied entwerfen woll, ten. Alles dieses wurde ihnen für dieses Mal zwar auch zugestanden, jedoch mit der ausdrücklichen Verwahrung, „daß solches dem Erzstifte **Salz burg** an seiner Gerechtigkeit unnachtheilig und ganz unvorgreiflich seyn sollte *).“

In diesem Jahre besuchte **Aegidius Carl**, Benedictiner und Prior zu St. Peter in Salz burg,

---

*) S. diesen Kreisabschied in J. E. **Loris** Samml. des Baierischen Kreisrechts S. 36 folg.

burg, mit einer beſondern Empfehlung des Erzbiſ
ſchofes, die Univerſität zu Jngolſtadt, und
wurde da als Akademiker eingeſchrieben *). Auch
empfieng in eben dieſem Jahre daſelbſt Marti-
nus Pegius, aus Pillingretz in Krain gebürtig,
die juriſtiſche Doctorwürde. Er kam hierauf nach
Salzburg als Domkapitel-Syndicus, in der Folge
aber wurde er erzbiſchöflicher Hofrath und Beyſitzer
des Conſiſtoriums. Seine Gewandtheit nicht nur
in der Rechtswiſſenſchaft, ſondern auch in der
Theologie, ſo wie ſeine juriſtiſchen Werke, welche im Drucke erſchienen und öfter aufgelegt wurden, verewigten ſeinen Namen **).

Der Biſchof zu Gurk, Anton Hoyos von
Salamanca, wurde, als er eben im Jahre 1551
nach Trient zum Concilium reiſen wollte, unterwegs von ſeinem Kammerdiener ermordet. Ihm

t 2   folg-

---

*) Er trat in der Folge als Schriftſteller auf. Ein Schrift-
chen, unter dem Titel: „Vermanung Bruder Egydien
„Karl von Salzburg zu der chriſtlich gemain," iſt eingedruckt in des Theophraſtus Paracelſus Tractat: für
Peſtilenz in ſechs Theyl. Jn Salzburg durch Hannſen
Baumann, von Rottenburg an der Taubet gedruckt
1554 in Quart.

**) Valent. Rotmaßl Annales Ingolſt. Academiæ Edi.
Ioa. Nep. Moderer Part. I, pag. 223.

folgte im Bisthume der ehemalige Paffauische Domherr und bisherige Abt zu Melk, **Johann von Schönburg;** der aber erst am 9ten Januar 1555 die bischöfliche Würde erhielt *).

In Oestreich griff das Luthertbum unter der Hand immer weiter um sich. Im Viertel **Unter = Wiener = Wald** und in den umliegenden Gegenden bekannten sich mehrere Pfarrer und Prediger öffentlich zur neuen Lehre; sie unterrichteten das Volk nach derselben; sie theilten das Abendmahl unter beyderley Gestalt aus, und nahmen Weiber. Acht derselben, Namens **Hanns Muetler,** Pfarrer zu Schwarzenbach, **Martin Kolman,** Pfarrer zu Krumbach, **Wolfgang Krienis,** Pfarrer zu Schönau, **Simon Gerengel,** Pfarrer zu Aspang, **Hanns Schreiner,** Pfarrer zu Wißmad, **Leonhard Eysel,** Pfarrer zu Feistrube, **Hanns Ecker,** Pfarrer zu Rach, und **Christoph Ortner,** regulirter Chorherr vom Kloster Pöllau und Pfarrer zu Puchberg, wurden auf Befehl des Königs Ferdinand in Verhaft genommen, und dem Erzbischofe zu Salzburg, als ihrem Metropolitan, zur Untersuchung

---

*) Dieses bezeuget sein vertrauter Freund **Lorenz Hochwart** bey **Oefele** in **Rer. Boj. Script. Tom. I. pag. 153.**

chung und Bestrafung überliefert. Sie kamen im
Jahre 1551 auf einem großen Fuhrwagen, wor=
auf sie angebunden und gefeffelt waren, zu Salz=
burg an, und wurden in der Festung Hohen=
Salzburg eingesperret *).

Am 14ten März 1552 ward zu Regensburg
iu Betreff des Münzwesens wieder ein Baieri=
scher Kreistag gehalten und darauf beschlossen,
die Kaiserl. Münzordnung im ganzen Kreise ein=
zuführen und deßhalb nächstens einen Probations=
tag zu halten. Als Salzburgische Gesandte er=
schienen dabey Karl von Manthani, Domherr,
und David Kölderer zu Bruckstall, Fürstl.
Salzburgischer Rath, welche auch, des Baierischen
Widerspruches ungeachtet, den Vorsitz behaupte=
                                          ten,

---

*) Valentin Rotmar, ein geborner Salzburger, schreibt
hiervon als Augenzeuge: „De ejus (Ernest) in religio-
„ne Catholica Zelo, ejusque incolumitate tuenda fervore,
„illud etiam tacere non possum, quod aliquando puer adhuc
„plauftrum ingens facerdotibus conjugatis onuftum, et ca=
„tenatis Salisburgum in arcem Epifcopalem duci vidi.
„Quidam ex illis morbo gallico laborare, quidam calcule
„dicebantur, qui omnes, poftquam impenfis Archiepis=
„copi fanitatem recuperaffent priftinam, abjurata hære=
„fi, e vinculis funt dimifli, præter unum pertinacem in hæ=
„refi, cui nomen erat Leonhardus, qui multis poft
„annis in libera cuftodia retentus benigneque tractatus,
„ibidem eft mortuus.“ Vid. Ejusdem Annales Ingolft.
Acad. Part. I. pag. 103.

ten und die Umfrage stellten. Jndeſſen aber unterblieb der beſchloſſene Probationstag, und die Einfüh-
rung der Kaiſerl. Münzordnung wurde auf eine
andere Zeit verſchoben, weil dieſelbe, wie Erzbiſchof **Erneſt** in ſeinem Schreiben vom 4ten April
darauf an den Herzog in Baiern erinnerte, auch
in den Oeſtreichiſchen Landen noch nicht eingeführet war, und ſich zugleich im Reiche bedenkliche
Kriegsrüſtungen zeigten. *) Wirklich brach nach
wenigen Wochen darauf ein innerlicher Krieg aus,
bey welchem ſelbſt das Erzſtift einen feindlichen
Beſuch zu beſorgen hatte; denn Kurfürſt **Moriz**
von Sachſen fiel unvermuthet mit mehreren Truppen in Tyrol ein; er überrumpelte die Ehrenber-
ger Clauſe, und marſchirte gerade nach Jnnsbruck, in der Abſicht, den Kaiſer, der ſich eben
damals dort aufhielt und keine Feindſeligkeiten
ahndete, plötzlich zu überfallen und aufzuheben.
Bey der ſo nahen Gefahr hatte Erzbiſchof **Erneſt** eiligſt eine Fahne Soldaten anwerben, und
durch dieſelben, unter Anführung des Hauptmanns
Michael Gruber von **Bramberg**, die Feſtung
Hohen-Salzburg beſetzen laſſen. Auch hatte derſelbe dem Kaiſer zu Beſtreitung der Kriegskoſten

eine

---

*) Dieſes Schreiben findet ſich in J. G. **Lori's** Sammlung
des Baieriſchen Münzrechts I. Band Seite 241.

eine Summe von 32,000 Fl. auf Abſchlag des ge=
meinen Pfennigs (der Reichsſteuer) baar vorge=
ſtrecket. Da der Kurfürſt Moritz in Innsbruck
ſeine Abſicht nicht erreichte, indem der Kaiſer
mit ſeinem Bruder Ferdinand in größter Ge=
ſchwindigkeit ſich nach Villach geflüchtet hatte; ſo
ſchickte er ſeine Truppen durch Schwaben nach
Eichſtädt, er ſelbſt aber gieng nach Paſſau, wo
hierauf Unterhandlungen angeſtellet wurden. Der
Röm. König Ferdinand begab ſich ebenfalls da=
hin; er kam aus Kärnthen nach Salzburg, wo
er vom Erzbiſchofe herrlich empfangen und bewir=
thet wurde, und ſchiffte dann, in Begleitung deſ=
ſelben, auf der Salzach nach Paſſau. Hier wur=
de nun am 2ten Auguſt 1552 der ſogenannte
Paſſauiſche Vertrag aufgerichtet, welchen Erz=
biſchof Erneſt durch ſeine Beywirkung befördern
half, und mit unterzeichnete.

Auf dem nach Regensburg in eben dieſem
Jahre auf den 28gſten September ausgeſchriebe=
nen und am 2ten October geſchloſſenen Baieriſchen
Kreistage erſchienen im Namen des Erzbiſchofes
von Salzburg Michael von Küenburg, Dom=
herr zu Salzburg und Paſſau, und Sebaſtian
Hofſtinger, der Rechte Doctor. Es wurde da
aus=

ausgemacht, daß der, wider die Türken bewilligte gemeine Pfennig von allen Fürsten und
Ständen des Baierischen Kreises durch die aufge-
stellten vier Kreiseinnehmer in den bestimmten Fri-
sten eingebracht, und aus dem Betrage desselben
dem Erzbischofe zu Salzburg die, an den Kaiser
neulich auf Abschlag bezahlte Summe von 32,000
Fl. vergütet, der Ueberschuß aber der Stadt
Regensburg, als des Baierischen Kreises Legstät-
te, eingehändiget werden sollte. *)

Die Unruhen, welche Markgraf Albrecht von
Brandenburg = Kulmbach im Fränkischen Krei-
se erregt hatte, veranlaßten auch im Jahre
1553 zu Regensburg eine Baierische Kreis=
Versammlung, welche daselbst am 3ten Februar
eröffnet, und nach drey Tagen geendet wurde.
Die Kreisgesandten, worunter sich Salzburgischer
Seits einfanden Wilhelm von Trautmanstorf,
Domherr, Sebastian Höflinger, der Rechte
Doctor und David Zölderer, erließen nun un-
term 6ten desselben Monats ein Schreiben an die
Bischöfe von Bamberg und Wirzburg, und
an

---

*) Der hierüber errichtete Kreisabschied findet sich in J. G.
Lori's Sammlung des Baierischen Kreisrechts S. 41 — 44.

an die übrigen Fränkiſchen Einigungsverwandten, wodurch ſie ihnen anzeigten, „daß der Baieriſche Kreis ihren Handel mit dem Markgrafen für eine Privatſache anſehe, und ſich daher in Kraft des Landfriedens nicht ſchuldig zu ſeyn glaubte, ihnen eine Kriegshülfe zu leiſten.‟

Indeß wurde zur Beylegung dieſer Fränki- ſchen Unruhen von dem Kaiſer am 16ten May eben dieſes Jahres zu Frankfurt eine Tagſaßung angeordnet, bey welcher der gleich genannte Doc- tor Sebaſtian Höflinger, als Salzburgiſcher Geſandter, erſchien. *)

Vermöge eines, am 1ten April 1553 mit den Gewerken in der Gaſtein eingegangenen Ver- trages hat der Erzbiſchof zur Beförderung des Bergweſens aus eignen Koſten an der Zirſch- furt auf der Lend 2 Holzeinländ = Rechen er- bauet, und dieſe nebſt verſchiedenen Waldungen und Werkſtätten den Gewerken auf 10 Jahre frey überlaſſen.

Im Herbſte dieſes Jahres riß in der Stadt Salzburg die leidige Peſt ein. Erzbiſchof Erneſt be-

---

*) Andreas Sebaſtian Stumſf's Denkwürdigkeiten der teutſchen beſonders fräntiſchen Geſchichte I. Heft (Erfurt 1802) S. 48 — 63.

begab ſich daher mit ſeinen Räthen und ſeinem ganzen Hofgeſinde nach Hallein, wo er bis auf den Winter verblieb, und alle Regierungsge= ſchäffte ausfertigte.

Um dieſe Zeit waren gegen 300. Baieriſche Bauern, welche zum Salzburgiſchen Kirchſpren= gel gehörten, von der Kätholiſchen Glaubenslehre abgefallen, und forderten insbeſondre das Abend= mahl unter beyderley Geſtalt. Erzbiſchof Er= neſt, als Ordinarius, ließ nun dieſelben nach Mühldorf vorrufen, und ihnen daſelbſt am 22gſten Dezember 1553 verſchiedene Glaubens= Artikel zur Annahme vorhalten. *)

Am 8ten December 1553 ſtarb Abt Aegidi= us zu St. Peter in einem hohen Alter, nachdem er noch in dieſem Jahre den 20gſten September die

---

*) Mathias Flacius Illiricus hat dieſe Artikel im folgen= den Jahre zu Magdeburg in Quart mit polemiſchen An= merkungen drucken laſſen, unter dem Titel: „Ein new= „er Antichriſtiſcher radtſchlag oder bedenken des „Salzburgiſchen Biſchofs vnd anderer verfolger „Chriſti, wie ſie die Warheit des heiligen Evange= lii auszurotten gedenken. Mit einer Vorrede M. „Flacii Jllyrici.“

die Malzmühle zu Mühlen vor der Stadt dem Erzbischofe um die, zur Hofmeisterey gehörige Geymühle vertauschet hatte. *) Ihm folgte in der Abtey Benedict Obergasser, der am 9. Februar 1554 gewählet, und am letzten darauf von dem Erzbischofe bestätiget wurde. Nach dem Tode seines Vorfahrers hatte der Erzbischof den Zustand des Klosters untersuchen, und hierauf über die Verbesserung desselben an den neuen Abt eine umständliche Instruction ergehen lassen, worin er unter andern verordnete, daß die zwey verfallenen Klosterschulen, die eine für die Novizen, und die andere für die Singknaben, wieder hergestellet, und mit tauglichen Lehrern versehen werden sollten. **)

Die vor drey Jahren aus Oestreich nach Salzburg gelieferten acht lutherischgesinnten Priester saßen noch immer auf der Festung Hohen-Salzburg im Gefängniße, worin sie aber ziemlich leiblich gehalten wurden. Während dieser Zeit

---

*) Der Tauschvertrag, woraus erhellet, daß damals zu Mühlen ein Papiermacher, Namens Jacob Stollegger, eristirt habe, findet sich in Noviss. Chron. Monast. ad S. Petrum pag. 473.

**) M. Rumplers Geschichte des Schulwesens in Salzburg (Salzb. 1803.) S. 49.

Zeit schrieb insbesondere **Simon Gerengel** aus
seiner Gefangenschaft mehrere Briefe an seine
Verwandten und Freunde in Oestreich. *) Diese Gefangenen mußten nun ihr Glaubensbekenntniß schriftlich ablegen, aus welchem es sich dann
zeigte, daß sie in vielen Stücken von der Katholischen Lehre abwichen; vorzüglich aber erklärten
sie das kirchliche **Ehelosigkeits = Geboth** für
Religionswidrig, und wollten sich daher die Freyheit zu heurathen durchaus nicht nehmen lassen.
Jedoch bequemten sie sich endlich in der Faßnacht
1554 zum Wiederrufe ihrer Meinungen, und wurden hierauf, nachdem sie die Ketzerey abgeschwo-
ren hatten, nach einer vierthalbjährigen Gefangenschaft wieder in Freyheit gesetzet. Nur ein Einziger, **Leonhard Eysel**, weigerte sich hartnäckig,
seine irrigen Sätze zu wiederrufen. Er ward daher
als ein halsstarriger Ketzer zum ewigen Gefängniße
verdammet, in welchem er auch, nach vielen
Jahren, sein Leben beschloß. Indeß scheinen
auch seine Mitgefangenen bey ihrem Wiederrufe
kei-

---

*) Zwey seiner Briefe, der eine an seine alte Mutter, und
der andere an den öffentlichen Notarius Maximilian
Schwamberger, sind eingedruckt in Bernhard Rau-
pach's Erläuterten Evangel. Oesterreich in den Beylagen
Num. X. S. 86 — 96.

keinen wahren Ernſt gehabt zu haben; denn Simon Gerengel wanderte bald hernach mit ſeiner
alten Mutter, ſeinem Weibe und einem Kindlein
nach Rottenburg auf der Tauber, und bekannte ſich wieder öffentlich zum lutheriſchen Lehrbegriffe, zu deſſen Anempfehlung er ſogar ein Büch-
lein drucken ließ. Uebrigens blieb der öffentliche
Wiederruf der Oeſtreichiſchen Pfarrer in Salzburg nicht ohne heilſame Folgen; denn durch ihr
Beyſpiel, ſo wie durch die Furcht vor ähnlichen
Einkerkerungen und Strafen wurde mancher Luthe-
riſch - geſinnte Salzburger bewogen, der neuen
Lehre zu entſagen, und zur alten Religion zurück-
zukehren. Als dieſes der, ſchon vor mehr als 20
Jahren aus der Gaſtein ausgewanderte Martin
Lodinger erfahren hatte, erließ er zwey Troſtſchriften an alle ſeine lieben Brüder (wie er
ſich ausdrückte) in Chriſto im Stift Salzburg, ſo jetzund leiden, geplaget und ge-
ängſtet werden um des heiligen Evangelii
willen. Er ermunterte ſie zur Beharrlichkeit,
und rieth ihnen, eher das Land zu räumen, als
von der Evangeliſch - lutheriſchen Lehre abzufallen.*)

Auf

---

*) Lodingers Troſtſchriften kamen zuerſt 1559, kurz vor ſei-
nem Tode, zum Vorſchein, und wurden hernach öfter
auf-

Auf den Sonntag Judica 1554 hatten der Erzbischof zu Salzburg, und der Herzog in Baiern
einen Kreistag nach Regensburg ausgeschrieben.
Als Salzburgische Gesandte erschienen Michael
von Kuenburg, Domherr zu Salzburg und Paß-
sau, Sebastian Höflinger, der Rechte Doctor
und David Kölderer; allein sie wohnten den
Sitzungen nicht bey, weil Baiern durchaus den
Vorsitz haben und die Direction führen wollte.
Endlich kam man dahin überein, „daß für dieses
Mal sowohl Salzburg, als Baiern sich der Prä-
sidenz enthalten, und inzwischen der Bischof zu
Regensburg, weil er ohnehin persönlich zugegen wäre, gleichsam als Sequester die Direction
führen sollte.‟

Nachdem der unruhige Markgraf Albrecht
von Brandenburg-Kulmbach in die Reichsacht
er-

aufgelegt, und in großer Anzahl heimlich in das Salzburgische Gebirgsland verschicket. Die letzte oder vierte Ausgabe erschien zu Nürnberg 1733 in 8. mit einer Vorrede des D. Gustav Georg Zeltner. Indeß wünschte ich
von diesem Manne nähere Nachrichten zu erhalten, um
mich von seiner historischen Existenz ganz zu überzeugen;
denn seinen Namen habe ich noch in keiner Salzburgischen Urkunde gelesen, und auch noch nie den Ort erfahren können, wo er sich nach seiner Auswanderung aus der
Gastein angesiedelt haben soll. Auch erreget es Verdacht,
daß seine Trostbriefe nicht datirt sind.

erkläret worden war, erließ Kaiser Karl am 2ten
Juny 1554 aus Brüssel ein Schreiben an den
Erzbischof zu Salzburg und an den Herzog in
Baiern, als die beyden ausschreibenden Kreisfür-
sten, und verlangte, daß der Baierische Kreis zu
Vollziehung der Acht unverzüglich eine Hülfe an
Geld leisten sollte. In dem hierauf am 13ten
July zu Regensburg errichteten Kreisabschiede
ward nun auf 6 Monathe lang eine Contribution
auf einen einfachen Römerzug (auf ein Pferd 12
Fl. und auf einen Knecht 4 Fl.) verglichen und
beschlossen. Uebrigens erstattete Doctor Sebastian Höflinger, welcher auf diesem, so wie auf
dem vorigen Kreistage, als Salzburgischer Gesandter erschienen war, nach demselben an den
Erzbischof in Betreff der bisherigen Rangstreitig-
keit mit Baiern einen Bericht, worin er das Vor-
zugsrecht des Erzstiftes aus der Geschichte ausführlich vertheidigte. *)

Erzbischof Ernest hatte sich zwar seitdem
wieder viele Mühe gegeben, bey dem päbstlichen
Stuh-

---

*) Dieser Bericht ist abgedruckt in der Prüfung einer
Druckschrift unter dem Titel: Beweis, daß der Vorrang in Baierischen Kreissachen den Churfürsten und
Herzogen in Baiern vor den Erzbischöfen von Salzburg gebühre. Lit. F. S. 66 — 68.

Stuhle eine weitere Dispensation von der Annahme der Priesterweihe zu erwirken; allein Pabst
Julius III. blieb unerbittlich. Erneſt entſchloß
ſich daher, lieber das Erzſtift abzutreten, als ſich
weihen zu laſſen. *) Dieſen Entſchluß eröffnete
er ſowohl dem Domkapitel, als der Landſchaft,
und er verharrte unabweichlich darauf, ungeachtet
er von beyden Theilen dringend erſuchet wurde,
das Erzſtift noch länger zu behalten, und ſich ja
gleichwohl zur Weihe zu bequemen. Der 16te
July 1554 war der Tag, an welchem er das Erzſtift
in die Hände des Domkapitels niederlegte, und
demſelben ſowohl die geiſtliche, als weltliche Regierung übergab, mit der Ermahnung, daß daſſelbe bey der Wahl eines neuen Oberhauptes auf
die Empfehlungen der benachbarten Fürſten keine
Rückſicht nehmen, ſondern dabey lediglich nur die
Beförderung der Wohlfahrt des Landes und die
Aufrechthaltung der Katholiſchen Religion vor
Augen haben ſollte. Bey der Ausführung dieſes wichtigen Geſchäftes war der vormalige Kam-
mer-

*) Er ſchrieb ſich nie Erzbiſchof, ſondern immer nur Con-
firmirten zum Erzbiſchof des Stifts Salzburg. Noch
bemerte ich zur Geſchichte der Titulaturen, daß die
Erzbiſchöfe zu Salzburg in dieſem Zeitraume ſchon durch-
gehends gnädigſte Herren, die Herzoge in Baiern hingegen nur noch gnädige Herren genannt wurden.

mermeiſter, **Johann Rotmar**, ein bereits hoch-
bejahrter Greis, ſein einziger Rathgeber und Ge-
hülfe. Nach der Reſignation begab er ſich mit
ſeiner Dienerſchaft nach Hallein, wo er bis auf
den Herbſt verblieb und ſich größtentheils mit An-
dachtsübungen und mit mathematiſch-aſtrologi-
ſchen Unterhaltungen beſchäftigte. Ueber die
Wahl ſeines Nachfolgers bezeigte er eine vorzügliche Freude. Nachdem er im Herbſte Hallein
verlaſſen hatte, reiſete er in ſeine, vor einigen
Jahren erkaufte Grafſchaft Glatz in Böhmen*),
und führte aus Salzburg eine beträchtliche Menge Goldes, Silbers und anderer Schätze mit ſich
dahin. Hier lebte er in ſtiller Einſamkeit ſechs
Jahre hindurch bis zu ſeinem Lebensende wie ein
weltlicher Privatmann, brachte aber durch ſeinen
Religions-Eifer die Grafſchaft in ſchlechte Um-
ſtände, weil er die Stände und Unterthanen, die
das Abendmahl unter beyderley Geſtalt zu empfangen pflegten und ſich ſonſt zu den Katholiſchen
Kirchengebräuchen nicht bequemen wollten, hart
                              u   be-

---

*) Der alte ehrliche Chriſtoph Jordan ſaget in ſeiner ge-
ſchriebenen Chronick: „Nachdeme er (Herzog Erneſt)
„des Stifts abgeſtannden, hat er für ſich ſelbſt im Land
„Behaim die Grafſchafft Glatz erkaufft, und ſeinem
„Sunn Euſtachio hat er die Herrſchaft Landfrid er-
„kaufft.

bedrückte, und diese daher in großer Menge aus dem Lande wanderten. Er starb zu Glatz am 7. December 1560. Sein Leichnahm wurde von da nach München abgeführet, und in der Frauen = Kirche in der herzoglichen Familien = Gruft beygesetzet. Die Grafschaft Glatz erhielt sein Neffe, Herzog Albert in Baiern, nachdem er mit dem Herzog Christoph zu Würtemberg, wel= cher als Schwestersohn ebenfalls einen Antheil for= derte, einen Vergleich darüber geschlossen hatte.

Herzog Ernest hatte, solange er dem Erz= stifte vorstand, nicht nur trefflich regieret, son= dern auch durch manche nützbare Anstalt sein An= denken verewiget. Er war äusserst arbeitsam; in= dem er die Klagen seiner Unterthanen bey Tag und Nacht anhörte, die Bittschriften alle selbst las, und die Entschließungen darauf entweder ei= genhändig schrieb, oder seinem Geheimschreiber in die Feder angab. Während seiner 14jährigen Re= gierung beschwerte er seine Unterthanen weder mit einer Steuer, noch mit einer andern ausserordent= lichen Abgabe. Die erzbischöfliche Kammer be= freyte er nicht nur von allen Schulden, sondern er bereicherte sie in einem hohen Grade; zumal da unter ihm die Bergwerke eine sehr ergiebige

Aus=

Ausbeute barbothen. Er lebte ſehr mäſſig, ſchränkte ſeinen Hofſtaat auf die unentbehrliche Dienerſchaft ein, und hielt nur einen Trompeter, welchen er in der Stadt faſt niemals, auf dem Lande aber nur ſelten blaſen ließ. Als Regent hatte er nur den Fehler, daß er ſeinen Räthen zuviel traute, und daher manchmal ſich und ſeinem Lande nicht wenig ſchadete. *)

Den 12 Chorvicarien und den 6 Choraliſten in der Domkirche verbeſſerte er ihre Beſoldungen, indem er einem Jedem der Erſtern quartember-lich 5 Fl., und einem Jeden der Letztern 2 Fl. zulegte.

Erneſt war ein großer Liebhaber des Bauens. Anfangs bediente er ſich Italiäniſcher Baumei-ſter; weil aber die, von ihnen aufgeführten Ge-bäude nicht haltbar waren, ſo dankte er ſie gänzlich ab, und wählte dafür deutſche Meiſter. Er hatte unter andern folgende Gebäude aufführen laſſen.

Das Schloß Freyſaal oder Freudenſaal, aus welchem die Erzbiſchöfe ſeit uralten Zeiten

u 2   ihr

---

*) Valent. Rotmar in Annalib. Ingolſtad, Academiae Part. I, pag. 103.

ihren Eintritt in die Stadt zu halten pflegten,
hatte er, so wie das Jägerhaus im Nönnthale
vom Grunde aus neu erbauen, und den dasigen
Hundsgarten, der vorher mit einer hölzernen
Planke eingezäunt war, mit einer hohen Mauer
umgeben lassen.

Auch bey Hofe oder in der Residenz unternahm er theils zur Verschönerung, theils zur
Bequemlichkeit viele Veränderungen. Den Saal
vor der Kammer, wie auch den untern Saal vor
St. Johanns = Kapelle ließ er wölben, und mit
marmorsteinernen Pfeilern verzieren. Den hölzernen Saal, wo vor Zeiten die Kapläne ihre
Wohnung hatten, verwandelte er in eine schöne
herrliche Stube, wo er die Rathstube und die
Kanzley bey einander hatte, und untertags meistens selbst zu wohnen pflegte. Auch hatte er in
der Residenz den Getreidkasten erweitern, und darin
zugleich nicht nur eine Pfisterey und ein Bräuhaus, um des Hofes Nothdurft zu backen und
zu brauen, neu anlegen, sondern auch zwischen der
Hofmeisterey und der alten Thürniß, wo vormals ein unstätiger Winkel gewesen war, eine
geräumige Schmiede nebst den Zimmern für den
Schmid und den Sattler herrichten lassen.

Das

Das Pfaffenhaus am Aſchhofe (Bene-
ficiaten - Haus), und das Kaltenbier - Haus am
Habermarkte hatte er ebenfalls aus ihren Ruinen
erhoben, und ganz neu gebauet, und in dem letztern Einigen aus seinem Hofgesinde Freywohnun-
gen angewiesen.

Für die Domkirche hatte er ein überaus
prächtiges Meßgewand und einen eben so kostba-
ren Chormantel nebst andern Zierathen aus seinem
Privatvermögen angeschaffet.

Mi-

Michael,

neun und vierzigster Erzbischof vom Jahre 1554 bis 1560.

Der bisherige Domherr zu Salzburg und Paſſau, Michael von Küenburg, ſtammte aus dem uralten Kärnthneriſchen Geſchlechte der Herren von Küenburg (Kienberg, Khienburg), und ward geboren am Freytage vor St. Dionyſii 1514. Sein Vater war Chriſtoph von Küenburg, Herr zu Sachſenburg, und ſeine Mutter Margareth, eine Geborne von Sebriach. Im September 1531 beſuchte er die hohe Schule zu Ingolſtadt, und zeichnete ſich unter allen ſeinen Mitſchülern durch Tugend, Verſtand und Fleiß muſterhaft aus. Bald darauf ward er Domherr zu Salzburg und Paſſau, und am leßtern Orte bekam er zugleich die Oberaufſicht über die Inn-Brücke. Im Jahre 1548 erſchien er auf dem berühmten Reichstage zu Augsburg als Geſandter des Biſchofs zu Paſſau, und im Jahre 1552 auf dem Kreistage zu Regensburg als Salzburgiſcher Geſandter.

Nach

Nach der Resignation des Herzogs Erneſt bewarben ſich um das Erzſtift zwey mächtige Ne: benbuhler. Der eine war **Wolfgang**, Bi: ſchof zu Paſſau , ein geborner Graf von **Salm.** Er hatte viele und große Gönner, und wurde vorzüglich von Herzog **Albert** V. in Baiern unterſtützet , welcher eigens nach Salz: burg reiſete, um ihn dem Domkapitel zu empfeh: len. Der andere Mitwerber war der ſchon be: kannte **Chriſtoph** von **Madrutz** , Cardinal und Biſchof zu Trient und Brixen , welcher mit Kaiſerlichen und Königlichen Empfehlungsſchrei: ben ausgerüſtet war , und es an nichts erwinden ließ , um ſeine Verdienſte und Regenten = Eigen: ſchaften heraus zu ſtreichen; da aber bey dem Domkapitel ſein Verſuch auch jetzt eben ſo wenig als vor vier Jahren gelingen wollte , ſo ſteckte er ſich hinter einige der mißvergnügten Landſtände. Er wußte nämlich , daß Erzbiſchof Erneſt , als ihn die Landſtände um Beſtätigung ihrer alten Freyheitsbriefe gebethen hatten , von ihnen dieſe Briefe abgefordert habe , unter dem Vorwande, damit er ihnen hierauf eine deſto füglichere Ant: wort ertheilen könnte. Weil nun die Landſtände nichts Arges vermutheten , ſo übergaben ſie dem Erzbiſchofe die Originalbriefe , welcher aber die

Be:

Beſtätigung derſelben von Tage zu Tage ſo lange verſchob, daß es endlich die Stände wohl
ſelbſt merken konnten, daß nicht nur die, bisher
vergebens gehoffte Beſtätigung auf immer aus-
bleiben, ſondern nicht einmal mehr eine Rückgabe der ausgelieferten Originalbriefe erfolgen würde. Sie ernannten daher aus ihrer Mitte den
**Achatius Wißbeck, Rudolph Trauner,
Hanns Straſſer, Paul Keuzl** und den Bürgermeiſter zu Salzburg, **Kaſpar Order,** zu
ihren Gewaltträgern, mit dem Auftrage, die
Rückgabe der vorenthaltenen Freyheitsbriefe (welche der Erzbiſchof inzwiſchen dem **Albrecht von
Puchhaim** eingehändiget hatte) entweder gütlich,
oder rechtlich zu ſuchen. Da ſie aber damals
nichts ausrichteten; ſo glaubten ſie jetzt, wo ohnehin zur Wahl eines neuen Erzbiſchofes geſchrit-
ten werden ſollte, ihren Zweck um ſo leichter erreichen zu können. Der Cardinal, der, wie geſagt, Alles das wußte, ließ durch ſeine vertrauten Anhänger die Mitglieder der Landſchaft wa-
cker aufhetzen, und ihnen heilig verſprechen, wie er
ſie bey ihren Rechten ſchützen und was er ihnen
noch für neue Freyheiten verleihen würde. Die
Landſtände giengen daher um ſo muthiger zu
Werke, und forderten durch Abordnung eines be-
ſon-

sondern Ausschußes von dem eben versammelten Domkapitel, daß ihnen dasselbe ihre vorenthalte= nen Freyheitsbriefe zurück verschaffen und zugleich den neu zu erwählenden Erzbischof ausdrücklich verpflichten sollte, ihnen gedachte Freyheitsbriefe, wie es die Erzbischöfe Eberhard III., Bernhard und andere Vorfahrer gethan hätten, um so mehr neuerdings zu bestätigen, als sie wibrigen Falls zu keiner Huldigung erscheinen würden."

Das Domkapitel, welches alle Weitläuftig= keiten zu beseitigen wünschte, um in dem vorha= benden Wahlgeschäffte nicht aufgehalten zu wer= den, suchte die aufgebrachten Stände einstweilen auf eine höfliche Art zu besänftigen, und schickte daher auf der Stelle an die gleichfalls versammel= te Landschaft die zwey Domherren, Michael von Küenburg, und Johann Auer, mit der Ant= wort: „Sie (Domkapitularen) hätten einer Land= „schafft Beschwer=Articul angehört; sie solle dem= „nach sich endlichen und gewiß versehen, daß ein „Capitel dem künftigen erwehlten Bischoff wolle „ernstlich auferladen, daß Er yber die begehrten „Freyheiten einer Landschaft einen Freyheitsbrief „sammt denen alten geben solle, solle auch von „einem Capitel bestättiget werden; und noch darzu nicht

„nicht allein die vorhin begehrte Articul alle be=
„willigen, sondern auch mit mehreren Freyheiten,
„alß sie selbst begehrt, begnadigen. Daß Sie
„aber auf diß mahl Ihnen vor der Election nit will=
„fahren können, seye Ursach, weilen sie inner=
„halb vier Tagen einen Bischof wehlen wolten,
„bis dahin aber mit andern wichtigen Sachen,
„die ohnfehlbaar noch vor der Election müssen ab=
„than werden, yberhäufft sein, bittente, da sich
„in der Election ein Zwispalt ereignen sollte, oder
„irrung zuetruege, daß Ihnen eine Landschafft
„treulichen beystehen wolte.„

Mit diesen schlichten Trostworten ließen sich
die Landstände befriedigen, und versprachen dage=
gen den Domherren, im Bedürfungsfalle ihnen
mit Leib und Gut beyzustehen.

Der 21gste July 1554, als der fünfte Tag
nach der Abdankung des Herzogs Ernest, war
zum Wahltage bestimmt. An diesem Tage tra=
ten nun die Domherren zusammen, und wählten,
ohne auf die auswärtigen Empfehlungen die minde=
ste Rücksicht zu nehmen, ihren Chorbruder, Mi=
chael von Küenburg, einstimmig zum Erzbi=
schofe; jedoch legten sie ihm eine, mit neuen Zu=

fä=

fäßen vermehrte Wahlkapitulation vor, welche er
am Freytage nach St. Jacobstage, den 27gſten
July 1554 unterzeichnete, und woburch er ſich
unter andern anheiſchig machte,

1) „Die Regierung, nach erfolgtem päbſtlichen
Placet, bis zur Ankunft der Beſtätigungs-
Bulle nicht allein, ſondern mit zwey Domka-
pitularen zu führen; und

2) nicht nur dem Domkapitel überhaupt über ſeine Grundholden, ſondern auch insbeſondere
dem Domdechant über alle Domherren, ihre
verpflichteten Kapläne, Diener und Ehehalten,
und alle Perſonen des Chors die volle Gerichtsbarkeit, nur mit Ausnahme der peinlichen Fälle,
zu überlaſſen, wie auch dem Domkapitel eine
Freyung zwiſchen den zwey Thoren im Dom,
im Schulhauſe und in allen Capitelhäuſern
zu geſtatten." *)

Um für den neuen Erzbiſchof die päbſtliche
Beſtätigung und das Pallium zu erwirken, wurden

_____

*) Stückweiſe findet ſich dieſe Wahlkapitulation in den
Halleiniſchen Salzcompromißſchriften Beylage Lit. ZZ
und in den Nachrichten von Juvavia §. 165 S. 157.
und §. 352. not. (b) S. 541.

den von Seiten des Domkapitels der Domherr,
Wilhelm von Trautmannstorf, von Seiten des
Adels und der Landschaft Christoph Pfliegel
und Doctor Khellenpeckh, und von Seiten der
Bürgerschaft der Stadt Salzburg und des innern
Raths derselben Veit Praun, Handelsmann,
und Thomas Meichelbeckh sogleich nach Rom
gesandt; sie kamen aber mit den verlangten
Stücken erst zu Ende des Jahres wieder zurück.

Indeß glaubten die Landstände, nach voll-
brachter Wahl, in Betreff ihrer Freyheitsbriefe
keine Zeit verlieren zu müssen. Sie begaben sich
daher ungesäumt zum neuen Erzbischofe, überreichten ihm die schon dem Domkapitel übergebe-
nen Beschwer-Artikel nebst der darauf erfolgten
Antwort, und erneuerten ihre vorige Bitte. Allein
der Erzbischof ertheilte ihnen darauf erst im December eine Antwort, welche im Wesentlichen dahin gieng: „daß ein Erzbischoff das Haubtschloß
„je und allweeg mit einem Landman besetzen solle;
„und daß, so ein Landman ein Beutellehen er-
„kauffet, Er mit selbigem als einem Ritterlehen
„solle belehnet werden. *)“ Alle übrigen Artikel
über-

---

*) Schlachtner's handschriftliche Chronik in der geheimen
Hofkanzley.

übergieng er mit Stillschweigen, wodurch er bey den Landstänben ein solches Mißvergnügen erregte, daß sie bey seinem Einzuge nur in geringer Anzahl erschienen.

Seinem Bruder, Hanns von Küenburg zu Küenegg, Pfleger zu Moßheim, both der neue Erzbischof einen der ersten Hofbienste an, und erließ an ihn hierüber folgendes Schreiben:

„Meinen Grueß zuvor,
„lieber Bruder!

„Das ich aus Gottes Gnaden Erzbischove „zue Salzburg worden bin wird dir woll bekannt „sein, und weil ich einen Haushofmaister brauch „so magst du mein Haushofmeister werden. wo „mit ich dich samt mich der göttlichen Vorsicht „befelche.

„Dein Bruder
„Michl, Erzbischove"

Allein der biedere Ritter, Hanns von Küenburg, schlug die angebothene Ehrenstelle trocken aus, und antwortete dem Erzbischofe in einem ächt-brüderlichen Tone:

„Mei

„Meinen Gruß zuvor,

„Hochwürdiger Her Bruder das du aus
„Gottes Gnaden Erzbischov zue Salzburg gwor=
„den bist, ist mir wohl bekant, regier Land und
„Leit woll, das du es dir beym strengen Gericht
„Gottes zu verantworten traust, ich bleib Pfleger
„zu Moßheim, und du magst dir um einen an=
„dern Haushofmaister schaugn, womit ich dich
„samt mich der göttlichen Vorsicht befilche.

Hanns von Küenburg *)."

Am 6ten October 1554 ward zu Regens=
burg schon wieder ein Baierischer Kreistag ge=
halten, welcher aber, weil der neue Erzbischof
noch nicht bestätiget war, nicht von ihm, sondern
von den verordneten Oeconomis des Erzstiftes
gemeinschaftlich mit Baiern ausgeschrieben und
beschicket wurde.

Am Festtage der heil. drey Könige 1555
wurde Erzbischof Michael vom Bischofe Georg
zu Regensburg, als ernanntem päbstlichen Com=
missär, in der Domkirche zu Salzburg zum Bi=
scho=

---

*) Aus der Registratur des aufgehobenen Pfleggerichts
Moßheim.

schofe geweihet, und mit dem Pallium bekleidet. Am darauf folgenden Tage hielt er aus dem Schloße Freysaal, mit größerer Freude des Volkes, als Pracht und Anzahl der Ritterschaft, seinen öffentlichen Einritt in die Stadt.

Druckfehler.

Seite	Zeile	statt	lies
III	17	Detum	Datum.
203	9	Erneuerungsrechte	Ernennungsrecht.
252	1	Besteugrungsrecht	Besteuerungsrecht.
256	19	ondern	sondern
264	11	werden	werde.
265	6	gegelassen	gelassen.
268	8	Branburger	Brauburger.

Chronik

von

Salzburg.

—⁂—

Von

Judas Thaddäus Zauner,

K. K. wirklichem Landrathe und Professor der Rechte zu
Salzburg, wie auch der Königl. Baierischen Akademie
der Wissenschaften zu München correspondiren=
den Mitgliede.

Ut quisquis factus est princeps, extemplo fama ejus
incertum bona an mala, ceterum æterna est.
PLINIUS Paneg. cap. 55.

Sechster Theil.

Salzburg,

bey Franz Xaver Duyle, Hof= und akademischem Buch=
drucker und Buchhändler, 1810.

Achter Zeitraum.

Michael,

neun und vierzigſter Erzbiſchof vom Jahre 1554 bis 1560.

Zehn Tage nach der Wahl, nämlich den letzten Juln 1554 hatte Erzbiſchof Michael dem Dom: kapitel, und dem Kloſter St. Peter, als den ſoge: nannten zwey Herren=Alm=Höfen, ſchriftlich verſprochen, ſich in dem Alm=Waſſer keiner Ge: rechtigkeit anzumaſſen, und daher weder einen Mühl: ſchlag, Hammer oder Stampf darauf bauen zu laſſen, noch ſonſt eine nachtheilige und übermäſſige Auskehrung des Alm=Waſſers zu geſtatten.

Gerade am andern Tage nach ſeinem Eintritte, als den 8ten Januar 1555, beſtätigte er dieſes Verſprechen und ſtellte darüber eine feyerliche Ur:

kunde

kunde aus. *) In der darauf folgenden Faßnacht reisete Erzbischof Michael nach Augsburg, um dem dahin ausgeschriebenen Reichstage persönlich beyzuwohnen, und zugleich auch von dem Römischen Könige Ferdinand die Reichsbelehnung zu empfangen. Am 5ten Februar geschah vom Röm. Könige der Vortrag an die Reichsstände, welcher vorzüglich die Herstellung eines dauerhaften Religionsfriedens zum Gegenstand hatte; allein die Berathschlagungen darüber begannen erst am 7ten März. Um dieselben zu beschleunigen, wurde ein Ausschuß des Fürstenrathes ernannt, welcher zu Ausgleichung der bisherigen Religionsstreitigkeiten eine Notel (Formular) entwarf, und sie dann der Reichsversammlung vorlegte. Der Kardinal und Bischof Otho zu Augsburg, der Erzbischof zu Salzburg, und die Bischöfe von Würzburg und Eichstädt verwarfen diese Notel durchaus, und wollten in Hinsicht auf Religionsübung, Kirchengüter und geistliche Gerichtsbarkeit von gar keinem Vergleiche Etwas hören. König Ferdinand schickte daher seinen Vicekanzler Jonas zu den zwey Erstern,

zu

---

*) Diese Urkunde ist ganz abgedruckt in Vierthalers Intelligenzblatt vom J. 1803. VIII. St. S. 113., wo jedoch in der Jahrzahl ein leicht bemerkbarer Druckfehler eingeschlichen ist.

zu den beyden Letztern aber den berühmten Ulrich Zäsius, und ließ ihnen das Unheil nachdrücklich zu Gemüthe führen, welches aus ihrem unzeitigen Religionseifer für ganz Deutschland entstehen könnte. Diese Zusprechung brachte den Erzbischof von Salzburg und die übrigen Bischöfe, mit Ausnahme des von Augsburg, welcher unbeugsam blieb, aber zum Glücke bald darauf nach Rom zur neuen Pabstwahl verreisete, allmählich auf friedlichere Gedanken, und sie stimmten endlich der entworfenen Ausgleichungs-Notel bey.

Um Pfingsten kehrte Erzbischof Michael nach Salzburg zurück, gieng aber, nachdem er zu Hause verschiedene Anordnungen getroffen hatte, wieder nach Augsburg zum Reichstage, wo er den, am 25sten September 1555 aufgerichteten Religionsfrieden im Namen und anstatt der gesammten geistlichen Fürsten eigenhändig unterzeichnete.

Erzbischof Michael faßte bey Besteigung des erzbischöflichen Stuhles, nach dem Beyspiele seines Vorgängers, den festen Entschluß, die katholische Religion aufrechtzuhalten, und sein Land von allen Secten und Ketzereyen zu reinigen. Um sich daher von dem Zustande des Religions- und Schulwesens näher zu erkundigen, veranstaltete er gleich im ersten Jahre seiner Regierung eine General-Visitation

tation durch das Gebirg, und übertrug dieses Ge-
schäft dem Domherrn **Wilhelm von Trautmannstorff.** Dieser trat zu Anfang des Monats July 1555 die Visitationsreise an, und vollendete seine Arbeit in zwey Monaten, worauf er
an den Erzbischof einen umständlichen Bericht
abstattete. „Zu **Golling** traff **Trautmannstorff**
einige **Wiedertäufer** an. Auch war da, so wie
zu **Kuchel,** kein lateinischer, wohl aber ein deutscher Schulmeister, an dem der Pfarrer keinen Mangel wußte. **Werfen** war ohne Schulmeister, hingegen fanden sich hier einige **Utraquisten,** oder
Calixtiner, *) solche nämlich, die bey dem Abendmahle auch den Gebrauch des Kelchs forderten.
Zu **Radstadt** gab es mehrere **Lutheraner,** aber
keine **Wiedertäufer.** In diesem Jahre zu Ostern
giengen da Wenige zu dem heiligen Abendmahle;
denn die meisten verlangten den Gebrauch des Kelches. Auch war daselbst ein Priester, der dem Volke das Abendmahl unter beyderley Gestalt reichte.
Ein dortiger Bauer schalt den Pfarrer, als er in
der Kirche seiner Predigt zuhörte, laut vor dem
Volke einen Lügner, und floh davon. Der Schulmeister zu **Radstadt,** der erst heuer um Georgii

anges-

---

*) **Berthold Pirstinger** nennet sie in seinem **Kelchbüchlein**
relig. auffer.

angeſtanden hatte, war im Punkte der Religion un‐
verdächtig. Zu Tamsweg forderten ebenfalls die
Meiſten den Gebrauch des Kelches; und als man
ihnen dieſen abſchlug, opferten ſie faſt nichts mehr
in die Kirche. Zu St. Veit herrſchte die nämli‐
che Stimmung unter dem Volke. Zu St. Jo‐
hanns, wo nur eine kleine Schule war, gab es
Lutheraner in großer Menge; beynahe Niemand
gieng zum heiligen Abendmahl. In der Gaſtein
waren einige Wiedertäufer; aber die Anzahl de‐
rer, welche den Gebrauch des Kelches forderten,
belief ſich auf 2,000 Köpfe. Auch willfahrte der
Pfarrer Einigen in dieſem Stücke. Unter der Bau‐
erſchaft warfen ſich zwey Bauern zu Lehrern auf,
und predigten in den Häuſern. Einer davon, nach‐
dem er vernommen hatte, daß der Erzbiſchof alle
Neuerungen in der Religion ernſtlich abgeſtellt wiſ‐
ſen wollte, erlaubte ſich gegen denſelben grobe Lä‐
ſterungen, und verſuchte einen Aufſtand zu erregen,
der ihm auch beynahe gelungen wäre. Der Schul‐
meiſter in der Gaſtein war in keinem Verdachte.
Er hatte nur wenige und junge Knaben, die er mit
der Grammatik beſchäftigte, und denen er auch das
neue Teſtament vorlas. Zu Taxenbach war keine
beſondere Stiftung, und weder Schule, noch Spi‐
tal. In der Rauris war der Schulmeiſter ka‐
tho‐

tholisch, hatte aber nicht über drey Knaben. In
Betreff der Religion war das Volk eben so ge=
stimmt, wie in der Gastein. Eben dieselbe Stim=
mung zeigte sich auch in Salfelden, wo sich übri=
gens zwey lateinische Schulmeister befanden,
die aber nichts ärgerliches lasen und wenig Knaben
hatten. Zu Zell im Pinzgau war der Schulmei=
ster auch katholisch." *)

Die Hoch= und Schwarzwälder in dem Erz=
stifte waren bisher durch das Schwenden und Reu=
ten wieder so sehr verwüstet und besonders an Küf=
holze erschöpfet worden, daß die Salzfertiger von
Passau und Burghausen, aus Mangel des Küf=
werkes, die Nothdurft des Salzes zu Beförderung
ihres Ausganges zu Hallein nicht mehr zu bekom=
men wußten, und sich darüber bey dem Erzbischofe
beschwerten. Dieser gestand ihnen nicht nur beß=
halb am Freytage vor Petri und Pauli 1555 eine
Erleichterung zu, sondern ließ auch am 13ten Ju=
ly darauf gegen den Holzfrevel eine geschärfte Wald=
ordnung ergehen. **)

Schon

---

*) Joa. Bapt. de Gasparis Archiepisc. Salisburg. res in Luthe=
ranis num ς estae pag. 96. und M. Rumplers Geschichte des
Schulwesens in Salzburg S. 60.
**) S. die Urkunden in den Halleinischen Salzcompromiß=
schriften Beyl. Nr. 163. und in Carl Ehrenbert Freyherrn
v. Molls Sammlung der Forstordnungen S. 27. — 30.

Schon unter der Regierung des Erzbischofes Erneſt waren zwiſchen Salzburg und Baiern nicht nur wegen des Vorſitzes und der Direktion auf den Baieriſchen Kreistagen, ſondern auch wegen des Holzſchlages im Pinzgaue zum Bedarfe des Salz-werkes zu Reichenhall Irrungen und Streitigkei-ten ausgebrochen. Zwar hatte ſich Biſchof Leo zu Freyſing zu einem gütlichen Unterhändler erbo-then; allein er vermochte keinen Vergleich zu Stan-de zu bringen.

Um dieſe Streitigkeiten beyzulegen und eine dauerhafte Nachbarſchaft herzuſtellen, veranſtalte-ten daher Erzbiſchof Michael, und Herzog Albert in Baiern einen Zuſammentritt ihrer Räthe zu München, wo ſodann am Freytag nach Martini den 15ten November 1555 zwiſchen ihnen ein um-ſtändlicher Vertrag zu Stande kam. Es wurde unter andern verabredet, daß

1) „die Kreistäge, wie bisher, ſo auch künftig, gemeinſchaftlich und unter beyder Fürſten Titel ausgeſchrieben, und die Propoſition, Direction und Stellung des Abſchiedes zwiſchen beyden Fürſten Wechſelsweiſe verrichtet, und

2) eben dieſer Wechſel auch bey der Ernennung und Präſentation der Beyſitzer zum Kaiſerl. Kammergerichte beobachtet werden ſoll.

3) Be-

3) Bewilliget der Erzbischof, jedoch ohne Nachtheil seiner landesfürstlichen Obrigkeit, und gegen Bezahlung des Stockrechtes, daß in den
Heimhölzern und Hofsachen zu Lofer und Unken, in Glem, in der Leogang und in noch
einigen andern Orten des Lichtenberger (Salz-
felder) Gerichtes auf gewisse Jahre eine gewisse
Anzahl Holzes zum Gebrauche der Salzsiederey
zu Reichenhall verhacket und verabfolget werde; und damit

4) der Holzwuchs befördert werde, verspricht derselbe, in den Pfleg- und Landgerichten Zell,
Lichtenberg und Lofer allen Waldfrevel ernstlich zu verbiethen, und die Waldverbrecher durch
die Landeshauptmannschaft zu Salzburg schwer
strafen zu lassen.‟ *)

Auf dem, im December 1555 zu Regensburg gehaltenen Baierischen Kreistage erschienen
im Namen des Erzbischofes von Salzburg Wilhelm von Trautmannstorf, Domherr zu Salzburg und Brixen, David Zölderer zur Purk-
stall

---

*) Dieser Vertrag findet sich Stückweise in dem „Beweis,
daß der Vorrang in Baierischen Kreissachen den Churfürsten und Herzogen in Baiern vor den Erzbischofen
von Salzburg gebühre (1792 in Fol.) S. 33. und in Joh.
G. Lorio Sammlung des Baierischen Bergrechts S. 287.

ſtall der Aeltere, und **Simon Pauer** der Rechte
Doctor. Auf den 23ſten März des folgenden Jahres wurde nach **Regensburg** ſchon wieder ein
Kreistag ausgeſchrieben. Die Salzburgiſchen Geſandten, **Sebaſtian Höflinger**, Kanzler, und
Franz von **Thanhauſen**, Pfleger zu Mühldorf,
forderten auf Befehl des Erzbiſchofes nebſt andern
Ausſtänden eine Summe von 5,000 fl. welche
Salzburg ſchon vor mehreren Jahren den gemeinen Kreisſtänden auf auſſerordentliche Kriegs - Ausgaben, als Werb- Wart- und Laufgeld, vorgeſtrecket hatte.

Schon im J. 1409 war dem Erzſtifte der
Schellenberg und das Salzſieden daſelbſt nebſt
aller Zugehör in ſo lange verpfändet worden, bis
die Probſtey **Berchtesgaden** die Schuld von
44,000 Gulden - Ducaten heimbezahlt haben würde. *) Nachdem nun Probſt **Wolfgang** im J.
1556 dieſe rückſtändige Summe gänzlich abgetragen hatte, begab ſich Erzbiſchof **Michael** nicht
nur der Verpfändung und des Thurmes nebſt der
Burghut zu **Schellenberg**, ſondern er entband
auch den Probſt von der Pflicht, welche er des
Salzſiedens halber dem Erzſtifte geleiſtet hatte. Um
aber künftigen Irrungen vorzubeugen und die wech-

ſei-

---

*) S. den dritten Theil dieſer Chronik S. 26.

selseitigen Verpflichtungen zwischen Salzburg und
Berchtesgaden näher zu bestimmen, wurden zugleich alle alten und neuen Urkunden, Verträge und
Sprüche übersehen und daraus kurze Auszüge ver-
fertiget, welche sodann in ein ordentliches Recog-
nitions-Libell gebracht wurden. Von Seiten
des Probstes wurden zu dieser Handlung Eberhard Bischof zu Eichstädt und Domprobst zu
Salzburg, Christoph Phlüegl zu newen Rhue-
ming, Hauptmann zu Gmund, und Niklas
Sölden, der Rechte Doctor Eichstädtischer Rath,
von Seiten des Erzbischofes aber Zieronymus
Bischof zu Chiemsee, Doctor Sebastian Höflinger, Kanzler zu Salzburg, und Christoph
Perner zu Rüff, erzbischöflicher Rath, als Bey-
ständer und Unterhändler ernannt und verordnet.
Die feyerliche Unterzeichnung des Recognitions-
Libells *) geschah nun zu Salzburg am Erchtag
in den Osterfeyertagen den 7ten April 1556.

Indeß fuhr Erzbischof Michael in seinem
Religions-Eifer unermüdet fort. Er jagte in diesem Jahre mehrere Personen, welche sich zum Lu-
ther-

*) Dieser Libell ist vollständig gedruckt, jedoch ohne Ort und
Jahrzahl, unter dem Titel: Eychstettisch *Compromiss-li-
bell de anno* 1556. 4 Bogen, in Fol. Ein Auszug daraus
findet sich in der Unparth. Abh. von dem Staate des
Erzstifts Salzburg. §. 275. S. 325.

therthum bekannten; aus der Stadt und aus dem
Lande, welche hierauf theils nach der Jungen-
Pfalz, theils nach Regensburg wanderten, und
die Protestantischen Stände, wiewohl vergebens,
um Hülfe und Beystand anriefen. Unter diesen
verjagten Lutheranern scheint auch Sebastian
Halteinspill, ein nicht ungelehrter Baierischer
Priester, gewesen zu seyn. Er predigte in seinem
Vaterlande Luther's Lehre, und reichte dem Volke das Abendmahl unter beyden Gestalten. Herzog Albert in Baiern ließ ihn im J. 1555 gefangen nehmen, nach Landshut führen und daselbst
zur schriftlichen Ablegung seines Glaubenskenntnis-
ses anhalten. Da Halteinspill sein Bekenntniß
nicht wiederrufen wollte; so wurde er auf Befehl
des Herzogs, nach Salzburg geliefert; allein
auch hier blieb er verstockt. Der Erzbischof entließ
ihn zwar aus dem Gefängniße, verbannte ihn aber
aus der ganzen Salzburgischen Provinz, und forderte ihm zugleich eine schriftliche Angelobung ab,
nicht wieder zurückkehren zu wollen.

Bald darauf, nämlich im J. 1556 wurden
in Bayern, auf Befehl des Herzogs, sieben Priester in Verhaft genommen, welche zu Burghausen, Braunau und Oettingen die lutherischen
Lehrsätze verbreiteten, und bey dem Abendmahle
den

ben Gebrauch des Kelches eigenmächtig einführten.
Sie wurden ebenfalls nach Salzburg geliefert; al=
lein sie bequemten sich da zum Wiederrufe, und
versprachen eidlich, sich künftig bey dem Gottes=
dienste an die Gesetze und Gebräuche der katholi=
schen Kirche zu halten. Man erlaubte ihnen, das
Abendmahl unter beyderley Gestalt auszutheilen,
wenn sie dieß ohne Aergerniß thun könnten, und
diejenigen nicht verdammten, welche dasselbe nur
unter einerley Gestalt empfangen. Würden sie
aber anders handeln; so würde man sie als Mei=
neidige betrachten.

Am 23sten May 1556 wurde zu Regensburg
abermals ein Baierischer Kreisabschied errichtet und
darin unter andern der Erzbischof von Salzburg,
oder welchen dieser dazu ernennen würde, zum
Nachobersten des Kreises erwählt. Die dabey
erschienenen Salzburgischen Gesandten, Franz von
Thanhausen, Pfleger zu Mühldorf, Johann
Chrysostomus Hochstetter und Simon Pauer,
beyde der Rechte Doctoren, erklärten übrigens,
daß, weil ihr Herr in dem Reichsanschlage allen
Churfürsten gleich wäre, an Landen und Leuten
aber gegen dieselben kaum ein Drittheil besäße,
er sich eine Verringerung seines Anschlages ausdrück=
lich vorbehalten haben wollte.

Kö=

König Ferdinand schickte in diesem Jahre den
Wilhelm von Wolkenstein nach Salzburg, um
durch denselben über das Schloß Traburg, Lind
und einige andere Güter in Kärnthen, welche vom
Erzstifte zu Lehen rührten, von dem Erzbischofe
die Belehnung zu empfangen. Im Herbste darauf reisete der Erzbischof nach Passau, wo er am
11ten October dem neuerwählten Bischofe, Wolfgang von Klosen, die bischöfliche Weihe ertheilte. Um eben diese Zeit war zu Regensburg wieder ein Baierischer Kreistag, auf welchem der, vom
Erzbischofe dahin gesandte und statt seiner zum
Nachobersten ernannte Franz von Thanhausen,
Salzburgischer Rath und Pfleger zu Mühldorf,
auf die Landfriedens-Ordnung beeidiget wurde. Die
übrigen Salzburgischen Gesandten waren Wilhelm
von Moßheim, Ritter, Simon Pauer und
Joh. Chrisostomus Hochstetter, beyde der Rechte Doctoren.

Am Faßnachts-Sonntage den 20sten Februar
1557 kam Herzog Albert in Baiern unvermuthet allhier zu Mühlen an, und gieng Abends
über das Gries herein zum Trenkthor (Thor
durch den Löchelbogen) bis in des von Thanhausen Haus. Von da fuhr er auf einer Kutsche mit
einigen seiner Edelleute und Diener zwischen 9 und

10 Uhr in der Nacht nach Hofe, wo der Erzbischof zu eben dieser Zeit, nach alter Sitte, den Adel zu Gast hatte. Der Herzog, welcher verlarvt und unbekannt war, ließ sich für einen Grafen von Mattigho﹣ ven ansagen, und brachte dem Erzbischofe eine, 50 Doppelducaten geltende Mummschanz (Mum﹣ men﹣ oder Maskenspiel), welche dieser gewann. Nun entlarvte sich der Herzog und gab sich zu er﹣ kennen, worauf er mit seinem Gefolge in dem Rin﹣ derholz bey Hofe mit Essen und Trinken herrlich bewirthet wurde. Er blieb von der Sonntags﹣ Nacht an bis auf den künftigen Donnerstag zu Salzburg, und reisete dann, nachdem er sich ge﹣ gen 4 Tage mit dem Erzbischofe mit nachbarlicher Vertraulichkeit unterhalten hatte, auf dem Was﹣ ser wieder nach Burghausen ab.

Den, am 16ten März 1557 zu Regensburg geschlossenen Reichstag besuchte Erzbischof Michael in eigener Person, reisete aber nach der Unterzeich﹣ nung des Reichsabschiedes sogleich wieder nach Hau﹣ se. Bey seiner Abreise erhielt er vom Kaiser, weil dieser in das Königreich Neapel ein Regi﹣ ment Knechte, das sich sammt dem Troße gegen 9,000 Mann erstreckte, nächstens einrücken zu las﹣ sen beschlossen hatte, ein Ersuchschreiben, daß er dieser Mannschaft in dem Erzstifte den Musterplatz

nebst

nebst dem Durchzuge über den Radstadter Tauern bewilligen und gedulden möchte. Der Erzbischof befahl hierauf nicht nur der Stadt Hallein, daß sie sich mittlerweile, bis der Durchzug geschieht, mit Vieh, Wein und Brod auf ein Nachtlager gefaßt machen sollte; sondern, da Hallein aus Mangel an Fütterey mit dem Viehe nicht aufzu= kommen wußte, ersuchte er zugleich durch ein Schreiben vom 18ten März 1557 den Probst **Wolfgang** zu Berchtesgaden, daß er zu Unter= haltung des ankommenden Kriegsvolkes den Metz= gern zu Hallein aus seinem Ländchen großes und kleines Vieh für einen leidlichen Preis käuflich über= lassen möchte. *) Dieses Kriegsvolk, welches größ= tentheils aus Spaniern bestand, schlug zu Wa= ging ein Lager. Der Oberste desselben war **Walt= her** von **Hiernhaim**, welcher, nachdem er seine Truppen da gemustert hatte, mit ihnen gegen Salz= burg zog; allein die gemeinen Soldaten wurden nicht in die Stadt gelassen, sondern in der Ord= nung mit fliegenden Fahnen um die Riethenburg herum durch die Abts= und Hofwiesen nach Hal= lein, und von da durch das Gebirg nach Kärnthen und Italien geführt. Den Obersten von **Hiern=**

Y   haim

---

*) Dieses Schreiben findet sich in den **Berchtesgadischen** Proceßschriften Beyl. Nr. 63.

haim nebst einigen Offizieren hatte der Erzbischof nach Hofe, zur Tafel eingeladen, und den Gemeinen Bier, Brod und Fleisch zur Genüge austheilen lassen.

Wegen der immer steigenden Erzeugungskosten erhöhte der Erzbischof im J. 1557 mit Bewilligung des Herzogs in Baiern den Salzpreis um weitere 6 Pfennige für jedes Fuder, das durch die Baierischen Lande ausgeht; jedoch stellte er zugleich am 22sten May, unter der Mitfertigung des Domkapitels, eine Verschreibung aus, „daß diese, mit beyderseitiger Einstimmung geschehene Handlung keinem Theile an seinen fürstlichen Regalien, Freyheiten und Rechten nachtheilig seyn sollte." *)

In dem, am 23sten Juny 1557 zu Regensburg errichteten Baierischen Kreisabschiede wurde beschlossen, die Reichs-Executionsordnung vom J. 1555 in Betreff des Landfriedens in Religions- und Profansachen im Baierischen Kreise in wirkliche Vollziehung zu bringen. Als Salzburgische Gesandten erschienen auf diesem Kreistage Gregorius Rienburg zu Rettinprun, und Simon Pauer, der Rechte Doctor.

Da

*) S. diese Verschreibung in den Halleinischen Salzcompromißschriften Beyl. Nro. 8. und in Joh. Georg Lori's Sammlung des Baierschen Bergrechts S. 288.

Da das, bereits auf Anordnung des Erzbischofes Leonhard herausgegebene lateinische
Agendbüchlein oder Ritual sich ganz vergriffen
hatte, so ließ Erzbischof Michael dasselbe nicht
nur neu auflegen, sondern auch, um das Volk über
den Zweck der heiligen Sacramente zu belehren,
mit einigen deutschen Ermahnungen vermehren. *)
Von diesem neu aufgelegten Agendbüchlein ließ
der Erzbischof jedem Seelsorger ein Exemplar zustellen, und zugleich an alle geistlichen und weltlichen Obrigkeiten des Erzstiftes folgendes scharfe Religions-Mandat ergehen:

„Wiewohl unsere löbliche Vorfordern am
„Erzstüfft zu mehrmahlen ernstliche Mandata aus-
„geben lassen, das man sich der Neuerung in un-
„serer alten Wahren Christlichen Religion gänzli-
„lichen enthalten, und denen neuen Leeren, Sec-
„ten, und Spaltungen in keinerley weeg, noch
„weis anhangen soll. Wür auch nit weniger bey
„unserer Vorfordern Regirung, unserm obliegen-
„den Amt nach, uns schuldig erkennen, ob solch
„alten Catholischen Religion, mit Fleis, und ernst

Y 2 zu

---

*) Die Aufschrift dieses Rituals lautet: Libellus Agendarum,
circa Sacramenta, Benedictiones & Cæremonias, secundum
antiquum usum Metropolitanæ Ecclesiæ Salisburgensis. 243
Seiten in Octav. Am Ende steht: Salisburgi, Excudebat
Joan. Baumann, Anno salutis, M. D. LVII.

„zu halten, auch darwieder einiche Neuerung, in
„unserm Stüfft nit eintringen, noch auffommen
„zu laſſen, darob Wür dan auch, als Viel uns
„die Klein Zeit unſer Erzbiſchöflichen Regirung,
„möglich geweßt, mit allem Fleiß gehalten. ſo
„haben Wür doch in Gutter erfahrung, wie ſich
„deſſen alles ungeacht, etliche Geiſtlichs, und
„Weltlichs Stands Perſohnen, in unſerm Stüfft,
„von den bisher gehaltnen Chriſtlichen alten löb:
„liche Saßungen, Gebotten, und Ordnung der
„Heiligen Catholiſchen Kirchen abzuwenden, da:
„rinen neuerung firzunemmen, auch dem Gemei:
„nen unverſtändigen Volk einzubilden, und Erger:
„niß zugeben, eigens Gwalts unterſtehn. welches
„uns aber keinesweegs zuzuſehen, noch verantwort:
„lich; das Wür auch hiemit mit ernſt abgeſchafft,
„und befohlen haben wollen, das ſich Niemand
„aus euch, was Standes oder Würden der ſeye,
„Geiſtlich oder Weltlich einiche Neuerung in un:
„ſer alten Heiligen Catholiſchen und Chriſtlichen
„Religion ferer unterſtehn, auch die ſo ſich der:
„ſelben bisher anhängig gemacht hetten, darvon
„wieder ab = und zu der Gemeinſchaft der allge:
„meinen Heiligen Chriſtlichen Kirchen Keren,
„auch den alten Ceremonien, ordnungen und Ge:
„bräuchen der Heiligen Chriſtlichen Kirchen Stracke,
                                                    und

„und unabgeſondert beleiben ſollen. und damit
„auch alle und jede unſere unterthannen ein wüſſen
„empfachen, das der eingeriſſen Irrſaal, ohne
„alle Gründ, und den Heiligen Chriſtl. auffaʒun‐
„gen und Gebotten, auch der Heiligen Altvätter
„Lehren, zuwieder, ſo haben Wür als Erzbiſchof
„uns, mit unſerm Mitbiſchöfen, und herentgegen
„ſie ſich mit uns eines Begrifs, der vornemſten Ar‐
„ticul halben, unſers Heiligen Chriſtlichen Glau‐
„bens, aus der Heiligen, und Apoſtoliſchen Schrift,
„Tradition, und der löbl. Altväter Gottſeeli‐
„gen Lehren gezogen, verglichen, dieſelb in ein Li‐
„bell gebracht, und allen und jeden Pfaarern, und
„Seelſorgern, unſers Salʒburg. landes, davon
„ein Exemplar, ſich darnach hinfiran in ihren
„Bredigen, und Lehren zu halten haben, überſchickt.
„Dieweil zu ausreuttung des eingeriſſenen Irr‐
„thums, hohvonnöthen ſeyn will, das unſere
„Pfaarer und Brediger, ſolche Inſtruction oft,
„und viel unterhand nemmen, und ihr Lehr, und
„Bredigen darnach regulirn, und nit ſo Sectiſch
„iſt, einfiren, dergleichen auch, von ſolchen unſern
„Pfaarern, und Bredigern, ſolche unterweiſſung
„fleiſsig heren, und dem wiederwertigen, ſo einem
„oder mehr hiervor eingebildet ſeyn möcht, nit ſtat
„noch Glauben geben, ſondern ſich deſelben als

ver‐

„verbotten, und von des Heiligen Chriſtl. Kir-
„chen verworfen, entſchlahen. ſo wöllen Wür mit
„ernſt, das ihr jede unſers Stüfts Pfaarer, Bre-
„diger, Vicarj, Proviſorn, Seelſorger, und die
„untere Geiſtliche, denen das Lehren, und Bre-
„digen vom Amtswegen zuſtehet, euch in ſolcher
„Eur jedem zugeſtelter Inſtruction, oft und dick
„erſehet, dieſelbig fleiſſig zu Gedächtnis bringet,
„und entlich in euren Lehren, und Bredigen, al-
„les das, ſo dieſer Inſtruction wiederwärtig, und
„als verbotten, und verworfen, meidet. desgleichen
„wollen Wür auch mit ernſt, das ihr in Gmein
„alle, und Eurer jeder unſerer unterthannen,
„darinnen gänzlich niemand ausgeſchloſſen, unſern
„Pfaarern, und Bredigern, ſo euch aus unſerm
„Befehl, aus ſolcher unſerm Ueberſchickten Inſtruc-
„tion, in Bredigen und Lehren Vorgehn werden,
„entlich volget, und dem wiederwärtigen in keiner-
„ley weeg Geſtatt oder Beyfahl thuet. Und hier-
„auf ſo gebüthen und befehlen Wür unſerm offi-
„cial, und Vicarien im Geiſtlichen ſachen, auch
„allen Pfaarern, Geſehlbriſtern, Caplan, und al-
„ler anderer unſerer Geiſtlichkeit, dergleichen auch
„unſerm Lands-Hauptmann, Pflegern, Bröbſten,
„und ihren Verweſern, Lands- und Bergs-Rich-
„tern, Stadtrichtern, Burgermeiſtern, Räthen,
„Ge-

„Gemeinden, und sonst allen unsern unterthonen,
„und Getreuen Geistlichen und Weltlichen, Ed=
„len, uneblen, Mannen und Weibern, und wol=
„len hiemit, mit allem ernst, das ihr alle und
„jede, bey Vermeidung unserer ungnad und Straf=
„fen, die Wür gegen den übertrettern, und un=
„gehorsammen, vorzunemmen, und nach Gelegen=
„heit einem jeden aufzulegen, endlichen gesinnt und
„entschlossen seyn, diesem unserm Mandat, soviel
„daselb einen jeden betrift, mit allem Fleis gelebt,
„Gehorsam leistet, und nachkommet, darwieder in
„keinen Articul handlet noch thut. Ihr aber un=
„ser nachgesezte geistl. und Weltl. Obrigkeit, sol=
„let nit allein vor Euer selbs Persohn, Diesem
„unserm Mandat, euch gemäs halten, sondern mit
„allen Fleis darob seyn, damit demselben, auch
„durch die andern, in euer jedes Verwaltung geses=
„sen, gelebt, und die übertretter zu Gebührlicher
„Straff gebracht werden. Damit sich auch nie=
„mants der unwissenheit, dieses hierin unsers be=
„griffenen Willens, und Befehls entschuldigen mö=
„ge, so sollet ihr, die Obrigkeiten, in Euren Ver=
„waltungen verfigen, das dieses unser ausgangene
„Mandat, allenthalben öffentlich verlesen, Publi=
„cirt, angeschlagen, und das Volk zu würklicher
„Vollzüchung desselben ermannt werde. An dem al=
                                                    len

„len beſchlecht unſer ernſtliche Meynung, Gebott
„und Befehl. geben mit unſern vorgetruckten Secret,
„in unſerer Stadt Salzburg den drey und zweyn=
„zigſten Tag Monnaths July anno: in Sieben,
„und fünfzigeſten."

Als Herzog Albert in Baiern in dieſem
Jahre ſeinen Unterthanen eine Türkenſteuer auflег=
te; verlangten dieſe hinwieder von ihm den Ge=
brauch des Kelches bey dem heiligen Abendmahle,
welchen er ihnen auch, ohne die Biſchöfe zu fra=
gen, auf einige Zeit erlaubte. Ueber dieſe Erlaub=
niß ereiferte ſich Erzbiſchof Michael ſo ſehr, daß
er mit ſeinen Mitbiſchöfen ein ernſtliches Abmah=
nungsſchreiben an den Herzog erließ und ihm vor=
ſtellte, „wie nunmehr Baiern ſich von der wahren
katholiſchen Kirche ſelbſt losreiße, und dadurch an=
dern Fürſten zu gleichen Mißtritten Anlaß gebe.
Kaum hatte der fromme Herzog dieſes Schreiben
erhalten, als er ſeine vertrauten Räthe und unter
dieſen einige Geiſtliche zuſammenberief, und nach
ihrem einhelligen Gutachten den Schluß faßte,
hierinfalls zu gehorchen, und die Religions= Ge=
ſchäffte wieder ganz auf den alten Zuſtand zurück=
zuſetzen." Er ſchaffte daher bey ſchwerer Strafe
die Communion unter beyderley Geſtalt augenblick=
lich ab, und erklärte öffentlich, daß er in ſeinen

Landen keine Religions-Neuerung zu verstatten ge-
sonnen wäre. Hierauf wurde noch im Jahre 1557
zwischen ihm, dem Erzbischofe von Salzburg, den
Bischöfen von Freysing, Regensburg, Passau und
noch einigen andern zu Landsberg ein Bündniß
geschlossen, wodurch sie sich zum wechselseitigen
Beystande verpflichteten, wofern Jemand aus ihnen
feindlich angegriffen werden sollte.

Trotz aller Gegenbemühungen von Seite der
Regierung wuchs in dem Erzstifte, besonders aber
in der Hauptstadt die Zahl der Lutheraner unbe-
merkt immer mehr an. Das, vom Erzbischofe
neulich erlassene strenge Religions-Mandat fruchtete wenig; vielmehr erzeugte dasselbe ein neues
Uebel — Gleißnerey und Gleichgültigkeit gegen
den öffentlichen Gottesdienst; denn, um den ange-
drohten Strafen zu entgehen, machten jetzt die Leute zwar die katholischen Kirchengebräuche äusserlich
mit; allein sie änderten darum ihre Gesinnungen
nicht, und lagen im Stillen nach, wie vor der
Lutherischen oder einer andern neuen Lehre ob.
Nur diejenigen, welche zu gewissenhaft waren,
durch eine solche Gleißnerey ihre Denkart zu ver-
schleyern, wanderten aus dem Lande. Unter den
Ausgewanderten fand sich ein talentvoller Jüngling,
Virgil Pingizer, welcher am 9ten Nov. 1541
zu

zu Hallein geboren war, von 1558 an zu Jena
studirte, und in der Folge da sowohl, als zu
Helmstädt das Amt eines Rechtslehrers bis zu seinem den 20. Jul. 1619 erfolgten Tode mit Ruh-
me bekleidete. *)

Bey den Protestanten zog sich Erzbischof Michael durch seine Unbuldsamkeit einen solchen Haß
zu, daß man, um einen Stoff zum Schimpfen
zu finden, seine Schwächen ausspähete; und, da
die Jagdlust eine seiner Hauptleidenschaften war,
durch eine gedruckte Schmähschrift **) in Deutschland das Mährchen verbreitete: „Er habe im J.
1557 um Ruperti im Herbste einen Bauern, der
ein Wild geschossen hatte, in eine Hirschhaut ein-
nähen, und dann durch seine Jagdhunde zu Todte
hetzen lassen.‟

Zu

---

*) Seine Lebensbeschreibung findt sich in Hagemanns und
    Günthers Archiv für die Rechtsgelehrsamkeit zweyt. Theil
    S. 116 — 124.

**) Diese Schmähschrift führet den Titel: „Newe Zeytung.
    Pasquillus vom salzburgischen Bawrn Gjaid, geschen
    im Siben vnd fünfftzigisten Jar vmb Ruperti im
    Herbst‟ (ohne Jahrzahl und Druckort) 1 1/2 Bogen in 4to.
    Ein Exemplar von dieser äusserst seltenen Schrift findet
    sich in der Herzoglichen Bibliothek zu Weimar, woraus ich
    durch die Güte des berühmten geheimen Raths von Göthe
    eine beglaubigte Abschrift erhalten habe.

Zu Ende dieses Jahres starb Bischof Hiero=
nymus zu Chiemsee. Zu seinem Nachfolger er=
nannte der Erzbischof seinen Rath, Christoph
Schlatl, der Rechte Doctor, und weihete ihn
in der Domkirche selbst zum Bischofe.

Am 2ten May 1558 starb zu Hof in der Ga=
stein der berühmte und um den Salzburgischen Berg=
bau unsterblich verdiente Gewerke, Christoph
Weitmoser zu Winkel, Röm. Königl. Maje=
stät Rath, und Gewerke in der Gastein, Rau=
ris, Schladming, Bleyberg bey Villach in
Kärnthen und in mehreren andern Orten in einem
Alter von 52 Jahren, und hinterließ an Herrschaf=
ten, aufliegenden Gütern, Baarschaften und Schuld=
briefen, an Kleinodien und Fahrnissen, und an=
dern Einrichtungen einen ungemein großen Reich=
thum. Er ward geboren zu Hof in der Gastein
im J. 1506. In seiner Jugend genoß er einen gu=
ten Unterricht, und lernte auch so viel Latein, daß
er die, in dieser Sprache verfaßten Bücher ver=
stand, und insbesondre des damals berühmten Ge=
orgius Agrikola Bücher vom Bergwerke in der
Ursprache gern las. Auch war er überhaupt
ein Schätzer der Wissenschaften und Gönner der
Gelehrten, die ihm dafür ihre Werke zueigne=
ten

ten. *). Sein Vater, Johann Weitmoser, welcher sich in den zweyten Bauern-Aufstand verwi-
ckeln ließ, flüchtete sich aus dem Lande mit Hin-
terlassung vieler Schulden. Sein Sohn Christoph
fieng im Jahre 1526, als ein Jüngling von 20
Jahren, in der Gastein auf seine Kosten ein Bergwerk zu bauen an, und verehlichte sich mit Elisabeth Fözlinn; allein in den ersten drey Jahren
baute er bey aller Thätigkeit mit so schlechtem Er-
folge, daß er einmal, um zu Ostern ein Stück
Fleisch essen zu können, den Brautschleyer seiner
Frau versetzen mußte. Erzbischof Matthäus, der
die Kenntnisse und den Unternehmungsgeist des
jungen Bergmannes kannte, ließ ihm zur Fort-
setzung des Baues 100 Thaler, unter der Bedingung, „sie zurückzuzahlen, wenn er im
Baue glücklich seyn sollte; im widrigen Falle
sey ihm das Geld geschenkt." Weitmoser war
glück-

*) Der Verdeutscher von Georg Agricola's Büchern vom
    Bergwerke, Philipp Bechius, Philosoph, Arzt und Pro-
    fessor zu Basel, dedicirte ihm seine Uebersetzung (gedruckt
    zu Basel durch Froben 1557 in Fol.). In der Dedication
    finden sich einige wenige Lebensnachrichten.
        Im folgenden Jahre dedicirte ihm (nicht seinem Sohne
    Christoph) der Augsburger Buchhändler Georg Willer,
    den ersten Theil der, von ihm veranstalteten und zu Nürn-
    berg gedruckten Sammlung der Gedichte des Meistersän-
    gers Hanns Sachs.

glücklich; denn er entdeckte so ergiebige Goldadern,
daß er nicht nur die, von seinem Vater hinterlaß=
senen Schulden tilgen konnte, sondern in kurzer
Zeit zu den größten Reichthümern gelang. Als im
J. 1539 Herzog **Ludwig** von Baiern in die Ga=
stein kam, brachte ihm **Weitmoser**, als der erste
Gewerkherr, einen Ochsen und ein Faß Wein zum
Gastgeschenke. Sein Name ward weit und breit
berühmt. Ritter und Grafen warben um seine
Töchter, deren er vier hatte. **Anna** heurathete den
Johann, und **Elisabeth** den **Georg Fuger**,
Sibylla den **Georg Khevenhüller**, und **Ger=
traut** den **Wolfgang** von **Haunsberg**, und nach
dessen Tode einen Grafen von **Preysing**. Söhne
hatte er drey. Die zwey ältern **Johann** und **Chri=
stoph** studirten zu Freyburg im Breisgau, und
hatten den ehrbaren und wohlgelehrten **Her=
mann Pincier Hessus** zum Präceptor, welcher
sie in die Schweiß führte, und zu Basel mit dem
dortigen Professor, **Philipp Pechius**, dem Ueber=
setzer von **Georg Agricola**, persönlich bekannt
machte. Der jüngste Sohn, **Esaias**, der bey
des Vaters Tode noch ein Kind war, studirte im
J. 1569 zu Ingolstadt. Gerade eine Woche vor
seinem zeitlichen Hintritte, nämlich am 25. April
1558, machte **Christoph Weitmoser** ein seyer=

liches

liches Testament, *) aus welchem nicht nur die
Größe seines Reichthums, sondern auch die seltene
Güte seines Herzens schon zur Genüge hervorleuch-
tet. Zu Haupterben ernannte er seine drey Söhne,
und jeder seiner vier Töchter bestimmte er zu ihrem
väterlichen Erbtheile 75,000 fl. und zu einem Frey-
gelde 5,000 fl., sodann einem jeden Kinde derselben 1,000 fl. Unter andern vielen Vermächtnissen,
zumal für seine Dienerschaft, für Sondersieche und
Arme in der Gastein und Rauris, widmete er zu
einem Fond für arme Schüler, die Lust zum
Studiren oder Prädiciren haben, 1,000 fl.
und übertrug dem Erzbischofe zu Salzburg das
Präsentations-Recht. Dem Erzbischofe Michael
selbst vermachte er sein bestes Silbergeschirr, dem
Kanzler zu Salzburg, Dr. Sebastian Höflinger 400 Ducaten, oder 700 fl. und dem Salzburgischen Rathe Christoph Perner zu Rief
1,000 fl.

Im Jahre 1558 unternahm der Erzbischof
in eigner Person eine Visitation durch seinen Kirchsprengel. In eben diesem Jahre war in Baiern
ein Gesellpriester, Namens Gabriel Pruckhpauer, ein aus dem Kloster Seeon entsprungener Mönch,

we-

*) Ein Auszug daraus, nebst seiner Grabschrift findet sich in
Vierthalers Intelligenzblatte vom J. 1800 S. 36 – 41.

wegen seiner Religions: Neuerungen, auf Befehl
des Herzogs Albert, verhaftet, und zu München
vor dem Religions: Rathe über sein Glaubensbe:
kenntniß umständlich verhört worden. Man legte
ihm die Fragen schriftlich vor, die er auch schriftlich
beantworten mußte. Aus seinem Verhöre gieng
nun hervor, daß er in mehreren wesentlichen Stü:
cken von dem Lehrbegriffe der katholischen Kirche
abgewichen wäre, und sich also einer förmlichen
Ketzerey schuldig gemacht hätte. Weil er aber ein
Priester war; so wollte man über ihn, vor dessen
Degradation, doch kein Strafurtheil aussprechen;
sondern der Herzog Albert schickte ihn sammt des:
sen Glaubensbekenntniß dem Erzbischofe von Salz:
burg zu, damit er, als Ordinarius, denselben nach
Vorschrift der Kirchengesetze strafen möchte. Der
Erzbischof schrieb den 13ten October 1558 dem
Herzoge zurück, „daß er gleich nach Durchlesung
des Glaubensbekenntnißes den Befehl ertheilet ha:
be, den Priester Pruckhpauer im Gefängniße zu
behalten, bis mit ihm nach den Kirchengesetzen ge:
handelt werden könnte; indem er seines Theils,
wie der Herzog, ganz wohl geneigt wäre, in sei:
ner geistlichen Jurisdiction dasjenige, so irrig und
verführerisch ist, nach Möglichkeit auszureuten.“
Allein Pruckhpauer besann sich in seinem Ge:

fängniße zu Salzburg eines Beſſern; er wiederrief ſeine Irrthümer, und nachdem er ſchriftlich ange- lobet hatte, künftig allen Neuerungen zu entſagen, wurde er wieder in Freyheit geſetzt. *)

In der erſten Faſtenwoche 1559 reiſete Erz- biſchof Michael auf den, vom Kaiſer Ferdinand nach Augsburg ausgeſchriebenen Reichstag, und verblieb daſelbſt über ein halbes Jahr. Bevor der Reichstag eröffnet wurde, ließ der Kaiſer ſeinem, am 21ſten September 1558 verſtorbenen Bruder, K. Karl V. in der Domkirche zu Augsburg ein feyerliches Seelenamt halten. Der Reichstag wur- de am 25. Febr. 1559 eröffnet, und einer der erſten Gegenſtände, welche da verhandelt werden ſollten, war die Herſtellung des Religionsfriedens. Da ſich Kaiſer Ferdinand in den Glaubensſtreitigkeiten vorzüglich des Raths des berühmten Friderich Sta- phylus zu bedienen pflegte, ſo berief er dieſen eigens nach Augsburg. Bey den Berathſchlagungen über

Re-

---

*) Joa. Bapt. de *Gaspari*s Archiepiſc. Salisburg. res in Lu- theraniſmum geſtæ cap. 11. pag. 113. Nähere Nachrichten von dieſem ſchwärmeriſchen Prieſter liefert Vit. Auc. Win- ter in der Geſchichte der baieriſchen Wiedertäufer im ſechs- zehnten Jahrhundert (München 1809.) S. 94 — 104. Ue- brigens irret ſich derſelbe, wenn er am Schluße beyſetzet, Prackhpauer habe, allem Anſcheine nach, zu Salzburg ſein Leben auf dem Scheiterhaufen geendet.

Religions = Gegenstände sollte nun **Staphylus** in der Würde eines Doctors der Theologie erscheinen; allein da er verheurathet war und Kinder hatte; so durfte ihm diese Würde ohne besondere päbstliche Erlaubniß nicht ertheilt werden. Doch diese Er= laubniß wurde einem so rüstigen und geübten Be= kämpfer der Ketzer, wie **Staphylus** war, keines= wegs erschweret. Denn Pabst **Paulus IV.** über= schickte durch den Cardinal **Raynutius Farnesus** dem Erzbischofe zu Salzburg einen rothen Doctors= hut und ein Schreiben, mit der Vollmacht, den **Staphylus**, nach vorgängiger Prüfung, zum Doctor der Theologie und des geistlichen Rechtes mit Aufsetzung des überschickten Hutes und den übrigen gewöhnlichen Feyerlichkeiten zu befördern.*) Diese Ceremonie verrichtete nun Erzbischof **Mi= chael** auf dem Reichstage zu Augsburg in Bey= standschaft der Bischöfe von **Merseburg, Worms** und **Lavant**, und noch anderer Prälaten und Doctoren. Jedoch mußte **Staphylus** an Eides= statt angeloben: „daß, wenn er seine einzige Gat= tinn, die er als Jungfrau geheurathet hätte, über= leben sollte, er den geistlichen Stand antreten und

3   Zeit=

---

*) Das päbstliche Schreiben sammt dem Doctors = Diplom findet sich in Vita *Staphyli* ante ejus opera (Ingolstadii 1613.) fol. 3.

Zeitlebens unverehlicht bleiben, auch die katholi=
sche Religion niemals verlassen, sondern dieselbe
vielmehr nach allen Kräften vertheidigen wollte."

Zugleich ernannte Erzbischof Michael den
Staphylus, welcher bereits Kaiserlicher und Bai=
erischer Rath war, auch zu seinem Rathe, um
bey Ausrottung der Ketzereyen sich seines Beystan=
des bedienen zu können. Gleichwie er selbst ge=
lehrt, und insbesondre in den theologischen Wis=
senschaften nicht wenig bewandert war, also schätzte
er auch die Gelehrten, zumal die Theologen.
Während seines Aufenthaltes zu Augsburg stell=
te er öfter Mahlzeiten an, wozu er die anwesen=
den Gottesgelehrten einlud, und wobey nicht bloß
geschmauset, sondern auch über Glaubenssätze ge=
stritten wurde. Zu diesen theologischen Schmau=
sereyen zog er jedesmal seinen Liebling, den Do=
minicanermönch, Johannes Gressenicus, wel=
cher zu Salzburg einige Jahre hindurch mit gro=
ßem Beyfalle geprediget hatte, und gebrauchte
denselben dabey gleichsam als Vorfechter, der ir=
gend einen streitigen Satz aufstellen, und darüber
die übrigen Gäste zum Kampfe herausfordern muß=
te. Am Ende entschied der Erzbischof den Streit
meistens selbst; und so giengen die Gäste, an Leib'
und Seele gespeiset, im Frieden auseinander.

Auch

Auch vermittelte der Erzbischof damals zu Augsburg zwischen dem Herzoge in Baiern, und Herrn Wolf von Maxelrain wegen der Herrschaft Waldeck einen Vergleich, der daher insgemein der Salzburger Vertrag genannt wurde. *) Als auf diesem Reichstage der Kaiser eine Reichsmünzordnung errichtet hatte, ließ der Erzbischof, weil er sich als ein Bergwerksherr durch dieselbe beschwert fand, dagegen unterm 14ten August durch seine Räthe dem Reichstage eine Protestation und Erklärung übergeben, „daß er in diese neue Ordnung nicht einwilligen könnte, wenn sie nicht zugleich von allen und jeden Reichsständen, vornehmlich von denjenigen, welche mit eignen Bergwerken begabt sind, als Sachsen, Böhmen u. a. angenommen und befolget würde." **) Am 19ten darauf wurde der Reichsabschied selbst ausgefertiget, welchen Erzbischof Michael eigenhändig unterzeichnete. Nun verließ er Augsburg, wo sein Name lange in einem gesegneten Andenken blieb, indem er während seines Aufenthalts den dortigen Armen täg-

Z 2   lich

---

*) J. von Obernberg Geschichte der Herrschaft Waldeck §. 24. im zweyten Bande der neuen historischen Abhandlungen der Baierischen Akademie der Wissenschaften.

**) S. diese Protestation in J. G. Lori's Sammlung des Baierischen Münzrechts I. Band S. 260.

lich reichliche Almosen ausspendete. Bald nach
seiner Heimkunft schrieb er, gemeinschaftlich mit dem
Herzoge in Baiern, einen Kreistag nach Landshut aus, und schickte den Domherrn Wilhelm
von Trautmannsdorf, seinen Kanzler Sebastian Höflinger, den Grafen von Khuenburg,
Ritter, Pfleger und Probst zu Werfen und Franz
von Thanhausen, Pfleger zu Mühldorf, als
Bothschafter dahin. Da der Kaiser unterm 19ten
October an den Erzbischof und an den Herzog in
Baiern geschrieben hatte, daß sie, als ausschrei-
bende Fürsten, die neue Münzordnung im Baierischen Kreise sogleich kund machen und vollziehen
sollten; so wiederholten die Salzburgischen Bothschafter bey Eröffnung des Kreistages am 14ten
December 1559 die nämliche Protestation, welche
neulich deßhalb dem Reichstage übergeben worden
war, und erklärten auf Befehl des Erzbischofes,
,,daß dieser, als ein Bergwerksfürst', in Betreff des
Münzwesens sich der Stimmenmehrheit der übrigen
Stände nicht unterwerfen könnte.'' In dem am
16ten darauf zu Stande gebrachten Kreisabschiede
wurde diese Protestation ausdrücklich eingeschaltet,
zugleich aber unter andern gegen die Zusammenrot-
tung und Vergatterung des herrnlosen Kriegsvolkes und gegen die Plackereyen der Straßendur-

ber

ber die Anordnung einer gemeinschaftlichen Land=
wehr beschlossen.

Zu Anfange des folgenden Jahres erhielt der
Erzbischof von dem Kaiser ein, an das Baierische
Ausschreibamt lautendes Schreiben, den Lieblohn
der Münzgesellen betreffend. Sobald er daselbe
eröffnet hatte, überschickte er es unterm 7ten März
1560 an den Herzog in Baiern, mit der Erklä=
rung, daß er sich aus bringenden Ursachen der
Münzsachen nicht angenommen habe, und daher,
solche auf Kreistagen oder sonst den Ständen vor=
zutragen, den Herzogen in Baiern überlasse. *)

Am 4ten July 1560 starb der Domprobst zu
Salzburg, Eberhard von Hiernheim, welcher
bereits im J. 1553 zum Bischofe zu Eichstädt
erwählt worden war, aber die Domprobstey zu
Salzburg noch immer beybehalten hatte. Ihm folg=
te in der Domprobstey Christoph von Lamberg,
vormaliger Bischof zu Seckau und bisheriger Dom=
dechant zu Salzburg.

In den Oestreichischen und Baierischen Landen
wurde bisher bey dem heiligen Abendmahle der Ge=
brauch des Kelches geduldet. Im J. 1560 ver=
langte das Volk in dem Salzburgischen Kirchspren=
gel die nämliche Freyheit. Insbesondre berichtete
der

*) Lori's Baierisches Kreisrecht S. 91.

der Erzpriester zu Gemünd in Kärnthen, daß da=
selbst die meisten den Gebrauch des Kelches begehr=
ten, und daß die Zahl der beweibten Priester im=
mer mehr zunehme. Der Erzbischof fragte sich da=
her bey dem päbstlichen Nuntius in Wien an, ob
man nicht wenigstens in Ansehung des Kelches mit
dem Volke Nachsicht haben dürfte. Da er hierauf
eine verneinende Antwort erhielt; so ließ er an den
Erzpriester zu Gemünd den Befehl ergehen, „daß
die Pfarrer und Vicarien nicht nur ihre Weiber
von sich stossen, sondern auch dem Volke bey dem
Abendmahle den Kelch nicht mehr reichen sollten.
Würden sie gehorchen; so sollte ihnen ihr Verbre=
chen verziehen seyn; wo nicht, so würde man sie
mit dem großen Kirchenbanne belegen.‟ Zugleich
ließ der Erzbischof den Gebrauch des Kelches bey
Strafe in seiner ganzen Diöcese verbiethen; allein
die meisten Pfarrer setzten sich über dieses Verboth
hinaus, theils aus Besorgniß, daß das Volk,
wenn ihm der Gebrauch des Kelches versaget wür=
de, von dem katholischen Glauben ganz abfallen
möchte, theils aus Geiz, indem sie dem gemeinen
Manne für Geld Alles zu Gefallen thaten. Den
hartnäckigsten Widerstand erfuhr der Erzbischof in
dem, in Kärnthen liegenden Antheile seiner Diö=
cese, indem sich die dortigen Bewohner auf die

Kai=

Kaiſerliche Begünſtigung beriefen. Der Erzbiſchof
ſchrieb daher unmittelbar an den Kaiſer; allein
vergebens; denn, um Unruhen zu verhüten, muß=
te dieſer ſeinen Unterthanen in dieſem Stücke ſelbſt
nachgeben.

Zu dem, im October 1560 zu **Regensburg**
angeſtellten Baieriſchen **Münzprobationstage**
ſchickte zwar der Erzbiſchof den Doctor **Hanns**
Köllnböckh als Bothſchafter, ließ aber durch den=
ſelben gleich Anfangs (den 2. Oktober) die ſchrift=
liche Erklärung abgeben, „daß er bey ſeiner vori=
gen Proteſtation gegen die neue Münzordnung noch=
mals verharren, davon aber, um dem Kreiſe ſeine
Willfährigkeit zu bezeigen, gleichwohl abſtehen
wolle, wenn die neue Münzordnung auch von Böh=
men, Sachſen und andern Münzherren, die eigne
Bergwerke beſitzen, angenommen und befolget wer=
de.“ *)

Da Herzog Albert in Baiern den Erzbiſchof
ſchon vor 2 oder 3 Jahren auf einen Beſuch ein=
geladen hatte; ſo reiſete dieſer am 29ſten October
1560 nach München. Ehe er daſelbſt anlangte,
zog ihm der Herzog mit einem anſehnlichen Gefolge
weit vor das Thor hinaus entgegen; er empfieng

ihn

*) Lori's Sammlung des Baieriſchen Münzrechts I. Band
S. 292 und 295.

ihn sehr freundlich, und begleitete ihn durch die Stadt nach Hofe, wo er ihn sammt seinem Hofgesinde prächtig bewirthete. Nach einigen Tagen begaben sie sich von München nach Geisenfeld, um sich in dem dasigen Forste mit einer Schweins jagd zu belustigen; und als auch diese Lustbarkeit vorbey war, beurlaubte sich der Erzbischof am Sonntage nach Martini den 17ten November in dem Nonnenkloster zu Geisenfeld von dem Herzoge, stieg in seinen Wagen und reisete ab. Kaum aber war er mit seinem Hofgesinde eine halbe Meile von Geisenfeld weggefahren, und im St. Colmans = Wäldlein angekommen; als er, im Beysenn des damaligen Pflegers zu Reichenhall, Georg Trauner, der bey ihm im Wagen saß, plötzlich mit einem Schlagflusse berühret wurde. Man hob ihn nun eilends aus dem Wagen, und legte ihn bey einem Eichenstocke zwischen zwey jungen Eichen in dem genannten Wäldlein auf Polstern nieder; und so liegend gab er gleich darauf noch am nämlichen Tage, zwischen 1 und 2 Uhr Nachmittags seinen Geist auf. Sobald er verschieden war, legte man ihn wieder in den Wagen, und gab zugleich von seinem Todfalle dem Herzoge Nachricht, welcher verordnete, daß die Leiche des Erzbischofes bey allen Kirchen durch ganz Baiern, wo sie vor-

bey=

heygeführet würde, mit dem Geläute aller Glocken empfangen, bey der Nacht allenthalben in die
Kirchen gestellt, und für die Seele des Abgeschie-
denen der Psalter gesungen werden sollte. Zu
Landshut gieng dem Erzbischofe die gesammte
Klerisey nebst der Bürgerschaft mit brennenden
Wachskerzen bis vor die Stadt entgegen, und begleitete ihn, unter dem Geläute aller Glocken, in
die Stadt. Am 23sten November kam die Leiche
desselben zu Salzburg an, und wurde in der Spi-
tals-Kirche abgeleget. Von da aus wurde dieselbe in einer feyerlichen Procession, und in Begleitung aller Zechen und Bruderschaften mit Kerzen und Windlichtern nach Hof in die St. Johanns-
Kapelle geführet, allda mit der erzbischöflichen Kleidung angethan, auf einer hohen Bahre zur Schau
ausgestellt, und am folgenden Tage, den 24. Nov.
Nachmittags durch die Herren von Adel, nach alter Sitte, in die Domkirche getragen, wo sie sodann vor dem St. Ruprechts-Altar zwischen dem
St. Ehrentrauts-Altare und dem Taufsteine begraben wurde.

Unter der Regierung dieses Erzbischofes gaben die Gold- und Silberbergwerke eine so reiche
Ausbeute, daß nicht nur mehrere neue Bergleute,
sondern auch Münzer angestellt werden mußten.

Und

Und wiewohl Michael eine ansehnliche große Hof=
haltung gehabt, und gegen alle Arme, vorzüglich
gegen dürftige Studenten, von denen er mehrere
auf seine Kosten auf auswärtigen Universitäten stu=
diren ließ, eine ausserordentliche Freygebigkeit be=
wiesen hatte *); so hatte er doch immer an Allem
Ueberfluß, und hinterließ daher einen großen Schatz;
woraus aber die Domherren eine Baarschaft von
mehr als 60,000 fl. eigenmächtig und ohne Wis=
sen der Stände herausnahmen, und sich zueigne=
ten **).

Unter den verschiedenen Gebäuden, welche
dieser Erzbischof aufführen ließ, verdienen folgen=
de bemerkt zu werden.

Bey Hofe hat er zwischen der Gesindküche,
und der alten Thürnitz einen hohen Thurm mit ei=
ner Glocke erbauet, und dahin eine Nachtwache
verordnet, die alle Viertelstunde einen Streich an
die Glocke thun mußte, da zuvor bey Hofe, auf=
ser zur Zeit eines Unfriedens, keine Wache ge=
halten wurde. Dagegen aber hat er die, von sei=
nem Vorfahren neuangelegte Pfisterey, Bräuhaus
und Schmiede wegen Feuersgefährlichkeit aus dem

Hofe

---

*) *Valent. Rotmari* Annal. Ingolstadt. Academ. Part. I, pag.
140. seq.

**) *Oefelii* Rer. Boicar. Scriptores Tom. II, pag. 287.

Hofe wieder entfernen, und dafür zunächst bey dem Nonnthalthore zur Werkstätte und Wohnung eines Hofschmiedes ein eigenes Gebäude neu aufführen lassen. Auf der Festung Hohen-Salzburg gegen das Nonnthal hinab hat er ein Zeughaus sammt einem Pulverthurme erbauet, und zu Mattsee den, von seinem Vorfahren angefangenen Bau des Schlosses vollendet.

Johann Jakob,

**fünfzigster Erzbischof vom Jahre 1560 bis
1580.**

Der 28ste November 1560 wurde zum Wahl
tage bestimmt; doch ehe zur Wahl eines neuen Erz
bischofes geschritten wurde, kamen die Landstände
zusammen, und schickten an das Domkapitel einige
Abgeordnete, welche dasselbe an seine, bey der letz
ten Wahl gethane Zusage erinnern, und von
demselben die vorenthaltenen Freyheitsbriefe zurück
fordern sollten. Den Abgeordneten gaben die Dom
herren zur Antwort: „Was vorhin mit Einer Land
schaft gehandelt worden, sey dermal ihnen nicht be
wußt; so hätten sie auch jetzo mit wichtigern Sa
chen zu thun, und sich mehr um die Wahl eines taug
lichen Oberhauptes, als um dergleichen weltliche Din
ge zu bekümmern; würde aber ein Erzbischof erwählet
seyn; so werden sie bey demselben Einer Landschaft
das Wort zu reden nicht unterlassen, daß dieselbe
der Beschwer-Artikel entladen und enthoben werde."
Da nun die Landstände abermals sahen, daß
ihnen das Domkapitel weder Viel, noch Wenig
zu leisten gedächte; so verbanden sie sich unterein
an-

ander sammt und sonders, dem künftigen Erzbischo=
fe nicht eher zu huldigen, als bis er ihnen die vor=
enthaltenen alten Freyheitsbriefe mit einem neuen
Bestätigungsbriefe darüber wieder herausgegeben ha=
ben würde. Dieses Bündnisses ungeachtet schritt das
Domkapitel an dem, auf dem 28sten Nov. ausgeschrie=
benen Tage zur Wahl; und die Stimmen desselben
fielen einhellig auf den bisherigen Domdechant zu
Brixen und Domherrn zu Salzburg, Johann
Jakob Kuen von Belasy, dessen Aeltern der Rit=
ter Jakob Kuen von Belasy in Lichtenberg,
und seine Gemahlinn Magdalena, geborne Fuchs=
sinn von Fuchsberg, gewesen waren.

Gleich nach der Wahl schickte der neue Erzbi=
schof den Passauischen Domprobst und Salzburgi=
schen Domherrn, Urban von Trennbach, und
den Salzburgischen Rath, Licentiaten Simon
Pauer, nach Rom um das Pallium und um
die päbstliche Bestätigung. Auch ließ er sogleich
den Landständen bedeuten, „daß sie ihm, die Hul=
digung nicht verweigern sollten; indem er künftiges
Jahr nach Ostern einen Landtag ausschreiben, und
sodann ihre Beschwerden abthun würde." Allein
als der neuerwählte Erzbischof merkte, daß die
Stände aus ihrem Bündnisse nicht treten wollten,
bestrebte er sich, sie durch Klugheit von einander
zu

zu trennen. Zuerst machte er sich an den Präla-
ten-Stand, und brachte denselben theils durch
schöne Worte, theils durch Drohungen dahin, daß
derselbe dem Bündnisse entsagte und die Huldigung
unbedingt leistete. Nachdem ihm dieser Streich
gelungen, und inzwischen auch das Pallium nebst
der päbstlichen Bestätigung von Rom eingetroffen
war, bekümmerte er sich nicht mehr um die übrigen Stände, sondern machte sogleich Anstalten zu
seinem öffentlichen Eintritte. Am 17ten Februar 1561 hielt er nun, nachdem er aus den Händen des Bischofs Wolfgang
zu Passau die bischöfliche Weihe und das Pallium
empfangen hatte, in folgender Ordnung seinen Einzug in die Stadt. Voraus giengen die Zechen mit
ihren Kerzen; dann folgten die Schulen des Doms,
und von St. Peter; hierauf die Domherren und
Mönche zu St. Peter. Nun kamen die Pröbste
und Aebte mit ihren Infeln, als ein Herr von
Rosenberg, Dombechant zu Trient, Andreas
Hartl, Probst zu St. Zeno, Urban, Probst zu
Högelwerd, Emmeram, Abt zu Michaelbeuern,
Georg Hadersperger, Probst zu Gars, Sebastian Hartenbeck, Abt zu Raitenhaßlach,
Johann Haimoldinger, Probst zu Au, der
Probst zu Chiemsee; ferner die Aebte zu Mondsee,

und

und zu St. Peter, und Wolfgang, Probst zu
Berchtesgaden. Nach diesen kamen drey Edelleute, unter denen Burkard Trauner die prächtig-
ste Rüstung hatte; dann sieben Trompeter und ein
Heerpauker, ein Domherr mit dem Legatenkreuze
zu Pferde; und unmittelbar nach ihm ritt der Erzbischof im rothen Habit mit dem Pallium geziert,
und mit dem Legatenhute bedeckt. Neben dem Erzbischofe giengen die vier Landherren, als Eustach
von der Alm, Erbtruchseß, Hanns David von
Nußdorf, Erbmarschall, Adam von Thurn,
Erbschenk, und Georg Hector Wiebeck, Erbkämmerer. Um diese her traten beyderseits 24 Bürger als Trabanten gekleidet. Hierauf folgten zu
Pferde die Bischöfe Anton von Hoyos zu Gurk,
Christoph Schlätl zu Chiemsee, Petrus Persicus zu Seckau, und Martin Herkules Rettinger zu Lavant; ferner Joachim Graf zu
Ortenburg, Jakob Kuen zu Neuen-Lempach,
des Erzbischofs Vater, Rudolph und Jakob
Kuen, des Erzbischofs Brüder, Blasius, Pon-
craz, Hanns, und Karl David Kuen, des
Erzbischofes Vettern, Graf von Lodron, ein
Herr von Schwendi, Christoph von Wolkenstein, Achatz von Herberstein, Caspar Colon-
na von Völß, von Prag, Georg von Freundt-
sperg,

sperg, Georg und Paul von Thanhausen,
Sigmund von Lamberg, Marelrain, Chri=
stoph von Greißen, Hanns Georg von Nuß=
dorf, Zinzendorf, Welsperg, Eyzing, Se=
bastian von Windischgrätz, Georg von Her=
berstein, Georg von Thurn, Hanns Veit von
Törring, Georg von Anöring, Martin von
Payersperg, Balthasar von Lamberg, Jo=
seph von Egg, Herbert von Auersperg, Chri=
stoph Fuchs, Wolfgang von Lamberg, Hein=
rich von Dachsberg, Georg Hoffmann Vizdom
zu Leibniß, Erasmus von Aüenburg Vizdom
zu Friesach, Gandolph, Georg, Mar und
Balthasar von Aüenburg, Degenhard Fuchs,
Jacob Trapp, Hanns Pusch, J. Georg
Trauner, Hanns Wohlfahrt Ueberäckher,
Christoph von Aainach, Hanns Panichner,
Otto Georg Graf von Schernberg, Christoph
Trauner, Christoph Fränkinger, Wiguleus
von Elriching, Christoph Pusch, Markus
Lang, Wolf von Zaunsperg, Georg Ahai=
mer, Sebastian Ueberäckher, Hanns Peter
von Preysing, Christoph Auer, Doctor Furt=
mayr, Hanns Victor von Stain, Wilhelm
Ramseider, Christoph Pflügel, Bernard Ram=
seider, Christoph Graf von Schernberg, Bernard
Pusch)

Puſch, Kaſpar Lueger, Franz Händl, Helf=
rich von Rainach, Gobein Trauner, Kaſpar
Panichner, Noppinger, Joſ. Fröſchl, Ja=
kob Graf von Schernberg, Conrad von Than=
hauſen, Heinrich Schenk, Sigmund Händl,
Andreas Penninger, Jakob Stainer, Max
Reutzl, Philipp Straſſer, Veit Graf von
Schernberg, Hauptmann Hebenſtreit, Ludwig
Stainer, Balthaſar Grimming, Hanns
Herzhaimer, Clement Münich, Gottfried
Penninger, Georg Auer, Hanns Häckl, Os=
wald Fränkinger, Georg Stegauer, Bur=
kard Kölderer, Wolf Münich, Euſtach
Gold, Onuphrius Stainer, Gabriel und
Wilhelm Fränkinger, Ehrenreich Gold,
Hanns Weitmoſer, Wolf Straſſer, Hanns
Perner, Sebaſtian Pflügel, Paul und Sig=
mund Rettinger, Georg Kölderer, Ruprecht
und Kaſpar Gutrather, Felix Altmann, Ge=
org Forſtauer, Hauptmann Hörd, und Haupt=
mann Geyer. Dieſer Einzug gieng unter dem
Geläute der Glocken, und Abfeuerung des groben
Geſchützes, durch das Nonnthal in die Stadt zur
Domkirche, wo das Te Deum geſungen wurde.
Hierauf wurde bey Hofe zur Tafel geblaſen, und
die ganze Feyerlichkeit mit Freuden beſchloſſen.

Am

Am folgenden Tage bequemten sich die Städt=
de zur Huldigung; worauf ihnen der Erzbischof
neuerdings versprach, gleich nach Ostern einen Land=
tag auszuschreiben, und darauf ihre Beschwerden
abzuthun. Weil er aber nicht nur dieses Versprechen
keineswegs hielt, sondern noch überhin anfieng, die
wichtigsten, bisher von den Landleuten innegehabten
Dienste, als die Landeshauptmannschaft, Marschall=
und andere Hofämter, wie auch Rathsstellen und
Pflegen unter seine Familie und Verwandte zu
vergeben *); so verbanden sich die Stände noch en=
ger zusammen, und übergaben dem Erzbischofe
schriftlich nochmals ihre Beschwerden, mit dem
Bedrohen, daß, wenn er denselben nicht abhelfen
würde, sie die Sache im Rechtswege an den Kai=
serl. Hof gelangen lassen wollten. Diese ernsthaf=
te Sprache bewog endlich den Erzbischof, daß er
den Ständen eine schriftliche Entschließung zuschick=
te, und ihnen darin drey Artikel bewilligte, näm=
lich

1) „daß dem Ritterstande gebühre, die Güter und
   Verlassenschaften ihrer Grundholden alleinig zu
   in=

---

*) Sein Bruder Jakob Kuen, welcher um das Jahr 1570
das Schloß Gartenau an sich brachte, wurde Rath, Lands=
hauptmann zu Salzburg, und Pfleger zu Mittersill und
Mühldorf.

inventiren, darüber Briefe und Siegel zu ertheilen, auch ohne Beyziehung der landgerichtlichen
Obrigkeit, nach ihrem Gutdünken, zu handeln
und zu wandeln.

2) Daß dem Stande der Ritterschaft zukomme,
über die, von ihren Grundholden hinterlassene
Jugend allein Vormünder aufzustellen; und daß
zu dem Ende die landgerichte verpflichtet seyn
sollen, auf Ersuchen eines solchen Schildherrn
die nächsten Verwandten unweigerlich zu verschaffen.

3) Daß die Unterthanen der Ritterschafe und des
Adels, soviel möglich, mit den Robathen Frohn-
diensten) verschonet werden sollen, ausser sie betreffen des Landes Nutzen und Nothwendigkeit."

Mit dieser Bewilligung ließen sich nun die
Ritter einstweilen beruhigen.

Uebrigens sind unter der Regierung dieses Erzbischofes zwey ansehnliche Geschlechter von der Salzburgischen Ritterschaft ganz ausgestorben; denn bereits im J. 1561 verschied Eustach von der Alm
oder Alben, Erbtruchseß des Erzstifts, der letzte
seines Namens * ; worauf K. Ferdinand I. als
Herzog von Kärnthen, das erledigte Erbtruchseß-

A a 2

amt

---

*) Die erloschenen und noch blühenden Alt=Adelichen Bay-
rischen Familien (Regensburg 1798.) S. 9.

amt dem **Chriſtoph** von **Thanhauſen** und ſeinen
Brüdern verließ. Der Erzbiſchof wollte jedoch in
dieſem Falle, wo das belehnte Geſchlecht ganz ausgeſtorben wäre, die Lehenſchaft nicht geſtatten; und
nahm daher den von **Thanhauſen** nicht anders
auf das Erbamt an, als daß dieſer Hergang dem
Erzſtifte an ſeiner Oberlehnherrlichkeit für künftige
Fälle unnachtheilig ſeyn ſollte. Bald hernach er-
loſch auch das Geſchlecht der Herren von **Wißbeck**,
welche des Erzſtiftes Erbkämmerer waren. Auf
Empfehlung des Erzbiſchofes wurde nun ſein Bruder **Jakob Kuen** von dem Herzoge in Baiern mit
dem erledigten Erbkammeramte belehnet.

Am 14ten Januar 1562 ſtarb zu Salzburg im
60ſten Jahre ſeines Alters **Johannes Mulinus**,
oder eigentlich **Stomius**, ein Philolog und überaus geſchickter Schulmann. Er war von **Perlas-
reit** in Niederbaiern gebürtig, kam bereits unter
dem Cardinal und Erzbiſchofe**Matthäus** nach Salzburg, und errichtete daſelbſt eine ſogenannte Poe-
ten-Schule, welche von der Jugend nicht nur aus
der Nachbarſchaft, ſondern ſogar aus entfernten
Städten, als Nürnberg, häufig beſucht wurde.
Er lehrte über 30 Jahre bis zu ſeinem Tode, und
gab ſeinen Schülern, nebſt einer guten Erziehung,
in der griechiſchen und lateiniſchen Sprache, ſo
wie

wie in den schönen Künsten und Wissenschaften einen trefflichen Unterricht *). Manche damalige Gelehrte, als Lorenz Dürnhofer, Prediger zu
Nürnberg, und Valentin Rotmar, ein geborner Salzburger, und Professor zu Ingolstadt,
verdankten diesem Schulmanne ihre erste Bildung.

Nach den Osterferien in diesem Jahre reisete
Erzbischof Johann Jakob nach Passau, und ertheilte daselbst am 5ten April dem neuerwählten
Bischofe Urban von Trennbach die bischöfliche
Weihe. Da er vom Pabste Pius IV. nicht nur
durch das allgemeine Ausschreiben, sondern auch
durch besondere Zuschriften aufgefordert wurde,
das wiedereröffnete Concilium zu Trient, in Er-
mangelung eines rechtmässigen Hindernißes, persönlich zu besuchen; so hielt er gleich nach seiner
Zurückkunft von Passau einen Zusammentritt mit
den Bischöfen von Freysing, Regensburg, Paß-
sau, Brixen, und den übrigen Suffraganen, um
sich mit ihnen über die Art zu berathschlagen, wie
man von Seiten der Salzburgischen Provinz das
Con-

*) *Joa. Georg. Schelhorn* de Religionis Evangelicæ in provincia Salisb. ortu, progressu & fatis §. 26. pag. 35. Dieses
Schulmannes erwähnet auch Vierthaler Geschichte des
Schulwesens und der Cultur in Salzburg I. Theil. S. 165.
und S. 190.

Concilium beschicken, und welche Gegenstände man
bey demselben vorzüglich zur Sprache bringen sollte.
Martin Hercules Bischof zu Lavant, und Felician Ninguarda, ein Dominicaner = Mönch,
Doctor der Theologie, und Rath des Erzbischofs,
wurden nun zu Gesandten und Procuratoren er=
nannt, und vom Erzbischofe unterm 23. April
1562 mit einer umständlichen Vollmacht versehen.
Ihnen wurde Johann Baptist Sickler, Doctor
der Rechte, als Secretär beygegeben. Sie kamen
am 26. May zu Trient an, und übergaben den
versammelten Vätern ihre Vollmacht nebst einem
Schreiben des Erzbischofes an eben dieselben. *)
Zur Entschuldigung, warum der Erzbischof nicht
selbst persönlich erschiene, stellte er unter Andern
vor: „Es wäre in seinem Lande, vorzüglich im
Gebirge eine solche Menge Menschen von der ka=
tholischen Kirche abgefallen, daß er sich ohne au=
genscheinliche Gefahr aus seinem Sprengel nicht
ent=

---

*) Dieses Schreiben nebst der Vollmacht ist abgedruckt bey
Schelhorn de Relig. Evangelic. in Provincia Salisborg. or-
tn §. 35. pag. 46 — 49.

Felician Ninguarda erschien bey dem Concilium zu
Trient auch als Procurator des Abts Benedict zu St. Peter, von welchem er zu dem Ende eine ordentliche Vollmacht erhalten hatte. Sie findt sich in Noviss. Chronic.
Monaster. ad S. Petrum pag. 478.

entfernen könnte. Auch würde Tyrol durch eine
Bande von Meuterern und Räubern beunruhiget,
und dadurch der Weg von Salzburg nach Trient
sehr unsicher gemacht. "

Diese Entschuldigung schien einigen Vätern
nicht hinlänglich zu seyn; denn der Erzbischof von
Prag erwiederte, die Ruhe in Tyrol wäre von
dem Kaiser bereits hergestellt; und der Cardinal
Gonzaga setzte bey, das Erzstift Salzburg wäre
ringsherum von katholischen Fürsten umgeben,
und die Entfernung von Trient so unbedeutend,
daß der Erzbischof im Nothfalle in wenigen Tagen
nach Hause kommen könnte. Dessen ungeachtet
wurde die Entschuldigung des Erzbischofes gleichwohl für hinreichend angenommen, und die Gesandtschaft desselben zu den Sitzungen zugelassen.

Als es zu den Berathschlagungen kam, entstand zwischen den Abgeordneten der deutschen Bischöfe, und den päbstlichen Legaten ein heftiges Ge-
zänk. Es wurde eben von dem Meßopfer gehandelt. Die Salzburgischen Gesandten wurden nun,
so wie die übrigen Abgeordneten, von dem Secretär des Conciliums, Massarelli, zur Abstimmung
aufgerufen, und ihre Stimmen zu Protokolle genommen. Dieses mißbilligten die päbstlichen Legaten. Massarelli hingegen berief sich auf eine

Ver-

Verordnung des Pabstes Paul III. wodurch er den Abgesandten der deutschen Bischöfe ausdrücklich ein Stimmrecht eingeräumet hätte. Allein die Legaten ließen die Sache an den Pabst Pius IV. gelangen, welcher hierauf unterm 20. August desselben Jahrs die Verordnung des Pabstes Paul III. wieder aufhob, und den Abgeordneten der Bischöfe das Stimmrecht geradehin absprach *). Diese unerwartete Entschließung erregte unter den Deutschen ein allgemeines Aufsehen, und man machte dagegen, wiewohl vergebens, triftige Vorstellungen **).

Da in den meisten Gegenden Deutschlands das Volk den Gebrauch des Kelchs bey dem Abendmahle laut und ungestüm forderte; so erhielten der Kaiserliche und Baierische Gesandte von ihren Höfen den Auftrag, das Concilium dahin zu vermögen, daß in ihren Ländern die Communion unter beyden Gestalten allgemein erlaubt werden möchte. Im Monate Juny 1562 kam dieser Gegenstand in Berathschlagung, und veranlaßte unter den Vätern große Streitigkeiten. Einige Deutsche fochten für die Freyheit des Kelchs mit starken Gründen.

Allein

*) *Pallavicini* Concilii Tridentini Historia Lib. 20. cap. 17. et Lib. 21. Cap. 1.

**) *Schelhorn* loc. cit. pag. 52. und *Jo. Bapt. de Gasparis* Archiepisc. Salisb. res in Lutheranismum gestæ cap. 10. pag. 104.

Allein eben so standhaft setzten sich ihnen die Italiänischen und Spanischen Bischöfe entgegen.

Die Salzburgischen Gesandten, welche von dem Erzbischofe beauftragt waren, eben diesen Gegenstand zur Sprache zu bringen, erhielten von dem Secretär des Conciliums die Weisung, ihre Meinung hierüber schriftlich vorzutragen. Der zweyte Gesandte, Felician Ninguarda, übergab nun eine Schrift, worin er im Wesentlichen sagte: „Das Erzstift Salzburg habe zwar von jeher gegen den Apostolischen Stuhl eine vorzügliche Achtung geheget. Indessen aber würde dasselbe gewaltsame Erschütterungen zu besorgen haben, wenn dem Volke der so dringend geforderte Gebrauch des Kelchs verweigert werden sollte. Denn daraus wären bereits Aufruhren entstanden, und selbst der Erzbischof hätte deßhalb Gefahren ausstehen müssen. Er habe zwar den Gebrauch des Kelchs verbothen; allein seine Befehle werden verachtet, weil die Unterthanen Gelegenheit haben, in den angränzenden Ländern, wo der Kelch erlaubt sey, das Abendmahl unter beyden Gestalten zu empfangen. Auch hätten wegen des Kelchverbothes schon Mehrere ihr Vaterland verlassen, und sich anderswo angesiedelt; diejenigen aber, welche noch im Lande zurückblieben, hielten sich heimlich an Winkelpre-

diger

diger und Irrlehrer. Der Erzbischof erbitte sich also bey dieser Verlegenheit von dem Concilium Hül= fe und Rath" *).

Im Monate August wurde über diesen Ge= genstand abermals eine Berathschlagung gehalten, und, nach vielem Streiten, endlich am 15ten des= selben Monaths beschlossen, diese ganze Sache dem Pabste zu überlassen.

Am 26sten eben desselben Monats reisete der erste Salzburgische Gesandte **Martin Hercules,** Bischof zu Lavant, von Trient ganz hinweg, und kehrte in sein Bisthum zurück, theils weil er sah, daß in der Angelegenheit des Kelchs ohnehin nichts auszurichten wäre, und theils weil er es unter der Würde seiner Sendung hielt, dem Concilium ohne Stimmrecht beywohnen zu müssen. Von dieser Zeit an blieb **Felician Minguarda** nebst dem Doctor **Fickler** allein zu Trient; aber größtentheils nur als stiller Beobachter, und ohne seine Mei= nung über den Gebrauch des Kelches je mehr öf= fentlich zu äussern; wodurch er sich bey den übri= gen Deutschen den Verdacht zuzog, als ob er es in diesem Stücke heimlich mit den Italiänern und

Spa=

Spaniern hielte. Im folgenden Jahre den 28ſten Juny wurde er durch den Erzbiſchof von Trient abgerufen, und nach Wien zu einer, vom Kaiſer veranſtalteten Zuſammenkunft abgeordnet. Doctor Sickler ſcheint jedoch bis zum Schluße der Kirchenverſammlung in Trient verblieben zu ſeyn *). Uebrigens war daſelbſt zwiſchen der Salzburgiſchen Geſandtſchaft, und dem Geſandten des Malteſerordens ein Rangſtreit entſtanden; welcher aber hinnach durch Vermittelung der päbſtlichen Legaten auf eine, für beyde Theile unnachtheilige Art beygeleget wurde **)

Am 13ten Sept. 1562 ließ der Errbiſchof zu Salzburg nebſt ſeinen Suffraganbiſchöfen an die geſammte Geiſtlichkeit ein ſcharfes Mandat ergehen,

---

*) Sickler hinterließ im Manuſcript Acta Concilii Tridentini. Er wollte dieſelben in den Druck geben Er zeigte durch ein Schreiben aus München den 19ten Sept. 1605 dem Erzbiſchofe zu Salzburg Wolfgang Dietrich dieſen Entſchluß an, und bath denſelben um die Erlaubniß, ihm dieſes Werk dediciren zu dürfen. Allein der Erzbiſchof nahm nicht nur die Dedication nicht an, ſondern wiederrieth ſogar den Druck. Das deßhalb von Sickler an den Erzbiſchof erlaſſene Schreiben, und die darauf erfolgte Antwort habe ich im Journal von und für Deutſchland fünfter Jahrg. zehntes St. d 1788 abdrucken laſſen.

**) *Hanſizii* Germ. Sacr. Tom. II. pag. 626. und *Pallavicini* Concilii Tridentini Hiſtoria Lib. 20. cap. 10. & Lib. 22. cap. 8.

hen, wodurch dieselbe überhaupt zu einem standes=
mässigen Lebenswandel aufgemahnet, insbesondre
aber denjenigen, welche Beyschläferinnen hatten,
aufgetragen wurde, dieselben binnen einer Monats=
frist um so gewisser aus ihren Wohnungen zu ent=
fernen, als sie sonst ihrer geistlichen Aemter und
Pfründen entsetzet, und, selbst mit Benziehung
des weltlichen Arms aus der Provinz vertrieben
werden sollten *).

Während der Erzbischof sich mit kirchlichen
Angelegenheiten beschäftigte, sorgte er auch eben
so eifrig für das Wohl des Landes. Um dem
Verfalle des Forstwesens vorzubeugen, ließ er un=
term 15ten Januar 1563 eine umständliche Wald=
ordnung bekanntmachen **).

Am 19ten März darauf kamen die Ausschüsse
der Gerichtsgemeinden von Bischofshof, St.
Johanns, St. Veit und Großarl nach Salz=
burg, und übergaben dem Erzbischofe eine Bitt=
schrift, worin sie ihn dringend bathen, daß er ih=
nen zu Beruhigung ihrer Gewissen bewilligen möch=
te, das heil. Abendmahl unter beyderley Gestalt
empfangen zu dürfen. Gleich am folgenden Tage
er=

---

*) *Dalham* Concll. Salisburg. pag. 346.

**) Diese Waldordnung findet sich in K. E. Freyh. von
Moll's Sammlung der Forstordnungen S. 33.

erhielten sie darauf eine schriftliche Antwort, wos
durch ihnen der Erzbischof bedeutete, „daß er zwar
in Betreff dieses Punktes, worüber das meiste
Geschrey und Laufen wäre, kein besonders Beden=
ken fände, ob das hochwürdige Gut unter Einer
oder zweyerley Gestalt empfangen würde; indem
in Einer Gestalt soviel, als in beyden, und in
beyden nicht mehr, als in Einer wäre. Weil es
ihm aber, als einem geistlichen katholischen Fürsten,
nicht gebührte, an der allgemeinen Uebung der Kir=
che einseitig Etwas abzuändern, und dieser Gegen=
stand ohnehin schon an das Concilium nach Trient
gebracht worden wäre; so wäre es Pflicht, gedul=
dig abzuwarten, was daselbst hierinfalls beschlos=
sen werden würde. Der Erzbischof, welcher sich
von diesen Beschlüssen nie trennen, sondern ihnen
vielmehr gehorsam nachleben wollte, versähe sich da=
her zu seinen Unterthanen, daß sie sich bis dahin
ruhig betragen, und zur allgemeinen christlichen
Kirche wieder zurückkehren würden" *).

In der, vom Kaiser im July 1563 zu Wien
veranstalteten Zusammenkunft, wobey Felician
Nin=

---

*) Die Bittschrift sowohl, als die Antwort des Erzbischofes
ist abgedruckt in Joh. Gottl. Hillinger's Beytrag zur
Kirchen = Historie des Erz = Bischofthums Salzburg (Jena
1732.) S. 71 — 80.

Ninguarda als Salzburgischer Gesandter erschien, wurde ebenfalls wegen der Communion unter bey= den Gestalten, und dann auch wegen der Priester= ehe eine Unterredung gehalten. In Ansehung des ersten Gegenstandes erklärte Ninguarda: „Weil jetzt ein Concilium vorhanden, und sein Herr sich demselben untergeben; so wisse er sich sonst nicht weiter einzulassen, als daß man die Entschei= dung des Conciliums abwarte.“ Und in Betreff der Priesterehe, welche von den Kaiserl. Commis= sarien, und von der Baierischen Gesandtschaft sehr nachdrücklich betrieben wurde, erinnerte derselbe: „er sey auf diesen Punkt nicht instruirt; jedoch hiel= te er für rathsam wegen der Ungebührlichkeiten, die daraus erfolgen möchten, die Sache zu lassen, wie bisher“ *).

Am St. Jakobs=Tage 1564 Nachts um 9 Uhr fiel in der Rauris auf dem Brennkogel unter Blitz und Donner ein Wolkenbruch nieder, wodurch der unten vorbey fließende Griesbach dergestalt an= schwoll, daß er große Felsenstücke losriß, im Dor= fe Lukau über 100 Menschen ersäufte, und 30 Häuser zerstörte und mit sich fortwälzte **).

Da

---

*) Schmidts Neuere Geschichte der Deutschen zweyt. Band
S. 219 folg.
**) Epitome Rerum gestarum sub Ferdinando I. Imp. in *Sim. Schardii* Script. Rer. Germ. Tom. III. pag. 2217.

Da die Angelegenheit wegen Gestattung der Communion unter beyden Gestalten von dem Concilium dem Pabste überlassen, und dieser von dem Kaiser, und dem Herzoge in Baiern deßhalb mit besonders dringenden Vorstellungen angegangen worden war; so entschloß er sich endlich, den Wünschen dieser ansehnlichen Fürsten zu willfahren. Er bewilligte daher für Deutschland, jedoch unter gewissen Beschränkungen, den Gebrauch des Kelchs bey dem Abendmahle, und erließ hierüber auch an den Erzbischof Joh. Jakob unterm 14ten Jul. 1564 ein Breve, wodurch er demselben die Ausführung dieses Geschäftes für seine Provinz übertrug. Um dasselbe desto schneller und ordentlicher auszuführen, berief nun der Erzbischof im folgenden Monate seine Suffraganbischöfe nach Salzburg, um sich mit ihnen über die Art der Ausführung zu berathschlagen. Bey dieser Versammlung befand sich auch der neuerwählte Bischof von Regensburg Veit von Fraunberg, welcher hierauf von dem Erzbischofe, nachdem er vorher in die Hände desselben nach Vorschrift des Conciliums von Trient das Glaubensbekenntniß abgeleget hatte, am 3ten Sept. 1564 zum Bischofe geweihet wurde. Im Monate Januar 1565 hielt der Erzbischof wieder eine Zusammenkunft mit seinen Suffraganbischöfen,

wo-

wobey die Art, den Laien den Kelch bey dem Abend=
mahle zu reichen, näher bestimmet wurde *).

Obgleich indessen der Erzbischof seinen Unter=
thanen, um sie zu beruhigen, die Communion un=
ter beyderley Gestalt nach vorgängiger Beicht und
Absolution gestattet, und ihnen auch sonst nach
Thunlichkeit nachgegeben hatte; so gab es doch im
Gebirge noch sehr viele Personen, die sich mit die=
ser Nachgiebigkeit keinesweges begnügten, sondern
eine ungebundene Religions=Freyheit forderten,
und ihre Forderung mit Trotz und Gewalt durch=
zusetzen suchten. Sie rotteten sich in großen Hau=
fen zusammen, und zwangen auch andere Leute,
sich mit ihnen zu verbinden. Sie widersetzten sich
nicht nur für ihre Person den obrigkeitlichen Be=
fehlen, sondern erkühnten sich sogar die Obrigkei=
ten durch Drohungen zu nöthigen, daß sie Ver=
brecher und Missethäter, welche in gerichtlichen
Gefängnissen saßen, wieder freylassen mußten.

Um diesen aufrührischen Bewegungen mit
Nachdrucke zu begegnen, hatte der Erzbischof auf
den zweyten Januar 1565 einen Landtag ausge=
schrieben, und dazu nicht nur die drey Stände,
sondern auch aus jedem Landgerichte und Urbar=

amte

---

*) *Laur. Hochwart* Catalog. Epiſcop. Ratisb. In *Oefelii* Rer.
Boicar. Script. Tom. I. pag. 241.

amte einen Ausschuß mit hinlänglicher Vollmacht
einberufen.

Nachdem der Erzbischof der versammelten
Landschaft die in mehreren Gerichten des Gebirges
vorgefallenen Gewaltthaten und Widersetzlichkeiten
umständlich vorgetragen, und ihr die Gefahren,
welche daraus für das ganze Land entstehen könnten, zu Gemüthe geführt hatte; forderte er die
Stände sowohl, als die Gerichtsausschüsse auf,
ihm zu Erhaltung des Friedens und zu Unterwerfung und Bestrafung der Rebellen und Ungehorsamen mit Rath und That unverzüglich beyzustehen.

Ueber diesen Vortrag fiengen die Berathschlagungen sogleich an, und schon am 8ten darauf
kam der Landtags-Abschied einhellig zu Stande,
welcher im Wesentlichen folgende drey Artikel enthielt:

1) „Erbiethen sich die drey Stände sowohl, als
die Gerichtsausschüsse, zur Hülfe und zum Beystande des Erzbischofes ihr Leib und Gut aufzu-
opfern, und ihm zu Unterhaltung der bestellten
Knechte, und zu Bestreitung der übrigen Ausgaben, welche zur Unterdrückung der Rebellion
nothwendig wären, aus den alten Steuer-Re-
sten gleich jetzt 20,000 fl. darzureichen, und wofern diese Summe nicht hinreichen sollte, dem

Erz-

Erzbischofe zu seinem Bedarf noch andere 20,000
fl. aus den Steuergefällen verabfolgen zu lassen.

2) Ist die Landschaft ganz damit einverstanden,
daß der Erzbischof mit dem Kaiser, den Erzherzogen von Oestreich, und dem Herzoge in Baiern wegen Abstellung gedachter Rebellion und
Empörung in Unterhandlung trete, und sich um
ihren Beystand bewerbe.

3) Stellet es die Landschaft dem Erzbischofe an-
heim, mit seinen Räthen, und mit ihrem Aus-
schuße die Wege und Mittel zu bedenken,
und an die Hand zu nehmen, damit nicht allein
die gefährliche Rebellion jetzt alsobald abgestellet,
sondern auch künftig Gehorsam, Friede und Ruhe im Erzstifte beständig erhalten werde" *).

Nachdem sich nun der Erzbischof auf diese Art
von der Treue und Anhänglichkeit der Stände und
Gerichtsausschüsse versichert hatte, gieng er gegen
die aufrührischen Unterthanen mit Muth und Nach-
druck zu Werke, und ließ unterm 28. Febr. 1565
folgende merkwürdige Verordnung ergehen, und
durch die Beamten allenthalben verkündigen:

Jo-

---

*) Dieser Landtags-Abschied findet sich vollständig in der
Actenmäßigen Geschichte der Salzb. Emigration. Aus dem
lateinischen Manuscript des Joh. Bapt. de *Gasparis* über-
setzt von Fr. Xav. Huber S. 276 — 288.

Johann Jacob von Gottes genaden Ertz-
bischof Zw Saltzburg, Legat des Stuels
Zw Rom,

„Vnnsern grues zuuor Getrewer, Nachdem
„wir in gründtliche erfarung gebracht, das sich
„ettliche vnserer vndterthonen, vnd sonderlich aber
„in dem Gepürg, gantz fräfflich, vnd muettwil-
„lig, vngehorsam, empörisch, vnd aufruerisch in
„mererlay weg, wider vns, vnd vnnser nachge-
„setzte Obrigkhaiten erzaigt vnd gehalten, Deßhal-
„ben wir mit vnserer gehorsamen Landtschafft,
„der dreyer Stänndt vnd auch den außschüssen, aus
„den erforderten Gerichten, zw Handthabung der
„gerechtigkhait, zur straff der vngehosamen, auch
„beschützung, vnd beschermung der gehorsamen,
„vns ettlicher Articl auf Jungstem Lanndtag, vnd
„hernach noch merer Articl mit dem Aufschuß, so
„vnser gehorsame Landtschafft hindter Ir mit voll-
„macht gelassen, verglichen, wie wir dann alß-
„baldt darauf dieselben Articl durch vnnsere anse-
„liche Commissarj den Märkchten, vnd Landtgerich-
„ten im Gepürg, haben offentlich verlesen lassen,
„Vnd wir aber bey vns darfür halten müssen,
„Dieweil der Articl vil, vnnd dieselben auch hoch-
„wüchtig, es mechten ettwo ettliche die sachen nit
„recht eingenommen, noch verstanndben, vnd vil-

„leicht

„leicht derselben auch ettliche gar überhört haben,
„Damit dann ain yeder, aus vnsern vndterthonen
„den Innhalt der verglichen Articl baß merckhen,
„vnd auch behalten müge, vnnd also der behelff
„mit der vnwissenhait dessen sich ettliche zu Irem
„vortl gebrauchen möchten, abgeschnitten werde,
„So haben wir die Articl in disen beuelch, mit
„der Kürtz bringen lassen, Wie volgt.

„Vnnd erstlich sollen alle vnnsere vngehorsa=
„me dauon wir yetzundt wissen, oder khunfftigelich
„in erfarung bringen werden, auf alle vnd yede
„vnser, oder vnserer nachgesetzten Obrigkhaiten er=
„uorderung, an orthen vnd Ennden, dahin Sy
„beschaiden werden, in aigner person selben, vnd
„alda Irer begangnen vngehorsam halben beschaidts
„erwartten, vnd dem Ihenigen nachkhommen was
„Inen auferladen wirdt, bey der straff, an leib
„vnd an Guett.

„Zum andern sollen alle vngehorsame, alle
„Kriegswöhren, als Püchsen, Helmpartten, Lanng=
„spieß, Schlachtschwertter, vnd dergleichen, wo Sy
„die bey Inen, oder andern versteckht haben, zu
„Handen Irer Obrigkhait, in Achttagen gewiß=
„lichen veberantwortten, bey hoher straff, vnd vn=
„gnadt, vnd soll den vngehorsamen allain von
„wegen der Wilden schedlichen Thier, vnd muet=

wil

"williger leüth, bey ainem neben Hauß, nur ain
"Thierspieß, vnd ain Armbrost zuegelaſſen ſein,
"doch das. Sy dieſelben offentlich, noch haimblich
"nit trägen, noch gebrauchen, Dann allain in at-
"nem aufpoth, vnd auf der Obrigkhait erforderung,
"zu rettung Jr ſelb, auch Zuwiderſtandt den be-
"ſen leüthen vnd in den gejaiden wider die ſcheb-
"lichen Thier, bey der ſtraff, an Leib vnd an
"Guett.

"Zum dritten ſollen die vnngehorſamen weder
"Jre Güetter, noch gerechtigkhait in khainerlay
"weg, verkhumern, wie das Namen haben möch-
"te, auch mit noch ohne vorwiſſen, Jrer grundt,
"oder Lehens Obrigkhait, biß Sy bey vns außge-
"ſiendt, vnd deßhalben vnſer außtruckhte bewilli-
"gung erlangt haben, vnd wo darüber durch ai-
"nen oder mer veränderungen vnd Hanblungen an-
"gericht wurden, oder netzo in der widerſäſſigkhait
"ſchon beſchehen, ſoll daſſelb alles chraftloß, vnd
"vnbindig ſeyn, Vnd dieſe netzt erzelte drey Ar-
"tiel, betreffen allain die vngehorſamen. Die
"nachvolgenden fünffkzehen Artiel aber, belanngen
"zwgleich die gehorſame, vnd vngehorſame.

"Als Remblich vnd zum Erſten, das vns
"alle vnſere vndterthonen, in Geiſtlichen vnd Welt-
"lichen ſachen, wie die netzundt durch vns geord-
net,

„net, oder khünftigelich fürgenomen werden, alle
„gehorſam laiſten, vnd darwider nit thun ſollen,
„bey der ſtraff, an Leib vnd an Guett.

„Zum andern, Nachdem wir den Jhenigen,
„ſo dem Hochwürdigen Sacrament, vndter bai=
„derlay geſtalten, Jrem geengſtigen gewiſſen nach,
„ſo hoch nachgefochten, ſolchs auf ordentliche Zue=
„laſſung bewilligt, Dergeſtalt, das ſölchs mit vor=
„geender ordenlicher Beücht, vnd darauf eruolg=
„ter vergebung der ſünbt, vnd dann die Conſecra=
„tion des Leibs, vnnd Bluets Jheſu Chriſti, al=
„lain vndter dem Ambt der Heiligen Meß, die
„dann durch khainen veracht werden ſoll, beſchehen,
„Dergleichen das auch die Khinder Tauff, vnnd
„dann die andern Heiligen Sacrament, Lateiniſch,
„vnnd Teütſch, nach dem Buechſtab, vnd Jnn=
„halt vnſers nechſten vorforders Ertzbiſchof Michls,
„Agendpüchl im Siben vnd fünfftzigiſten Jar ge=
„druckht, verricht werden ſollen, wellen wir das dem=
„ſelben aller ding nachgangen, vnd. vnſer hieuor be=
„ſchehne bewilligung, anderer Geſtalt auch nit verſtan=
„den, noch außgelegt werden ſoll, bey ſchwerer Straf,

„Zum dritten wollen wir auch, mit ernſt,
„das vnſer vndterthonen, die gewöndliche Kirch=
„gäng auch mit den Kreützen Zubeſuechen, ver=
„ächtlich nit vndterlaſſen, vnd ſich der Teütſchen

„lieder in der Kirchen für sich selb anzesehen ent-
„halten, vnd erwarten, was Inen Ir Pfarrer
„nach glegenhait der Zeit vorsingt, darauf Sy nach-
„singen sollen, Dergleichen sollen sich auch vnsere
„vndterthonen deß Fleischeffens, an den gebothnen
„Fasttägen enthalten, bey schwärer straff.

„Zum viertten ist auch vnser maynung, das
„vnnsere vndterthonen Iren Pfarrern Vicarien,
„Caplänen, vnd Gesellpriestern Ire gewennliche
„Recht wie von Alter herkhomen geben, ohne ab-
„bruch, oder schmelerung, vnd darzue Inen das
„Opfer zu den gewondlichen Opfertägen nit entzie-
„hen sollen, bey der straff.

„Zum Fünfften sollen auch vnsere vndtertho-
„nen, weder Inner noch ausser Lanndts practicirn
„noch ainichen heimblichen versandt, wider vns
„noch vnser nachgesetzte Obrigkhait vnd vndtertho-
„nen nit machen, sonnder da Sy dergleichen hö-
„ren, söllchs alßbaldt Irer Obrigkhait anzaigen,
„bey verlierung Leibs vnnd Lebens.

„Zum Sechsten sollen Sy auch khainen aus
„den vngehorsamen, so außgetretten, oder noch bey
„der Hanndt, oder sich khunfftigelich vngehorsam
„erzaigen wurde, behausen noch Herbrigen, auch
„Aetzen, noch trenckhen, vnd hierInn khain
„Pluets freundtschafft noch anders ansehen, Sonnder

„der sölche Personen alßbaldt der Obrigkhait an=
„zaigen sollen, bey schwärer straff an Leib unnd an
„Guett.

　„Zum Sibenden sollen vnsere vnderthonen,
„vnserer nachgesetzten Obrigkhait auf all Ir begern,
„gegen den vngehorsamen, denselben zur fänckh=
„nus zubringen, beystanndt thuen, als starckh Sy
„sein, vnd solt khainer die vngehorsamen schieben,
„Warnen, noch vil weniger aus der Obrigkhait
„Hannden Nemen, bey der straff an Leib vnnd an
„Guett.

　Zum Achtten sollen alle vnsere vndertbonen,
„alle Ire Püecher, auch Gemäl, gesanng, vnd
„Reim, Sy sein gedruckht, oder geschriben, zu
„Ir yedes Obrigkhait Hannden Innerhalb Achta=
„gen erlegen, Was dann daraus verfüerisch, auch
„Schanndt Gemel, vnd Gesang, vnd Reim ge=
„funden, die sollen vnser nachgesetzte Obrigkhait
„bey Hannden behalten, vnd vns dieselben über=
„schickhen, Was aber darunder gerecht, das soll
„Inen widerumb geben werden, vnd was alß für
„vngerecht gehalten, das sollen Sy Nither khauf=
„fen, noch geschenckht Annemmen, vil weniger sich
„derselben gebrauchen, bey hocher straff, vnd vn=
„gnad.

　　　　　　　　　　　　　　　　„Zum

„Zum Neündten sollen alle zusamen gänng,
„ohne vorwissen vnd erlaubnus vnserer nachgesetz=
„ten Obrigkhait, dergleichen auch die Winkhlpre=
„digen, vnd alles verlesen, in den Heüsern, bey
„Mannen, vnd bey Weibern abgestellt sein, bey
„straff an Leib, vnd an Güett. Doch soll ainem
„Haußvattern, allain seinem haußgesindl aus er=
„laubten Püecheen, an den Feirabenten, vnd Feir=
„tägn, was zulesen, ober durch niemants, aus sei=
„nem Haußgesindt lesen zelassen, vnbenomen sein.

„Zum Zehennden, in allen Stetten vnd
„Märkhten vnsers Fürstenthumbs, sollen die Teüt=
„schen Schuelmaister Schuel zuhaten annderer ge=
„stalt nit zuegelassen werden, es sey dann, das Sy
„durch vnsere nachgesetzte Geistliche vnd Weltliche
„Obrigkhait, yedes ortts für tauglich erkhent, Aber
„in den Gerichten sollen die Teütschen Schuel durch=
„aus abgestellt seyn, bey schwäter straff.

„Zum Ainlfften soll hinfüran, weder in Stet=
„ten, noch Märckhten niemants zw dem Burger=
„recht, zuegelassen werden, ohne vnnser sonder vor=
„wissen, vnnd außgetruckhte bewilligung, bey
„schwerer straff, vnd vngnad.

„Zum Zwölfften soll khainer, aus vnsern
„vntertthonen, sein fürgesetzte Geistliche noch Welt=
„liche Obrigkhait, weder mit wortten, noch wer=
„khen,

„hen, verletzlich angreiffen, antaſſten, ſchmähen
„oder beleſtigen, bey ſchwerer ſtraff, wer aber
„durch Sy beſchwärdt, der ſoll ſolchs an vns brin=
„gen, ſo ſoll Er hierJnn ſouil Er befuegt, zw
„yeder Zeit guete wenndung befinden.

„Zum Dreyzehennden, ſoll hinfüran khain
„Wierth, noch Gaſtgeb in Stetten, Märckhten,
„noch auf dem Landt, in den Gerichten, noch auch
„bey denn ainzigen Tafern, deßgleichen auch andere
„vnſere vndterthonen, vnnd Lanndſäſſen über nacht
„Niemandt beherbrigen, noch aufenthalten, Sy
„wiſſen dann vmb ſolche Perſonen zuuerſprechen,
„vnd wo Sy was Arglhwanigs ſpirendtn, oder
„merckhten, ſo ſollen Sy ſölchs vnſer nachgeſetz=
„ten Obrigkhait yedes ortts fürbringen, bey ſchwä=
„rer ſtraff vnd vngnad.

„Zum Vierzehennden ſollen alle vnſere Pfle=
„ger, Richter vnd verwalter, in Jr yedes verwe=
„ſung darob ſein, vnd ſtlb Jr guet aufmerckhen
„haben, auch auf vnſern Coſſten, darJnn Sy
„nichts ſparen ſollen, Jre haimbliche khundtſchaffter
„beſtellen, wo yemandt, Er ſey frembt, oder Jnn=
„woner, auſſer vnſerer nachgeſetzten Obrigkhait
„wiſſentlichen beuelch, New geſchray, poſſten,
„oder mündtlich Podtſchafften in vnſer Fürſten=
„thumb, vndter das Gemain ſolckh bringen, oder

„ann=

„anndere von Jnen welter aufgeben wurben, die
„aufruehr, feindtgeschray oder sonst verbottne hant;
„lung belangen möchten, so vns vnd vnserer nach;
„gesetzten Obrigkhait zuwider, vnd vns, oder vnn;
„ser nachgesetzten Obrigkhait zuvor nit angebracht,
„das dieselben zw fänckhnus eingezogen, vnd Jn;
„nen darzue vnsere vndterthonen, auf Jr begern,
„vnd erforderung zw sölcher Handthabung ver;
„hilfflich vnd vnwaigerlich beyständig sein sollen,
„alles bey schwärer straff an Leib vnnd an Guett.

„Zum fünffzehennden sollen auch alle vnsere
„vndterthonen, nit allein für Jr Person, oberzel;
„ten Artikln nachkhamen, Sonder auch bey Jren
„Weibern, Khindern, Eehalten, vnd dienstbotten
„soutl darob seyn, damit sölchem allem würckhlich
„bey der Straff, nedem Artiel angehengt, vnd
„was wir deßhalben weitter fürnemen werden,
„gwißlich nachkhomen, Dann wir alberait, auf
„die übertretter vnsere Konbtschafft bestelt, vund
„gegen denselben mit ernst verfaren wollen.

„Beschließlich soll hinfüran khain Prantwein,
„in vnsern Stifft, an den gebottnen Feiertägen,
„vndter dem Gottsdienst, weder haimblich noch
„offentlich aufgeben werden, bey verlierung des
„Prantweins, vnd dann auch das dieselb Person
„hinfüran, ohne vnser erlaubnus, den Prantwein
„nit

„nit mer ausgeben soll, Dergleichen soll gegen be=
„nen, so zw sölcher verbottner Zeit, denselben
„Trinckhen, mit der Straff verfaren werden, vnnd
„ist darauf vnser ernstlicher will vnd maynung,
„das dw disen vnsern beuelch ettlich wochen nach=
„einannder zw den Feyrtägen, da das Volckh am
„meisten beyeinander ist offentlich verlesen lassen,
„vnd ob yedem darJn begriffenen Articl, nit al=
„lain ernstlich haltest, Sonnder auch dem nachkho=
„mest, das dir darJnn in ettlichen Artieln auser=
„laden wirdet, vnnd handl nit annderst, daran
„thuest dw, vnd Sy vnsern ernstlichen willen vnd
„maynung, da dir auch was widerwerttigs hier=
„über begegnen wurde, Das wellest an vns brin=
„gen, vnd von vns darüber beschaidts erwartten,
„Datum in vnser Statt Saltzburg, den xxviii.
„Februarii Anno lxv.‟

Das Erzstift hatte bisher seit 1506 die Herr=
schaften Pettau, Gmünd und Wildenect Pfand=
weise und gegen Wiederlosung inne gehabt. Allein im
J. 1565 zahlte K. Maximilian II. den Pfandschil=
ling wieder zurück; und der Erzbischof sah sich hier=
mit genöthiget, diese drey Herrschaften unwieder=
ruflich an Oestreich abzutreten.

Am 8ten Jänuar 1566 schloß der Erzbischof
einen Vertrag mit dem Domkapitel, und dem Ab=

te zu St. Peter, wodurch er sich anheischig machte, an den Unkosten, welche auf die Leitung des
Almwassers, Räumung des Rinnsales, Unterhaltung der Wehr bey dem hängenden Stein, und
der Stolle durch den Mönchberg künftighin erlau-
fen würden, den dritten Pfennig, wie bisher, zu
bezahlen; jedoch unter der Bedingung, daß ohne
Beyziehung seiner Hofmeisterey an dieser Wasser-
leitung keine Arbeit unternommen werden sollte *).

Seit vielen Jahrhunderten war bisher das
Halleinische und Schellenbergische Salz auf
Prachadis, und von dort weiter nach Böhmen,
Mähren und Schlesien über die Moldau verfüh-
ret worden. Allein unter der Regierung des Kaisers
Maximilian II. wurde dieser Salz-Ausgang auf
einmal gänzlich verbothen und gesperret; dagegen
aber befohlen, daß künfrig in gedachte Länder nur
allein das Gemundtner Salz eingeführet werden
sollte. Da durch diese Salz-Sperre der Erzbischof, und die übrigen betheiligten Fürsten sich
sehr beschweret fanden; so übergaben sie dagegen
am 23. März 1566 dem Kaiser eine Vorstellung,
worin sie ihn dringend bathen, diese Sperre um
so mehr wieder aufzuheben, als sonst dadurch viele

Tau-

---

*) Der Vertragbrief ist abgedruckt im Salzb. Intelligenz-
blatte 1803. S. 805 — 812.

Tausend Personen, die sich bisher bey dem Salz-
handel kümmerlich ernähret haben, mit Weibern
und Kindern auf den Bettelstab kommen müßten*).

Kaum hatte der fromme Pabst Pius V. den
apostolischen Stuhl bestiegen, als er seine erste Sor-
ge darauf wandte, daß die Schlüsse des Kirchenraths von Trient in allen Ländern kundgemacht,
und in Vollzug gesetzt würden. Da er aber überzeugt war, daß bey dem Volke alle Anstalten zur
Verbesserung der Sitten, zur Aufrechthaltung der
Religion und Verbannung der Irrlehren vergebens seyn würden, wenn nicht vorher die Sitten
der Geistlichkeit verbessert würden; so drang er mit
allem Ernste darauf, daß dem ärgerlichen Lebenswandel der Priester, als der Hauptquelle alles Un-
heils, gesteuert, und insbesondere der unter ihnen
allenthalben ungescheut überhandgenommene Concubinat abgeschafft würde. In dieser Absicht erließ er unterm 17ten Juny 1566 an den Erzbischof
zu Salzburg ein Breve, worin er ihu inständig
ermahnte und aufmunterte, in seinem Sprengel,
sobald möglich, eine Visitation vorzunehmen, und
die Gebrechen der Geistlichkeit zu untersuchen und
abzustellen, besonders aber den Concubinat aus-

zu-

---

*) Diese Bittschrift ist abgedruckt in den Halleinischen Salz-
Compromißschriften Beyl. H, 5.

zurotten, zugleich auch seinen Mitbischöfen zu be=
deuten, daß sie in ihren Diöcesen das Nämliche
thun möchten *).

Auf dem, nach Regensburg im J. 1567
ausgeschriebenen, und am 12ten May hierauf da=
selbst beschlossenen Reichstage erschienen als Salz=
burgische Gesandte Jacob von Haunsperg zu
Vohenlueg, und Simon Pauer, der Rechte
Doctor.

In demselben Jahre den 30sten July wuchs
die Salzach durch einen gewaltigen Regen, der
zwey Nächte und einen Tag unausgesetzt dauerte,
so sehr an, daß sie über eine Elle hoch über die
Brücke zu Salzburg weglief. Bey dieser Ueber=
schwemmung sind eine Menge Menschen und Vieh
ertrunken, viele Gebäude, und Wasserwerke, be=
sonders bey der Salzsiederey in Hallein zerstört
worden. Der dadurch im Erzstifte verursachte
Schaden wurde über hundert Tausend Ducaten
angeschlagen. Im nämlichen Jahre den 17ten
Octob. hat ein entstandener warmer Wind durch
plötzlich verursachtes Schmelzen des Schnees eine
nicht minder zerstörende Ueberschwemmung herbey=
geführet.   Der

---

*) Dieses päbstliche Breve findet sich in Joh. G. Schelhorn's
Ergötzlichkeiten aus der Kirchenhistorie I. Band S. 694. und
in Flor. Dalhams Concil. Salisburgens. pag. 343.

Der bereits im J. 1549 von dem Reichsfis=
cal bey dem Kaiserl. Kammergerichte gegen den
Erzbischof zu Salzburg, und den Bischof zu
Chiemsee anhängig gemachte Proceß wegen Aus=
ziehung des Letztern von der Reichsmatrikel *) wur=
de endlich am 12. Januar 1568 dahin entschieden,
daß Beklagte von der angestellten Klage loszuspre=
chen und zu erledigen wären.

Zu Anfange des folgenden Monats Februar
reisete Erzbischof Johann Jakob mit einem an=
sehnlichen Gefolge nach München zum Beylager
des Herzogs Wilhelm in Baiern mit Renata,
einer herzoglichen Prinzessinn von Lotharingen. Die
Trauungs=Ceremonie verrichtete Otto Cardinal
und Bischof zu Augsburg; und der Erzbischof mit
dem Bischofe zu Freysing stand auf der Epistel=
Seite. Bey der Tafel saß der Erzbischof zwischen
der Herzoginn von Vaudemont, und dem Her=
zoge Eberhard von Würtemberg. Das Hoch=
zeitgeschenk desselben war ein Goldstück oder golde=
ner Pfennig, welcher 1,000 Ducaten wog **).

Auf

---

*) S. den fünften Theil dieser Chronik S. 280.
**) Heinrich Wirre, deutscher Poet und ol erster Pritschen=
meister in Oesterreich, welcher diese Hoch eit in deutschen
Reimen beschrieben hatte, besingt mit folgenden Worten
das Hochzeitgeschenk unsers Erzbischofes:

„Der

Auf den angestellten Turnieren erschienen aus dem
Salzburgischen Adel Georg von Törring, Jacob von Thurn, Hanns Georg von Nußdorf,
und Georg Auer von Winkel.

Um die Beschlüsse des Kirchenraths von Trient
in Ausübung zu bringen, insbesondre aber um die
ganz verfallene Kirchenzucht wiederherzustellen, hatte der Erzbischof auf den 14ten März 1569, als
den Mondtag nach Oculi in der Fasten, eine Provincial-Synode nach Salzburg ausgeschrieben,
und dazu aus seiner Provinz die Bischöfe, Aebte,
Pröbste, Prälaten und Erzpriester, wie auch mehrere Ruraldecane und Pfarrer einberufen **). Es

C c   er-

_____

„Der Bischof von Salzburg so reich,
„Durch sein Landtshauptman wolgemut,
„Ain guldin Pfenning der da thut
„Tausent Ducatn an schönem Gold,
„Ich nem jn ain jar für mein Sold.
„Will jn uit haben unverholn,
„Man möcht sagen ich hett jn gstoln.
„Derhalb schenck mir niemand so vil,
„Dann ich es gar uit haben will.“

Von dieser, zu Augsburg 1568 gedruckten Beschreibung fin-
det sich eine ausführliche Anzeige in Joh. G. Meusel's
Historisch-literarisch-bibliographischem Magazin zwept. Stück
S. 231 — 256.

**) Das an den Abt Benedict zu St. Peter unterm 29. Ja-
nuar 1569 erlassene Einberufungsschreiben ist abgedruckt in
Noviss. Chronic. Monaster. ad S. Petrum. pag. 479,

erschienen auf dieser Synode Urban Bischof zu
Gurk, Christoph Bischof zu Chiemsee, Peter
Bischof zu Seckau, Herzog Ernest in Baiern,
als Administrator von Freysing, Joh. Thomas
von Spaur, Coadjutor von Brixen, Caspar
Macer, Doctor der Theologie, als Vertreter des
Bisthums Regensburg, und Constantin Probst
zu St. Andreä, als Gesandter des Bischofs zu
Lavant, nebst vielen andern Prälaten, Domherren und Pfarrern. Als nun die Väter am bestimmten Tage ungefähr um 7 Uhr Vormittags
sich bey Hofe eingefunden hatten, eröffnete ihnen
Urban Bischof zu Gurk im Namen des Erzbischofes in einer deutschen Anrede die Ursachen, warum
sie zusammen berufen worden wären. Hierauf
wurden zwey päbstliche Schreiben verlesen, wovon
das eine an den Erzbischof, und das andere an seine Mitbischöfe gerichtet war. Nachmittags kam
man wieder zusammen, und beschloß einhellig, den
folgenden Tag, als den 15ten März, das Concilium feyerlich zu eröffnen und die Berathschlagungen anzufangen. Nachdem nun am 15ten Morgens um 6 Uhr zu dieser Feyerlichkeit mit der großen Glocke das Zeichen gegeben worden war; gieng
der Erzbischof mit den anwesenden Bischöfen, Prälaten und Gesandten von Hofe in die Domkirche,

wo

wo gleich Anfangs eine öffentliche Proteſtation abs
geleſen·wurde, daß es Niemanden an ſeinen Rechs
ten und Vorzügen nachtheilig ſeyn ſollte, wenn
er etwa nicht an dem, ihm gebührenden Orte ſitzen
ſollte. Hierauf wurde von dem Erzbiſchofe das
Hochamt vom heil. Geiſte geſungen. Nach dem
Hochamte begaben ſich der Erzbiſchof, die Biſchös
fe und Prälaten in die, ihnen im Chore angewies
ſenen Plätze; und der Chor intonirte die Antipho-
ne: *Exaudi nos Domine.* Sodann bethete man
die Litaney von Allen Heiligen, und verlas abermals die zwey päbſtlichen Schreiben. Nachdem
alles dieſes vorbey war, wurde der Erzbiſchof wieder nach Hofe zurückbegleitet, wo hernach der Erzbiſchöfliche Rath, Felician Ninguarda, an die
verſammelten Väter eine lateiniſche Rede hielt,
worin er die Nothwendigkeit und den Nutzen der
gegenwärtigen Synode ausführlich entwickelte *).
Nach dieſer Rede wurden die Artikel oder Satzun-
gen herabgeleſen, worüber man in dieſer Kirchenverſammlung berathſchlagen wollte. Es waren deren
in Allem vier und ſechzig; und daher dauerten die
Berathſchlagungen darüber bis zum 28ſten März,
an welchem Tage die letzte Sitzung gehalten, und

C c 2   das

*) Dieſe Rede findet ſich in Dalham's Concil. Salisburgenſ.
   pag. 349 — 354.

das Concilium feyerlich geschlossen wurde. Zur
Danksagung sang Bischof Urban zu Passau in
der Domkirche das Hochamt; und nach diesem hielt
Christoph Spandel, Meister der Philosophie
und Pfarrer zu Mühldorf, in lateinischer Sprache
die Abschiedsrede *). Hierauf wurden die Synodal=
schlüsse oder Constitutionen von dem Erzbischofe,
so wie von den übrigen anwesenden Bischöfen und
Prälaten eigenhändig unterschrieben und besiegelt.
Als der Erzbischof diese Synode ausgeschrieben hat=
te, unterrichtete er von seiner Absicht auch den Her=
zog Albert in Bayern, welcher ihm hierauf in seiner
Antwort Muth zusprach, und ihn aufforderte, „vor
allem der Sittenlosigkeit, und der groben Unwissen=
heit der Klerisey zu steuern; denn hiervon sey das
ganze Verderben ausgegangen. Die Kirche müsse
mit Dienern versehen werden, denen schon in ihrer
Jugend Gottesfurcht und gründliche Kenntnisse ein=
geflößt worden. Vorzügliche Aufmerksamkeit ver=
dienten in dieser Hinsicht die Schulen; treffliche
Männer sollten hervorgezogen und aufgefordert wer=
den, nützliche Schriften zu verfassen, welche sodann
allenthalben unter dem Volke zu verbreiten wären.
Man sende also Jünglinge nach Ingolstadt und
nach

*) Auch diese Rede steht bey Dalham loc. cit. pag. 552 seq.

nach Rom in das, für die Deutschen so eben er‐
richtete Collegium."

Das Schreiben des Herzogs machte auf den
Erzbischof Eindruck; nur die Reise nach Rom bil‐
ligte er der Weite des Weges und der Verschieden‐
heit der Sitten wegen nicht ganz *). Das Schul‐
wesen ließen sich daher die Väter dieser Synode
auch besonders angelegen seyn, und machten zur
Verbesserung desselben, vorzüglich aber zur Empor‐
bringung des theologischen Studiums verschiedene
Anstalten; denn unter andern verordneten sie, daß
binnen sechs Monaten in Salzburg, Freysing,
Passau, Regensburg und Brixen Collegien oder
Seminarien errichtet, und in denselben hoffnungs‐
volle Jünglinge, unter der Aufsicht rechtschaffener
Rectoren und Lehrer, zum Wohl der Kirche und
der Schulen gebildet werden sollten **).

Aus Ehrfurcht und Gehorsam gegen den päbst‐
lichen Stuhl hat der Erzbischof seinen Rath Feli‐
cian Ninguarda mit den Synodalschlüssen ei‐
gens nach Rom abgeschickt, um dieselben dem Pab‐
ste zur Einsicht und Bestätigung vorzulegen.

Am

---

*) *Gasparis* Archiepisc. Salisb. res in Lutheranismum gestæ
pag. 123.

**) Constitutio LX. cap. I.

Am 14. Junn 1569 ereignete sich in der Ga=
stein ein großes Unglück; indem durch häufige Platz=
regen in diesem Thale eine solche Ueberschwem=
mung erfolgte, daß dadurch 51 Häuser verwüstet,
und mehr als 200 Menschen ertränkt wurden.

Im nämlichen Jahre legte der Erzbischof, mit
Bewilligung des Herzogs in Baiern, auf jedes
Halleinische Fuder Salz einen neuen Aufschlag von
6 Pfennigen, und stellte darüber am 3ten August
desselben Jahres eine Verschreibung dahin aus,
daß es dem Herzoge jederzeit freystehen sollte, sei=
ne Bewilligung nach Gefallen zu wiederrufen. An
eben demselben Tage wurde zwischen dem Erzbi=
schofe, und den Salzfertigern von Burghausen
und Passau wegen Gewährschaft des Salzes ein
Vertrag geschlossen *).

Im Jahre 1570 entstand im Pongau ein
Aufruhr; welcher aber durch ein rasches Verfahren
bald wieder gedämpfet wurde; denn Erzbischof Jo=
hann Jakob ließ die zwey Rädelsführer, Hanns
Stainer am Stain im Buchberg, und Willhelm
Egger am Eggerhaus, beyde im Landgerichte Bi=
schofhofen, sogleich ergreifen, und durch das
Schwert hinrichten. Ihre Güter, obschon sie ver=
                                            wirkt

---

*) Beyde Urkunden finden sich in Lori's Sammlung des
Baierischen Bergrechts S. 295. und S. 304.

wirkt waren, verließ er gleichwohl ihren, darum
bittenden Erben; um aber ein ewiges Beyspiel al=
len Rebellen und aufrührischen Unterthanen zu ge=
ben, verordnete er durch einen am letzten April
1570 ausgefertigten Bescheid, daß jeder Besitzer
von diesen zwey verwirkten Urbarsgütern neben dem
vorigen Dienste noch überhin zwey wohlgewach=
sene Widder, mit einer Elle rothwollenen
Tuch bedeckt, jährlich eindienen, und selbst in den
Erzbischöflichen Hof nach Salzburg treiben sollte.
Der Erzbischof ließ nicht nur diesen Bescheid in
das Urbarbuch des Pfleggerichts Werfen, worun=
ter Bischofhofen damals gehörte, eintragen, son=
dern auch die rothbedeckten Widder mit der Auf=
schrift: In perpetuam memoriam perduellis &
rebellis Joannis Stainer — Wilhelmi Egger &c.
und mit dem beygefügten Befehle darunten malen,
daß dem Besitzer des Guts zur Zeit der Einbie=
nung solcher Bescheid, in Beyseyn etlicher Nach=
barii, vorgelesen und das Gemälde gezeigt werde,
damit er, seine Kinder und Kindskinder zu ewigen
Zeiten ein wahres Wissen haben, woher solcher mit
Roth bedeckter Widderdienst seinen Ursprung ge=
nommen habe *).

In

---

*) Dieser Bescheid ist vollständig abgedruckt in Hübner's Be=
schreibung des Erzstifts Salzburg zweyt. Band S. 348.

In eben diesem Jahre wurde zu Speyer, wegen der überhandnehmenden Frechheit des deutschen Kriegsvolkes, wegen Handhabung des Landfriedens, wegen Türkenhülfe und anderer Gegenstände ein großer Reichstag gehalten. Als Salzburgische Bothschafter erschienen daselbst Georg von Zienburg zu Kienegg und Neukirchen, Domherr, Jakob von Zaunsperg zu Vohenlueg, Karl Fröhlich zu Fröhlichsburg, Wolf Alt, und Johann Baptist Fickler, beyde Doctoren, alle Räthe.

Uebrigens herrschte in diesem Jahre, besonders in Oestreich und Steyermark eine sehr drückende Brodtheuerung. Im Erzstifte Salzburg hingegen und in Baiern soll es ungefähr am 8ten Juny an mehreren Orten, vorzüglich in Altenthann, Mauerkirchen und Ried, schönes gutes Getreid vom Himmel geregnet haben, welches man mahlen, backen, und selbst genießen konnte *).

Den Gebrauch des Kelchs bey dem Abendmahle hatte der Erzbischof dem Volke nur in der Absicht bewilliget, daß dasselbe, wenn es hierinfalls seines Wunsches gewähret seyn würde, in den übrigen Stücken sich um so eher wieder den Gesetzen und Gebräuchen der katholischen Kirche unter-
──── wer-

*) *Hundii* Metropolis Salisburg. Tom. I. pag. 24.

werfen würde. Allein er sah seine Absicht vereitelt; indem in mehreren Orten des Erzstiftes nicht nur die Bedingungen, unter denen die Communion unter beyden Gestalten gestattet worden war, häufig vernachläßiget, sondern auch andere Kirchengebothe öffentlich verachtet wurden. Der Erzbischof entschloß sich daher, die Communion unter beyden Gestalten in seinem Kirchsprengel wieder allgemein abzuschaffen, und ließ daher unterm 15ten März 1571 eine Verordnung ergehen, wodurch befohlen wurde, daß dem Volke künftighin die Communion nur allein unter der Gestalt des Brods, und zwar während der Messe, dargereicht; derjenige aber, der das Abendmahl auf solche Art zu empfangen sich weigern würde, nach Gestalt der Umstände entweder mit der Landesverweisung, oder mit dem Verluste eines kirchlichen Begräbnißes bestraft werden sollte. *).

Diese Verordnung verursachte unter dem Volke an mehreren Orten, besonders zu **Mühldorf, Titmaning, Wagrain, Werfen** und im Lungau

---

*) *Gasparis* Archiepisc. Salisb. res in Lutheranismum gestæ pag. 40. seq. Nach der Hand hat Pabst Gregorius XIII. die für Deutschland bewilligte Freyheit des Kelches bey dem Abendmahle wieder durchaus aufgehoben. *Pallavicini* Concilii Tridentini Historia Lib. 24. cap. 12. num. 8.

gau eine gewaltige Gährung. Um diese zu stillen, befahl der Erzbischof nicht nur den Beamten, daß sie gegen die Ungehorsamen nach aller gesetzlichen Strenge verfahren sollten, sondern er trug auch insbesondre den Pfarrern auf, das Volk über die Ursachen der neuen Verordnung aufzuklären, und dasselbe zu belehren, daß unter der Gestalt des Brods Christus ganz enthalten sey, und man daher unter beyden Gestalten nicht mehr empfange, als unter Einer.

Den 30sten May 1571 riß in dem Erzstifte Salzburg auf einmal an vielen Orten zugleich eine gefährliche Seuche ein, welche bis auf den letzten Januar des folgenden Jahres fortdauerte, und nur allein in der Stadt Salzburg gegen 2,236 Menschen dahin raffte. Aus Furcht der Ansteckung entwich der Erzbischof nach Mühldorf, und andere vermögliche Leute anderswohin, so daß die Stadt Salzburg in kurzer Zeit beynahe ganz öde wurde. Abt Benedict zu St. Peter ließ die Mauern seines Klosters versperren, und Niemanden hinein oder herausgehen. Dadurch verhütete er, daß im Kloster Niemand starb, den Meßner ausgenommen, welcher heimlich in die Stadt herausgieng, aber nicht mehr zurück eingelassen wurde, und daher in der Stadt ein Opfer des Todes werden mußte.

In

In eben diesem unglücklichen Jahre wurde die Stadt Titmaning durch einen Blitzstrahl, der am 3ten August Nachts um 11 Uhr in ein Haus fuhr, entzündet, und von der unbändig wüthenden Flamme bis auf wenige höher liegende Häuser in Schutt verwandelt.

Als der Erzbischof zu Mühldorf angekommen war, übergaben ihm die dasigen Bürger wegen der Verweigerung des Kelchs bey dem Abendmahle eine Vorstellung, worin sie ihn bathen, daß er sie in dem Genuße einer Wohlthat, die er ihnen vorher selbst zugestanden hätte, noch ferner belassen, oder ihnen doch wenigstens bis zum Schluße des Jahrs eine Bedenkzeit gestatten möchte. Allein der Erzbischof schlug ihnen beydes ab; zugleich aber bemühte er sich, dieselben durch persönliches Zusprechen zu beruhigen und zu belehren. Die Ausschüsse der Bürgerschaft versprachen zwar, der neuen Verordnung nachzuleben; allein von der Gemeinde weigerten sich mehrere; welche dann ohne Nachsicht des Landes verwiesen wurden. Mit gleicher Strenge wurde die neue Verordnung auch in andern Orten vollzogen.

Zu Ende des vorigen Jahres war Martin Hercules Rettinger, Bischof zu Lavant mit Tode abgegangen. Zu seinem Nachfolger ernannte nun

nun der Erzbischof den Georg Agricola, Doctor bender Rechte und Erzpriester in Unter-Kärnthen.

Felician Ninguarda, welchen der Erzbischof mit den, im J. 1569 abgefaßten Synodalſchlüſ=ſen nach Rom geſchickt hatte, verweilte daſelbſt eine längere Zeit, und hatte daher Gelegenheit, dem Pabſte über den Zuſtand der Religion und der Kir=chenzucht in Deutſchland auch mündlich Bericht zu erſtatten. Im J. 1572 kam er nun wieder nach Salzburg zurück, und überbrachte dem Erzbiſchofe vom Pabſte Gregorius XIII. zwey Schreiben, das eine vom 28ſten Juny, und das andere vom 5. July 1572. Durch dieſe Schreiben beſtätigte der Pabſt, unter großen Lobpreiſungen, die von der Salzburgiſchen Provincial-Synode abgefaßten Schlüſſe, und ermunterte nicht nur den Erzbiſchof, dieſelben in ſeinem Erzſtifte allenthalben in Ausü=bung zu bringen, und überhaupt in ſeinem Religi=onseifer fortzufahren; ſondern zeigte ihm zugleich an, daß er durch beſondere Zuſchriften auch den Kaiſer und die übrigen benachbarten Fürſten ermah=net habe, ihre Unterthanen zur Befolgung dieſer Synodalſchlüſſe durch Befehle anzuhalten *).

Nach=

---

*) Dieſe päbſtlichen Schreiben finden ſich bey Hanſiz German. Sacr. Tom. II. pag. 629. und bey Dalham Concil. Saliz-burg. pag. 557. und pag. 568.

Nachdem Peter Persicus Bischof zu Seckau den 8ten May 1572 verstorben war, verließ der Erzbischof dieses Bisthum dem bisherigen Bischofe zu Lavant, Georg Agricola, und überließ ihm noch zugleich die Administration von Lavant nebst dem lebenslänglichen Fruchtgenuße der Probsten St. Bartolomä zu Friesach.

In eben diesem Jahre hatte es vom 5ten July an bis auf den 8ten unaufhörlich geregnet, wodurch die Salzach so hoch anlief, daß sie die Merkzeichen der vorigen Wasserhöhen weit überstieg, zu Salzburg die Brücke zertrümmerte, mehrere Häuser und Hütten wegschwemmte, und überhaupt gräuliche Verwüstungen anrichtete.

Im April 1573 reisete Erzbischof Johann Jakob nach München, und taufte daselbst den, am 17. desselben Monats gebornen Baierischen Prinzen, und nachherigen Kurfürsten Maximilian I. *)

Da dem Erzbischofe nichts näher am Herzen lag, als daß die, nunmehr vom Pabste bestätigten Synodalschlüsse nicht nur in seinem Sprengel, sondern auch in den Diöcesen seiner Mitbischöfe ohne Verzug ausgeführet nnd allenthalben auf gleiche Weise befolget würden; so schrieb er unterm

9ten

*) Westenrieder's Beyträge zur vaterländischen Historie dritt. Bd. S. 83.

9ten July 1573 auf den 24sten des folgenden Mo=
nats August abermals eine Provincial=Versamm=
lung nach Salzburg aus, um sich mit den Bischö=
fen und Prälaten seiner Provinz über die Ausfüh=
rung dieses Geschäftes gemeinschaftlich zu berath=
schlagen, und ihnen zugleich auch alles das kürz=
lich vortragen zu lassen, was Felician Minguar=
da noch ausserdem bey dem päbstlichen Stuhle in
Bezug auf das deutsche Kirchenwesen verrichtet hat=
te *). Diese Versammlung wurde nun an dem be=
stimmten Tage eröffnet, und am 3ten Sept. dar=
auf geschlossen. Sowohl zu Anfange, als am Ende
derselben hielt Minguarda an die anwesenden Väter
lateinische Reden, worin er sie zur Erfüllung ihrer
Pflichten, und zur Beobachtung der Synodalschlüs=
se nachdrücklich ermahnte **). Obgleich die ver=
sammelten Väter einmüthig angelobt hatten, diese
Schlüsse pünctlich zu beobachten; so begnügte sich
der Erzbischof doch nicht damit, sondern ließ noch
überhin am 1ten Januar des folgenden Jahres an
die Bischöfe, Prälaten, an die Klerisey und das
Volk

---

*) Das an den Abt Benedict zu St. Peter erlassene Lat=
schreiben findet sich in Noviss. Chronic. Monasterli ad S.
Petrum pag. 480.

**) Diese Reden finden sich in Dalham's Consil. Salisburg.
pag. 564. und 568.

Volk seiner Provinz eine Verordnung ergehen,
worin er, als Metropolitan, ihnen eine genaue
Befolgung aller Synodalschlüsse nochmals einschärf-
te, und zugleich befahl, daß dieselben gedruckt,
und überall unter der Geistlichkeit verbreitet werden
sollten *).

Im J. 1575 erkaufte Erzbischof Johann
Jakob von dem Kloster Admont die Probsten
Fritz oder Gaßhof, und das Amt Pongau und
Lun-

---

*) Die erzbischöfl. Verordnung steht ebenfalls bey Dalham
loc. cit. pag. 572. Die Synodalschlüsse wurden hierauf zu
Dillingen gedruckt, unter der Aufschrift: Constitutiones,
& Decreta concinnata atque in Provinciali Synodo Salisbur-
gensi edita. Anno Domini M. D. LXVIIII. cum approbatio-
ne sanctæ Sedis Apostolicæ. Dilingæ excudebat Sebaldus
Mayer 1574. in 4to. Nunmehr finden sich diese Schlüsse auch
in Dalham's Concil. Salisb. pag. 365. — 548. Zugleich
ließ der Erzbischof das bisherige Salzburgische Agendbüchlein oder Ritual durch seinen Rath Felician Ninguarda
verbessern und vermehren, und ebenfalls zu Dillingen neu
auflegen, unter der Aufschrift: Libri Agendorum secundum
antiquum usum Metropolitanæ Salisburgensis Ecclesiæ,
nunc recens recogniti, & ab omnibus mendis purgati atque aucti. Pars prima & secunda. M. D. LXXV. in
Quart. Endlich hat derselbe durch ebengedachten Ninguarda für die Pfarrer und andere Seelsorger eine Anlei-
tung zu würdiger Amtsführung verfassen und gleichfalls
unter dem Titel drucken lassen: Manuale Parochorum &
aliorum curam animarum habentium, complectens omnium
Sacramentorum rationem, naturam & administrationem,
Ingolstadii Anno M. D. LXXXII. in Quart.

Lungau für 39,000 fl. an das Erzstift, und mach=
te dadurch den Zwistigkeiten, die in Ansehung die=
ser Güter zwischen Salzburg und Admont bisher
obgewaltet hatten, auf immer ein Ende.

Im nämlichen Jahre den 24. Jul. wurde
zwischen dem Erzbischofe, und dem Kloster St.
Peter ein Vergleich geschlossen, und darin unter
andern ausgemacht, daß das Schloß Rif, welches
der Erzbischof von den Erben des Christoph Per=
ner an sich gebracht hatte, nebst den dazu gehöri=
gen Gründen gegen Erlag von 309 fl. auf ewig
von der Zehendpflichtigkeit befreyt, und ein jeder
Pfarrer zu Anif, damit er wisse, daß die Pfarre
dem Kloster St. Peter angehöre, diesem jährlich
am St. Michaelstage 2 fl. zur Erkenntlichkeit zu
reichen schuldig seyn solle *).

Troß des, im J. 1562 erlassenen Mandats
dauerte der Concubinat der Priester noch immer un=
gescheut fort, und brachte die katholische Religion
bey dem Volke je länger, je mehr in Verfall und
Verachtung. Da sowohl Erzherzog Ferdinand
von Oestreich, als Herzog-Albert in Baiern von
dem Pabste ersucht worden waren, in Vereinigung
mit den Bischöfen zur Abstellung dieses ärgerlichen
prie=

---

*) Die Vergleichsurkunde findet sich in Noviss. Chronic. Mo-
nast. ad S. Petrum pag. 481.

prieſterlichen Lebens ihre Hände zu biethen; ſo
ſchrieben dieſe Fürſten im Oktober und November
1575 an den Erzbiſchof zu Salzburg, „daß ſie
zwar hierzu allerdings bereit wären; daß aber nach
ihrer Meinung alle Mühe wenig fruchten würde,
wenn nicht in allen benachbarten Fürſtenthümern
und Bisthümern gegen die ſo allgemein eingeriſſene
Sittenloſigkeit der Geiſtlichkeit gleichlautende Verordnungen erlaſſen, und überall mit gleicher Schärfe
vollzogen würden" *). Daduch wurde nun der Erzbiſchof veranlaßt, auf den 15ten Januar 1576 nach
Salzburg wiederum eine Kirchenverſammlung auszu-
ſchreiben, welche am 21ſten darauf geendiget, und
worin unter andern Artikeln beſchloſſen wurde,
das bereits im J. 1562 wider den Concubinat
der Prieſter ergangene Mandat neuerdings allenthalben zu verkündigen und in Vollzug zu ſetzen **).

Die peinliche Rechtspflege befand ſich bisher
in dem Erzſtifte in einer ſehr mißlichen Lage; denn
die Rechtſprecher oder Schöffen waren meiſtens
leichtſinnige und unwiſſende Leute. Der Erzbiſchof

D b　　　　　ließ

---

*) Beyde Schreiben liefert Schelhorn in den Ergötzlichkei-
ten aus der Kirchenhiſtorie Erſt. Band S. 699 – 704.

**) Die Beſchlüſſe dieſer Verſammlung finden ſich bey Schel-
horn am angef. O. S. 705. und bey Dalham Concil. Salisburg. pag. 584.

ließ daher unterm 30. Jul. 1576 an alle Obrigkeiten eine Verordnung ergehen, wodurch er ihnen die Käiserl. peinliche Halsgerichtsordnung zuschickte, und den Auftrag machte, „dieselbe den Rechtsprechern bey vorkommenden Fällen, in so weit darin von dem Verbrechen der verhafteten Person gehandelt würde, in den Stillrechten vorzulesen, und sie über die Art, wie sie urtheilen sollten, genugsam zu unterweisen; indem sonst das Urtheil ohne weiters kraftlos, und nichts desto weniger das ganze Geding (Gericht) in eine schwere Strafe und Ungnade verfallen seyn sollte.‟

Gleich darauf reisete der Erzbischof persönlich nach Regensburg zu dem dahin ausgeschriebenen Reichstage, und verblieb daselbst bis zu der, am 12ten October 1576 erfolgten Ausfertigung des Reichsabschiedes, welchen er von seiner und der geistlichen Fürsten wegen unterzeichnete.

Im J. 1577 den 11ten April starb der Abt zu St. Peter, Benedict Obergasser, im 58sten Jahre seines Alters, welcher nicht nur durch kluge Wirthschaft den Wohlstand des Klosters merklich beförderte, sondern auch für Aufrechthaltung der geistlichen Zucht, und für Verbesserung des Schulwesens eifrig sorgte, und daher im J. 1575 für die Schule seines Klosters eine neue, den damali-

gen

gen Zeitbedürfnissen angemessene Ordnung ent=
warf *). An seine Stelle wurde Andreas Gra=
ser, aus Baiern gebürtig, ein junger leichtsinni=
ger Mann, am 6ten May desselben Jahres von
seinen Mitbrüdern einhellig zum Abte erwählet,
und am 31sten darauf von dem Erzbischofe in sei=
ner Würde bestätiget **). Allein die guten Mönche
zu St. Peter bekamen bald Ursache, ihre Wahl
zu bereuen; denn ihr neuer Vorsteher begann eine
ganz weltliche Lebensart; er machte unnöthige Rei=
sen, war dem Spiele und andern Vergnügungen
unmässig ergeben, und machte überhaupt einen sol=
chen Aufwand, daß er schon im ersten Jahre seiner
Regierung genöthiget ward, von dem Erzbischofe
1,000 fl. zu entlehnen, und den, im Kay an den
Chiemseer Hof anstossenden, und dem Kloster St.
Peter angehörigen Garten dem Bischofe Christoph
zu Chiemsee gleichfalls für 1,000 fl. zu verkau=
fen. Anstatt dieses Geld, wie es ihm aufgetra=
gen worden war, zum Nutzen des Klosters zu ver=

D d 2 wen=

***

*) Diese Schulordnung ist abgedruckt in Vierthalers Ge=
schichte des Schulwesens in Salzburg erst. Theil. S. 191
— 200.

**) Die Bestätigungsurkunde findet sich in Noviss. Chronic.
Monast. ad S. Petrum pag. 485.

wenden, verschwendete er dasselbe wieder größtentheils für sich.

Die Haupturſache, warum die, bisher zur
Verbeſſerung der Kirchenzucht getroffenen Anſtalten meiſtens ohne Wirkung blieben, lag in dem
ſelbigen Umſtande, daß in dem Salzburgiſchen
Metropolitan - Sprengel zwiſchen den weltlichen
Fürſten, und den Biſchöfen die alten Immunitäts-
Streitigkeiten noch immer fortdauerten, und daher
das Zuſammenwirken bey Ausführung gemeinſa-
mer Maßregeln ungemein erſchwerten. Der Erzbiſchof ſchrieb nun dieſes Umſtandes wegen unterm
16ten Aug. 1577 an Pabſt Gregorius XIII.
und ſtellte ihm vor, „daß er durch die Einſprüche
der weltlichen Fürſten an der Ausführung der be-
ſchloſſenen Kirchen - Reformation häufig gehindert
würde, und deßhalb bey allem Eifer in ſeiner Provinz wenig Erſprießliches auszurichten vermöchte,
wenn nicht vorher zwiſchen Kirche und Staate die
Eintracht hergeſtellet ſeyn würde." Felician Min-
guarba war eben damals von dem Pabſte nach
Rom berufen, und zum Biſchofe von Scala ernannt worden. Dieſem ſeinem vertrauten Rathe
gab nun der Erzbiſchof das Schreiben an den Pabſt
mit, und trug ihm zugleich auf, die Sache noch
überhin mündlich umſtändlicher und offenherziger
vor-

vorzutragen, als es sich schriftlich hätte thun las;
sen *).

Im J. 1578 entspann sich im Lungau auf;
fer den noch immer fortwährenden Gährungen we;
gen verweigerter Religions ; Freyheit ein weit aus;
sehender Aufstand. Die Türken drohten damals
in Kärnthen einzufallen, und Alles zu verheeren.
Die Bauern im Lungau wurden nun zur Bese;
tzung und Beschützung der Pässe gegen Kärnthen
aufgebothen, und erhielten den Wilhelm von
Haunsperg zu ihrem Befehlshaber; allein sie woll;
ten diesem nicht gehorchen, sondern widersetzten sich
seinen Befehlen. Zu dieser Widersetzlichkeit wur;
den sie durch zwey Bauern von St. Michael,
Kaspar Lindbichler, und Hanns Stempfel,
verleitet, welche gegen den Haunsperger unter
dem Volke allerley nachtheilige Gerüchte ausstreue;
ten, und ihn öffentlich beschuldigten, als ob er
mit den Türken ein geheimes Verständniß hätte,
und diese Barbaren in das Erzstift führen wollte.
Sie behaupteten, ein jüngsthin zu Moßheim ent;
haupteter Türkischer Spion habe eben dieses vor sei;
ner Hinrichtung öffentlich ausgesaget. Diese ver;
läumderische Beschuldigung fand bey dem leicht;
gläu;

*) Gasparis Archiepisc. S. :burg. res in Lutheranismum ge-
stæ cap. 14. pag. 154.

gläubigen Landvolke Eingang. Die genannten zwey
Bauern von St. Michael schlugen nun vor, zur
Abwendung der Türken Gefahr, und zur Vertheidigung ihres Gaues Alles selbst untereinander aus-
zumachen und zu wagen. Dieser Vorschlag gefiel;
und es wurde hierauf ein Bund gemacht, und darin beschlossen, sich selbst zu beschützen, mithin keine Steuern und Abgaben mehr zu entrichten, und
nicht nur den Haunsperger, sondern auch den
Erzbischof, wenn er selbst kommen sollte, sammt
seinem Gefolge zu erschlagen. Kaum hätte der Erzbischof von diesem Aufstande Nachricht erhalten,
als er selbst dahin reisete. Er schickte eine Fahne
Soldaten voraus, und kam mit einer wohlbewehr-
ten Ritterschaft selbst eilends nach. Sobald er im
Lungau angelangt war, nahm er die Pässe gegen
Kärnthen in Augenschein, und besetzte dieselben.
Dann ließ er ohne allen Lärm die Rädelsführer ergreifen, Nachts unter genugsamer Bedeckung nach
der Hallburg bey Hallein (dem sogenannten
Reckthurm) führen, und ihnen daselbst die Köpfe abschlagen. Die übrigen Mitschuldigen wurden zu Moßheim abgeurtheilet, und zur Strafe
gezogen. Hiermit wurde der Aufstand gestillet,
und die vorige Ordnung wieder hergestellet.

In

In eben diesem Jahre hatte der Erzbischof die große, über Eine Stunde lange Mauer um das Schloß Rif aufführen lassen.

Als der Erzbischof den 26. Februar, als am Faßnachtssonntage 1579 nach dem Morgenmahle einer Komödie, die zur Faßnachtszeit nach alter Sitte von den Domschülern bey Hofe gehalten zu werden pflegte, beywohnte, wurde er plötzlich von einem Schlagflusse getroffen. Man brachte ihn sogleich zu Bette; und obgleich seine Aerzte *) alle Mühe anwandten; so konnten sie seine Genesung doch nicht mehr bewirken. Er blieb also lahm; behielt aber dessen ungeachtet die Regierung noch gegen anderthalb Jahre bey.

Im Monate März desselben Jahres starb in einem hohen Alter der wegen seiner Frömmigkeit und Gelehrsamkeit allgemein geschätzte Christoph von Lamberg, Domprobst und Erzpriester zu Salzburg, und hinterließ ein großes Vermögen, worüber er bereits am 2ten Januar 1577 eine letztwillige Verordnung errichtet hatte. Unter andern

Ver-

---

*) Sein erster Leibarzt war Melchior Mühlhauser, von Geburt ein Elsässer, und einst Professor der Arzneykünste zu Freyburg, ein nicht nur in seiner Wissenschaft, sondern auch in der Mathematik, und in der alten Literatur ungemein erfahrner Mann. S. Val. Rotmari Annáles Ingolst. Academ. Part. I, pag. 136.

Vermächtnissen legte er ein Kapital von 4,000 fl. verzinslich an, und übertrug die Verwaltung darüber dem Domkapitel mit der Anordnung, daß von den davon fallenden Zinsen

1) „für ihn in der Domkirche ein Jahrtag mit Reichung einer Chor-Präsenz und Ausspendung eines Almosens unter die Armen gehalten, und hierzu 18 fl. verwendet werden sollten;

2) daß zweyen tauglichen Studenten, welche aus der Domschule zu nehmen, und, unter der Verpflichtung, den geistlichen Stand anzutreten, auf eine katholische Universität in Deutschland, um die Theologie und das Kirchenrecht zu studieren, zu verschicken wären, zu ihrem Unterhalte jährlich zusammen 100 fl. zu gleichen Theilen gereichet; und endlich

3) alle Quartember unter 12 arme Domschüler 48 fl. unter die Spitalleute zu St. Johanns 12 fl. unter die armen Leute zu St. Sebastian 4 fl. und eben soviel unter die Sunderstechen zu Mühlen vertheilet werden sollten.“

Am 18ten July darauf wurde Georg von Ruenburg, Domherr zu Salzburg, und Probst zu Altenötting (welche Würde ihm erst im vorigen Jahre Herzog Albert in Baiern aus eignem Antriebe verliehen hatte) von dem Domkapitel

zum

zum Domprobſte und Erzprieſter einſtimmig er
wählet.

Der Domdechant, Wilhelm von Traut-
mannſtorff, hatte nicht nur dem Erzbiſchofe in
der Stille einen Coadjutor an die Seite zu ſtellen
verſuchet, ſondern ſich auch noch andere eigenmäch-
tige und widerrechtliche Handlungen zu Schulden
kommen laſſen. Da er, aller Abmahnungen ungeachtet, in ſeinem böſen Wandel fortfuhr; ſo wurde von Seiten des Erzbiſchofes ſowohl, als des
Kapitels die ganze Sache an den päbſtlichen Stuhl
nach Rom berichtet, wo ſobann, nach geſchehener
Unterſuchung, das Urtheil dahin ergieng, daß der
Domdechant aller ſeiner geiſtlichen Würden entſet-
zet, und mit ewiger Gefängniß geſtraft werden
ſollte. Die Vollſtreckung dieſes Urtheiles wurde
dem päbſtlichen Nuntius Felician Ninguarda
aufgetragen, der ihn, nach geſchehener Entwürdi-
gung, auf die Feſtung Hohen-Salzburg bringen, und daſelbſt lebenslänglich einſperren ließ *).
An ſeine Stelle wurde am 4ten April 1580 der
Domherr Sigmund Friderich Fugger zu Kirchberg und Weiſſenhorn zum Dombechant erwählet.

Da

*) Er ſtarb in ſeiner Gefangenſchaft im J. 1586. Sein Nach-
folger ſoll auf ihn eine Denkmünze haben prägen laſſen. S.
Hübners Beſchreibung der Stadt Salzburg II. Bd. S. 185

Da Erzbischof Johann Jakob bey seinem hohen Alter, und bey der überhandnehmenden Kränklichkeit auch an Geisteskräften immer mehr abnahm; so bequemte er sich endlich selbst, die Regierung niederzulegen, und sich einen Coadjutor wählen zu lassen; jedoch unter der Bedingung, daß ohne sein Vorwissen keine wichtigen Regierungsgeschäfte unternommen, und alle Verordnungen und Befehle allein unter seinem Namen ausgefertiget werden sollten. Ehe die Domherren zur Wahl schritten, entwarfen sie für den Coadjutor und künftigen Erzbischof unterm 16ten July 1580 eine Capitulation, worin sie sich auf Kosten der erzbischöflichen Kammer große Vortheile bedungen. Am 18ten darauf geschah die Wahl, und alle Stimmen fielen auf den Domprobst Georg von Rüenburg. Der Erzbischof nahm seinen neuen Coadjutor, den er schon ehedem zu verschiedenen Geschäften und Gesandschaften gebraucht hatte, zu sich nach Hof, und ließ zu Rom um dessen Bestätigung anhalten, welche ihm von dem Pabste auch ohne Anstand ertheilet wurde. Der Coadjutor selbst ließ an den päbstlichen Nuntius Felician Ninguarda, nunmehr Bischof von St. Agatha in Campanien, ein Schreiben ergehen, worin er sich über die Lästigkeit der, ihm vom Domkapitel

vor=

vorgeschriebenen Wahlcapitulation heftig beschwerte,
und denselben ersuchte, den Pabst dahin zu vermögen,
daß er entweder diese Capitulation für gesetzwidrig
und ungültig erkläre, oder ihn aber, weil er unter
solchen Beschränkungen das Erzstift nicht würdig
zu regieren wüßte, von dem übernommenen Amte
eines Coadjutors wieder entlasse *).

Da in dem Ausgange des Halleinischen und
Schellenberger Salzes auf dem Wasserstrome der
Salzach sich seit einiger Zeit verschiedene Mängel
und Gebrechen eingeschlichen hatten; so ist auf
Befehl des Erzbischofes, zu besserer Beförderung dieses Salzausganges, eine neue Schiff-
ordnung entworfen, und unterm 9ten März 1581
ausgefertiget worden **).

So eifrig und unermüdet der Erzbischof, nach
dem Beyspiele seiner Vorfahren, der Ausbreitung
des Lutherthums und anderer Ketzereyen in dem
Erzstifte bisher immer entgegengearbeitet hatte; so
gab es doch noch sehr viele Personen nicht bloß
auf dem Lande, sondern selbst in der Hauptstadt,
wel-

---

*) Dieses Schreiben ist aus der Feder des damaligen Salz-
burgischen Raths, Dr. Joh. Baptist Fickler, geflossen,
und findet sich in *Andr. Fel. Oefelii* Rerum Boicarum Scriptor. Tom. II. pag. 284 — 289.

**) Diese Schifffordnung ist vollständig enthalten in Lori's
Sammlung des Baierischen Bergrechts S. 307 — 335.

welche im Stillen der lutherischen Lehre, oder einer
andern neuen Secte anhiengen, und auch den ge=
meinen einfältigen Mann unter dem Scheine Evan=
gelischer Wahrheit zu berücken und auf ihre Seite
zu bringen suchten. Die Kirchengebothe wurden
nicht gehalten; man arbeitete an gebothenen Feyer=
tagen, und genoß an Fasttagen Fleischspeisen. Das
Meßopfer wurde verachtet; und, anstatt die ordent=
liche Pfarrkirche zu besuchen und dem katholischen
Gottesdienste beyzuwohnen, hielt man sich entwe=
der an selbstgewählte Lehrer, welche in Winkeln
predigten; oder man wallte nach benachbarten Pro=
testantischen Orten, als Ischel, Aussee, St. Ge=
orgen, Unterach, Schladming und dergleichen,
um Lutherische Prädicanten anzuhören, und
sich von ihnen das Abendmahl nach ihrer Weise
reichen zu lassen. Zu Hause las man lutherische
Postillen, Bethbücher und Gesänge. Viele vor=
nehme Bürger zu Salzburg, welche die katholischen
Kirchengebräuche äusserlich mitmachten, ließen ihre
Kinder durch unkatholische Privatlehrer unterrich=
ten, auch schickten sie ihre Söhne auf protestanti=
sche Gymnasien und Schulen. Auf Einrathen sei=
nes Coadjutors ließ nun der Erzbischof ein neues,
verschärftes Religions=Mandat ergehen, welches
also lautete:

„Wür

„Wûr Johann Jakob ꝛc. Entbietten allen
„und leben Unßern Unterthannen unsers Erzstiffts
„Salzburg, unßer Gnad und Gruß zuvor, und
„thuen Euch sammentlich, und Eur leben Inson=
„derheit zuwissen. Nachdeme leider etliche Jahr
„her villfältige und unter Ihnen selbst Zerspaltne
„und Hochschädliche Irrthum, Kezereyen und Sec=
„ten in Unser allgemaine wahre, alte Catholische
„Religion unter dem Schein Euangelischer warheit
„eingeschlichen und offentlich dem gemainen Einfäl=
„tigen Man fürtragen seyn worden, darauß anders
„nichts, dann Verachtung der göttlichen und welt=
„lichen sazungen, Ungehorsam, aufruhr, blutver=
„güssen, Verderben viller christlichen Seelen und
„ander ohnzehliche Unrathe erfolget seyn. Und ob=
„wohl bisher unser geehrte und gottseelige Vorfor=
„dern am Erzstifft, unnd nicht weniger wür in
„Zeit Unser von Gott gegebenen regirung, alles
„Fleiß, und alß vill wür vermögt, auß schuldi=
„ger sorgfältigkeit, und in Crafft unsers tragenten
„Amts, vill linde vätterliche und getreue weeg sol=
„chen von tag zu tag wachsenten übl Zubegegnen
„und dasselbe außzureutten, auch fürnemnlich un=
„sre getreue Unterthannen bey der reinen, allein
„seeligmachenten lehr und wahren Catholischen Reli=
„gion nach Sazung allgemainer gehaltnen und ord=

„nung

„nung der Heil. Römi. Kürchen zu erhalten, nichts
„erwinden laſſen, wie daß deßhalb die hieuor auß
„gangne Mandat, und villfältig derohalb gehaltene
„Verſammlungstäg genugſammlich bezeugen, wel-
„ches alles dem allmächtigen Gott ſeye immer und
„Ewig lob und danck geſagt nit ohne Frucht ab-
„gangen iſt.

„Aber wie dem allem, ſo erfahren wir doch
„nicht mit geringen ſchmerzen, daß des Verfüh-
„rens danoch kein End ſeyn will, daß ie lenger, ie
„mehr haimliche Liſten und Practicken geſuchet wer-
„den, wie die guttherzigen und gehorſamen, un-
„ſre chriſtliche Unterthannen von der allgemainen
„wahren Catholiſchen Religion und alſo von dem
„gehorſam, die Sie unß alß Obriſten Hirten und
„Seelſorger, auch alß Herrn und landcfürſten, Ih-
„ren gethannen pflicht nach zu laiſten ſchuldig ſeyn,
„abgeführt, und auf die Verführeriſche Mainung
„gebracht, und auch als Unerfahrne einfältige leut
„zu ſolchen von auſſen gleiſſenten Neuerungen ohn-
„wiſſent und auß ohnverſtand leichtlich bewegt wer-
„den. Yber daß Komt uns auch glaublich für,
„daß unſre Unterthannen auß etlichen Gerichten
„verbottner weiß an die Sectiſche ort auslauffen,
„und derſelbigen Predicanten gehör geben, und
„ſich ihrer lehr und vermeinten Sacramenten theil-
haff-

„hafftig machen und verführen laſſen, beßgleichen
„Sie des Fleiſcheſſens an verbottnen tagen und der
„Faſtenzeit vermeſſentlich Anmaſſen, auch an den
„gebottnen Faſttägen, gewöhnlichen Feyrtagen oh-
„ne Scheuch ihrer Arbeit obligen, welchem allem
„wür Unſerem tragenten Amt nach mit zeitlichem
„rath und auß vätterlicher Wahrnung mehrern ein-
„reiſſunden Ueblen nit lenger Zuſehen, ſondern
„mit dieſem Unſern offnen Mandat, alß vill Gott
„ſein Gnad verleicht, begegnen wollen.

„Iſt demnach an Euch alle und iede Unſer
„Unterthannen, ſowohl Pfleger, Richter, Amts-
„Verwalter, alß andre, waß Stands und wür-
„der Sie ſeyen, in Crafft ſchuldiger gehorſam,
„damit ihr uuß verpflichtet ſeyt, Unſer ernſtlicher
„Befelch und willen, daß ein ieder auß Euch ſich
„aller Neuerung, Secten und Kezereyen, aldieweill
„dieſelben vor vill hundert Jahren von der Heilli-
„gen chriſtlichen Kürchen ieberzeit verworfen, und
„verdammet worden, ob die gleichwohl anlezt wi-
„der herfür gezogen werden, enthalte, uud bey der
„Ainigkeit der allgemainen chriſtlichen Römiſchen
„Catholiſchen Kürchen, die durch viller Martyrer
„Blut geheilliget, darinn wür alle auch gebohrn
„und getaufft ſeyn, beſtändiglich verhatre, und
„ſich bey Seiner Seelen Seeligkeit, und Unſerer
„ſchwä-

„ſchwären Straff und Ungnad mit nichts darvon
„abtrinigmachen, oder bewegen laſſen, und da et=
„liche unter euch auß ohnverſtand oder willigkeit
„darein Komen und gerathen wären, daß Ihr ſol=
„che Secten auf chriſtliche gutte Unterweißung wi=
„derumen verlaſſen, und abſtehen ſollet.

„Es ſolle auch ein ieder das Heilligiſt Sacra=
„ment des Zarten Frohnleichnams Chriſti zu den
„oſterlichen Zeiten, und alß einer im Jahr auß
„Gottes Genaden darzu ermahnt wurd, mit vor=
„gehunder Reue, beicht und aufgelegter buß unter
„dem Amt der Heilligen Meß, oder im Fahl Zuge=
„ſtandener leibs=Schwachheit, wie es in der Ca=
„tholiſchen Kürchen löbl. Herkomen und Heilliger
„göttlicher Geſchrifft gemäß iſt, das iſt unter ai=
„ner Geſtald vor eineß ieden vorgeſtellten Pfarherrn
„und Seelſorgers empfahen, und ſich des außlauf=
„fens an die Sectiſch ort enthalten ſolle. Deßglei=
„chen ſoll ein ieder an den gebottnen Feyertägen
„den Gottesdienſt fleiſſig beſuechen, dieſelben mit
„Gott wohlgefähligen wercken zu ſeiner Seelen
„Hail, und beſſerung ſeines Nechſtens Heilligen,
„und ſich durch kein handarbeith darann hintern laſ=
„ſen, und ſich des Fleiſcheſſens in der Faſten, und
„zu andern von chriſtlicher Kürchen gebottnen Faſt=
„tägen im Jahr gänzlich enthalten. doch ſollen Hie=

„innen

„innen diejenigen, so des Fleischeſſens auß fürſaß=
„lenten Krankheiten, leibsſchwachheiten und andern
„erheblichen genugſamen Urſachen nit entrathen kön=
„nen, und denen ſolches mit ordentlicher bewilligung
„Zugeſtanden wird, nit gemainet ſeyn, wer aber
„darwider thuen oder handlen wirdet, gegen den=
„ſelben, auch den Mezgern, Wirthen und andern,
„die daß Fleiſch zu verbottner Zeit, und wider diß
„unſer Mandat haimlich oder offentlich ſelbſt ſpei=
„ſen oder verkaufen, der ſolle, dieweill je auf un=
„ſer Heruor außgangene Mandat, nit von allen
„gehorſam gelaiſt worden, für daß erſtemahl um
„fünff und Zwaintzig Gulden durch unſer Nachge=
„ſetzte Obrigkeit geſtrafft werden, die wir auch,
„da Sie die wiſſentliche Ybertretter nicht ſtraffen
„werden, jedesmahl um 50 dugaden in die ſtraff
„nexmen, und wollen unß danoch gegen die hal=
„ſtärigen Verbrechern, die ſtraff zu ſchärffen beuor
„behalten haben.

„Nachdem auch etliche auß Euch ohn alle be=
„fuegte Urſachen von wegen der tauff, abſolution,
„Communion und der Verehelichung außer Unſers
„Ertzſtiffts an die Soetiſche ort frauentlicher weiſe
„ſich begeben, und auslauffen, deß wir aber nit
„geſtatten, noch lenger zuſehen können, noch wöllen.

„Demnach wollet Euch deßen Hinfüran ent-
„halten und die heillige Sacrament von Euren für-
„gestellten Seelsorgern empfangen und sich dersel-
„ben thaillhaftig machen, wie wür dann auch un-
„ßern Pfahrherrn, Seelsorgern und andern geistli-
„chen mit Ernst anferladen und befelchen sich in
„Verkündung des Heylsamen wort Gottes, aus-
„spendung der Heilligen Hochwürdigen Sacrament,
„und anderer Kürchen = Cæremonien und Ord-
„nung der allgemainen christlichen Kürchen, der
„Heilligen Vätter, Concilien, auch unßrer Pro-
„vincial = Statuten gleichförmig zu halten, und kei-
„nesweegs davon abzuweichen oder daß widerspill
„zu gestatten, alles bey Vermeidung unßerer schwä-
„ren straff und Ungnad. Das ist Unser genädiger
„auch Ernstlicher Befehl, und entliche Mainung.
„Geben in unßrer Statt Salzburg den 9. Martij
„anno 1582.

„Johann Jakob.”

Indeß blieb es nicht allein bey diesem Mandat; sondern auf Betrieb des thätigen Coadjutors
Georg von Küenburg wurden noch andere Anstalten getroffen, um das so tief eingewurzelte,
und im Stillen immer weiter um sich greifende
Uebel auszurotten. Keine Eheleute wurden getrauet, wenn sie nicht zuvor, dem katholischen Ge-

brauche

brauche nach, gebeichtet und communicirt hatten;
auch wurde Niemand zu einer Gevatterschaft zugelassen, welcher nicht das katholische Glaubensbekenntniß abgelegt hatte. Alle Jünglinge, die
hin und wieder auf lutherischen Schulen studier-
ten, wurden zurückgerufen, und auf katholische
verschickt. Die Privatlehrer, welche des Glaubens halber verdächtig waren, wurden allenthalben abgeschafft, und die Aeltern angehalten, ihre
Kinder in die öffentlichen lateinischen und deutschen Schulen zu schicken, und zugleich auch in
dem katholischen Glauben unterrichten zu lassen.

Auf dem zu Augsburg im J. 1582 gehaltenen Reichstage erschienen als Salzburgische Gesandte Georg Bischof zu Seckau, Anton Graf
zu Lodron und Herr zu Castelan, und Joachim Perner zu Gottenrot, Domherren zu
Salzburg, Sigmund von Lamberg Freyherr
zu Orteneck und Ortenstein, Pfleger zu Titmaning, Achatius zum Thurn, Erbschenk und
Pfleger zu Mühldorf, wie auch Johann Baptist Sickler, Balthasar Hofinger, und Kaspar Mayer, alle drey der Rechte Doctoren
und Räthe.

Am 29. Januar 1583 erließ Pabst Gregorius XIII. ein Schreiben sowohl an die Bi-

schöfe

schöse des Baierischen Kreises, als an Herzog
Wilhelm in Baiern, wodurch er ihnen anzeigte,
daß er seinen, in Oberdeutschland angestellten
Nuncius Felician Ninguarda, Bischof von St.
Agatha, bevollmächtiget habe, die bisherigen
Streitigkeiten in Betreff der geistlichen Gerichtsbarkeit und Kirchenfreyheit durch seine Verwendung auszugleichen und beyzulegen *). Es wurde nun zu diesem Ende auf den 15ten August desselben
Jahres ein Congreß nach München ausgeschrieben,
wo so dann am 5ten September darauf, unter Vermittelung des genannten päbstlichen Nuntius, zwischen den Bischöfen, und dem Herzoge ein umständlicher, aus sieben Kapiteln bestehender Receß zu
Stande kam **). Im Namen des Erzbischofes
von Salzburg waren bey diesem Congreße erschienen der Coadjutor und Domprobst Georg von
Küenburg, Sigmund Friederich Fugger
Freyherr in Kirchberg und Weissenhorn, Domdechant, P. Sebastian Cataneus, Dominica-
nermönch und Theolog, und Balthasar Hofinger, Doctor der Rechte und Rath.

Abt

---

*) Diese Schreiben finden sich bey Dalham Concil. Salis-
burg. pag. 595.

**) Dieser Receß ist unter andern abgedruckt in Meinem
Corpore juris publici Salisburgensis S. 96—124.

Abt Andreas zu St. Peter fuhr in seinen
Ausschweifungen fort, und verfiel daher immer
tiefer in Schulden. Er sann nun auf allerley
Mittel, sich aus dem Gedränge zu helfen. Unter andern gieng er schon lange mit dem Gedanken schwanger, das schon gegen 500 Jahre unter der Leitung und Oberaufsicht der Aebte zu St.
Peter bestandene Nonnenkloster aufzuheben, und
dessen Einkünfte einzuziehen, um damit seine
Schulden tilgen zu können. Hierzu erboth sich
ihm jetzt auf einmal eine recht gute Gelegenheit;
denn der Erzbischof, oder vielmehr dessen Coadjutor, Georg von Küenburg, wünschte in
Salzburg die Franciscaner einzuführen; und
als man bey Hofe berathschlagte, welchen Ort
man diesen Mönchen, ohne Aufführung eines
neuen Gebäudes, zu ihrem Wohnsitze einräumen
sollte; glaubte man hierzu keinen tauglicheren
Platz zu finden, als das, ohnehin beynahe öde
stehende Kloster der Nonnen von St. Peter; indem die damalige Priorinn, ein eitles und unver-
nünftiges Weib, schon seit langer Zeit keine Mäd-
chen mehr aufgenommen hatte, so daß die Zahl
der Nonnen im Jahre 1580 bis auf sieben zusam-
mengeschmolzen war, von denen in kurzer Zeit
mit eben dieser Priorinn noch vier starben, und

daher

daher im Jahre 1583 nur noch zwey übrig blieben. Diese Gelegenheit ergriff Abt Andreas mit
beyden Händen, und erboth sich (jedoch ohne Vorwissen seines Convents) das Nonnenkloster dem
Erzbischofe zur Unterbringung der Franciscaner
zu überlassen. Dieses Angeboth war bey Hofe sehr
willkommen, weil man die Kosten für Erbauung
eines neuen Klosters ersparen, und hiermit auf die
beste Art zu seinem Vorhaben gelangen konnte.
Von dem Erzbischofe wurde nun die Ausführung
dieses Geschäftes dem damals anwesenden päbstlichen Nuntius Felician Ninguarda, Bischof von
St. Agatha, übertragen, der auch Alles nach
Wunsche von Rom erhielt. Sobald die päbstliche Einwilligung angekommen war, begaben sich
gedachter Nuntius, der Coadjutor des Erzbischofes,
und Sigmund von Arzt, Official und Domherr
zu Salzburg, in das Kloster St. Peter, und verlangten die Einwilligung des Convents, welches,
da es nun nicht mehr Zeit war, sich zu weigern,
den Vorschlag gleichwohl mit Widerwillen unter-
schrieb. Von da gieng man in das Nonnenkloster,
und kündigte den noch übrigen zwey Frauen,
Scholastica Gstatterinn, und Cordula Munterhaimerinn, ihre Auswanderung an. Diese
vernahmen den harten Befehl mit Thränen, be-
son-

sonders deßwegen, weil sie an ihrem geistlichen
Vorsteher selbst ihren Verräther sahen. Sie heul-
ten aber sogar vor Schmerzen, als sie hörten, daß
man sie in das Frauenkloster Niedernburg bey
Passau abführen würde; sie fielen den Commissarien zu Füssen, und bathen, wenigstens hier ster-
ben zu dürfen. Diese Bitte ward ihnen gewähret,
und der Erzbischof faßte den Entschluß, sie in das
Nonnberger Frauenstift zu übersetzen, wohin sie
auch am 12ten August 1583 überbracht, und der
Aebtissinn bestens empfohlen wurden *). Bald
nach Räumung des Klosters wurde Anstalt gemacht, für sechs Franciscaner Wohnungen und
Unterhalt herzurichten. Es waren vier Patres,
und zwey Brüder, welche P. Provincial Johann
Fischer hierher sandte, und die wirklich im nämlichen Jahre 1583 den 7ten November hier ein-
traffen. Zwey kamen aus dem Kloster zu München,

---

*) Die älteste derselben, Scholastica Gstatterinn, welche
schon 40 Jahre nach abgelegter Profession im aufgehobenen Kloster gelebt hatte, starb im 3ten Jahre nach ihrer
Ankunft. Die Cordula Munterhaimerinn aber ließ
sich im J. 1588 dem Convente in Nonnberg einverleiben,
und führte einen so erbaulichen Lebenswandel, daß sie
nach dem Tode der Aebtissinn Anna Pirrichinn erwählet,
und im J. 1601 in Gegenwart des Erzbischofs Wolf Dietrich von dem Weihbischofe Lorenz Mangioio als Aebtissinn eingeweihet wurde.

chen, nämlich P. Bernardin Arnold erster
Quardian, und P. Johann Dominicus Zeß
Prediger *); zwey von Ingolstadt, P. Michael Matstånder erster Vicequardian mit Frater Melchior Ramerlohr, Schneider; und zwey
von Landshut, Frater Michael Albrecht,
Diakon, und Frater Martin Gentsch, Port-
ner, Schuster und Koch. Noch in diesem Jahre
1583 um das Fest des heil. Martin wurde das
Kloster den neuen Ankömmlingen nebst der erforderlichen Geråthschaft wirklich übergeben, und ihnen dafür aufgetragen, das Wort Gottes zu verkündigen, Beicht zu hören, und den Kranken und
Sterbenden beyzustehen. Einige Jahrtage und
Todtentaggzeiten, welche ehedem die Nonnen zu
verrichten hatten, wurden nun diesen Mönchen
übertragen, wofür das Kloster zu St. Peter ihnen jährlich einen gewissen Vorrath an allerley
Lebensmitteln, unter dem Namen eines heil. Almosens, zu reichen hat.

Ob-

---

*) Dieser war ein sehr gewandter lateinischer Versemacher.
Davon zeuget nebst andern wohlgerathenen Proben sein,
zu Ingolstadt 1586 gedruckter Catalogus Antistitum &
Archiepiscoporum Salisburgensium, heroico carmine con-
scriptus.

Obgleich das Nonnenkloster zu St. Peter auf⸗
gehoben worden war, und Abt Andreas sich des⸗
sen Einkünfte zugeeignet hatte; so tilgte er damit
doch seine Schulden nicht, sondern setzte vielmehr
seine üppige und verschwenderische Lebensart immer
freyer fort, ohne auf die stillen Klagen seines Con⸗
vents, und auf die wiederholten Ermahnungen,
die er von dem Coadjutor des Erzbischofes erhal⸗
ten hatte, einige Rücksicht zu nehmen. Doch end⸗
lich ward seyn Maß voll; denn als er im J. 1584
am Sonntage in der Octave der Erscheinung des
Herrn unter vielen adelichen Gästen den ganzen Tag
mit Schmausen und Spielen zugebracht hatte; kam
am Montage darauf in der Frühe um 7 Uhr
Sigmund von Arzt, Domherr und Offizial,
nebst einigen andern erzbischöflichen Commissarien
unvermuthet nach St. Peter; und nachdem man
hierauf das Betragen des Abtes sowohl in geistli⸗
chen, als zeitlichen Dingen untersuchet hatte, wur⸗
de derselbe am 15ten Januar darauf seiner Wür⸗
de feyerlich entsetzet, und zur Strafe neun Mona⸗
te lang in dem kleinern Krankenzimmer des Klo⸗
sters eingesperret *). Nach dessen Absetzung blieb
das Kloster St. Peter mehrere Monate ohne Vor⸗

stes

*) Er kam hierauf in das Kloster St. Lamprecht, und starb
als Prediger zu Mariazell den 13ten December 1609.

steher; denn erst am 3. Sept. desselben Jahres wurde Martin Hättinger, bisheriger Abt zu Michaelbeuern, ein kluger und geistreicher Mann, zum Abte von St. Peter ernannt, und am 22sten darauf von dem Erzbischofe in seiner Würde bestätiget *). Hättinger war zu Brünn in Mähren von lutherischen Aeltern geboren; bekehrte sich aber zu Wien im J. 1577 zur katholischen Religion, und nahm im J. 1579 im Kloster St. Peter zu Salzburg den Benediktinerorden an. Im J. 1580 kam er als Abteyverweser nach Michaelbeuern, und im folgenden Jahre wurde er von dem Erzbischofe an diesem Kloster gar als wirklicher Abt angestellet, so sehr sich auch die dortigen Mönche darwider gesträubet hatten.

Am 16ten März 1584 starb zu Leibnitz Georg Agricola, Bischof zu Seckau, und Administrator von Lavant. Das Bisthum Seckau erhielt nun Sigmund von Arzt, Official und Domherr zu Salzburg. Da aber dieser noch vor der Bestätigung seinen Geist aufgab; so wurde im folgenden Jahre Martin Prenner, Doctor und Stadtpfarrer zu Salzburg, zum Bischofe von Seckau, und Georg Stobäus zum Bischofe von

La=

---

*) Bestätigungsurkunde ist abgedruckt in Noviss. Chronic. Monast. ad S. Petrum pag. 495.

Lavant *) ernannt; zwey fromme und gelehrte
Männer, die ihre Diöcesen fleißig durchreiseten,
selbst überall die Kanzeln bestiegen, und in Steyermark und Kärnthen der Ausbreitung des Lutherthums mit rastlosem Eifer entgegen arbeiteten.

Obgleich das vor 2 Jahren erlassene neue Religions-Mandat in dem Erzstifte allenthalben mit
unerbittlicher Strenge vollzogen, und etliche Personen, die in der Abtenau, und in Salfelden
Andern kezerische Bücher vorgelesen hatten, deßhalb sogar des Landes verwiesen wurden; so konnte dadurch bey dem gemeinen Manne der Hang zur
verbothenen Lehre doch keinesweges ausgerottet werden; zumal da von Zeit zu Zeit auswärtige Irrlehrer in das Land, vorzüglich in das Gebirge sich
einschlichen, und im Stillen ihr Unwesen trieben.
Im Pfleggerichte Radstadt pflegte ein unbekann-
ter Mann auf dem Gipfel eines Berges zu predigen, und erwarb sich ein solches Ansehen, daß sich
um ihn immer eine große Anzahl von Menschen
versammelte. Einst hielt er am Dreyfaltigkeits-
Sonn-

---

*) Stobäus beschreibt selbst seine Ernennung mit folgenden
Worten: „Hujus Episcopatus subii curam, anno servati mun-
di 85. non ambitioso prensatu, sed rogatu Georgii Archiepiscopi Salisburgensis." Man s. desselben Epistolæ ad di-
versos (Vienna Austriæ 1758.) pag. 33.

Sonntage in einem dichten Walde eine Predigt an
das Volk. Es war ein stürmischer Tag; Regen
und Schneegestöber hatten die Wege beschwerlich
gemacht; und doch waren von verschiedenen Gegenden 300 Menschen zusammengekommen. Sie
errichteten in der Eile eine Hütte, zündeten Freu-
denfeuer an, und feyerten mehrere Tage das Abendmahl. Bey allen Nachforschungen konnte man
nicht einmal den Namen dieses Mannes erfahren, und wußte von ihm nur soviel, daß er
ungefähr im J. 1583 im Pongau einen deutschen
Schulmeister abgegeben, und sich dann in Oestreich
angesiedelt habe. Dergleichen heimliche Zusammen-
künfte geschahen auch in der Gastein, zu St.
Veit und anderwärts. Um diese Zeit gab es unter den unkatholischen Predigern in den Oesterrei-
chischen Landen an mehreren Orten, als zu Eferding
und Schladming sogenannte Flacianer, oder
Anhänger von Matthias Flacius, welcher von
dem Lutherischen Lehrbegriffe in manchen Artikeln,
besonders in Betreff der Erbsünde abwich. Ein
Apostel dieser neuen Lehre kam auch in das Salzburgische Gebirge, und fand hin und wieder, besonders zu Radstadt eine geneigte Aufnahme. Nachdem der Coadjutor des Erzbischofes von diesen neu-
en Auftritten Nachricht erhalten hatte; wurden die

bey-

beyden fürſtl. Räthe, **Ribeiſen** und Sickler, im
J. 1584 als Commiſſarien in das Gebirge geſchickt.
Sie erſchienen daſelbſt mit einer ausgedehnten Vollmacht; ſie durchreiſeten Gericht für Gericht, und
verfuhren überall mit großer Strenge. Diejenigen, welche man als Anhänger irgend einer neuen
Secte befunden hatte, wurden eingekerkert, und
wenn ſie ſich nicht zur katholiſchen Religion bekehren
wollten, ohne Gnade verbannet *).

In eben dieſem Jahre 1584 hatte der Salzburgiſche Bürger, Sebaſtian Brieſer, am
Hörndl, einem Theile des Staufenberges, an
der Baieriſchen Gränze, mit erzbiſchöflicher Bewilligung, ein Bleybergwerk zu bauen angefangen; allein die Baiern gaben vor, dieſer Ort liege
in ihrem Gebieth. Herzog Wilhelm verlieh deßwegen im folgenden Jahre eben dieſes Bergwerk
ſeinem Kaſtner zu Reichenhall, und einem gewiſſen Adam Reuter in der Junzel, und erließ
zugleich an die Gerichte Reichenhall und Traun-
ſtein den Befehl, die Salzburgiſchen Bergarbei-
ter auf dem Staufen auszuſchaffen, und wenn
ſie ſich widerſetzen ſollten, Gewalt mit Gewalt zu
ver-

---

*). *Gaſparis* Archiepiſc. Salisburg. res in Lutheraniſmum geſtæ cap. 15. pag. 164.

vertreiben *). Von Seite Salzburgs hingegen behauptete man, der Grund, worauf dieses neue Grubenwerk eröffnet worden wäre, stehe unstreitig unter der Hoheit des Erzstiftes, und ließ sich daher in der angefangenen Arbeit durch keine Widersprüche und Drohungen aufhalten. Inzwischen aber erschienen unversehens die Traunsteiner mit Hellebarten, Spießen und andern Waffen, und jagten die Salzburgischen Bergknappen in die Flucht.

Erzbischof Johann Jacob lebte, seitdem er einen Coadjutor erhalten hatte, noch beynahe 6 Jahre; denn er entschlummerte erst im J. 1586 am Sonntage in der Kreuzwoche den 4ten May **) zwischen 8 und 9 Uhr Abends, nachdem er das Erzstift 25 und ein halbes Jahr regieret hatte. Seine Leiche wurde in der Domkirche zunächst bey dem großen Crucifix mit gewöhnlicher Feyerlichkeit zur Erde bestattet.

Erz-

---

*) Dieser herzogliche Befehl nebst der Verleihungsurkunde findet sich in Lori's Sammlung des Baierischen Bergrechts S. 335.

**) Gewold in Addit. ad Hundii Metropol. Salisburg. Tom. I. pag. 67. Dückher und Mezger. Andere hingegen, denen auch Hansiz beytritt, setzen den Sterbetag desselben auf den 11ten May. Diese Verschiedenheit rühret vielleicht daher, daß bey der Aufzeichnung des Todestages Einige dem alten, Andere hingegen dem neuen (Gregorianischen) Kalender gefolget sind.

Erzbischof Johann Jacob kündigte sich gleich bey dem Antritte des Erzstiftes als einen Mann an, empfänglich für Alles, was groß ist; und fähig, mit Kraft es zu unternehmen. Schon im ersten Jahre seiner Regierung faßte er auf den Vorschlag des Christoph Perner, eines sehr unternehmenden Mannes, welcher die Schlösser Prielau am Zellersee, Rettenwerd nächst Salzfelden, und Rif zwischen Alm und Hallein, wie auch den Edelsitz zu Anif erbauet hatte, den großen Entschluß, die Salzach schon von Lend aus durch das Gebirge bis zur Hauptstadt schiffbar zu machen. Im J. 1561 den 11. Nov. ertheilte er wirklich dazu den Befehl, und übertrug dem genannten Perner die Leitung des ganzen Geschäftes. Schon begann man, die ungeheuern Steinmassen bey Brüneck zu sprengen, und die Schlünde daselbst zu erweitern. Allein das Unternehmen mißlang; denn Perner starb; und nun fehlte es an einem Manne, welcher Kühnheit genug gehabt hätte, zu dem außerordentlichen Entwurfe seines Fürsten Hand und Kopf zu biethen; zumal da sich wenig Hoffnung zeigte, die gewaltigen Felsen des Luegg zu bezwingen. Doch andere Unternehmungen führte der Erzbischof glücklich aus. Er hat die Straße von Golling nach

Wer-

Werfen durch den Lueg, dann durch die Friz
nach Radſtadt, ſo wie den Weg nach Großarl
vermittelſt Sprengung der Felſen erweitern, und
allenthalben ausbeſſern laſſen. Zu Weiſen, welcher Ort ihm vorzüglich gefiel, fieng er eine neue
Reſidenz zu bauen an, ſtand jedoch von dieſem
Baue wieder ab. Dagegen aber hatte er das
dortige Bergſchloß aus ſeiner alten Baufälligkeit
wieder erhoben, mit neuen Gebäuden vermehret
und ſtark befeſtiget, wie auch mit 50 metallenen
Stücken und einer großen Glocke verſehen. Im
Salzberge am Dürrenberg ließ er im J.
1573 einen neuen Stollen über 6,300 Fuß durch
Marmor aushauen, der noch Johann-Jacobs-
Stollen genannt wird. Bey dieſer Arbeit fand
man am 26. Nov. einen Menſchen, deſſen Haupt
platt gequetſcht, und deſſen Rumpf ganz ausge-
dörrt war. Er lag etliche Wochen bey der Pfarrkirche zu Hallein; als er aber zu faulen anfieng,
eilte man ihn zu verſcharren.

Im Pinzgaue, wo die Salzach bey großen Waſſergüſſen öfter das ganze Thal über-
ſchwemmte, und es weit herum zu verſumpfen
drohte, wurde auf Veranſtaltung des Erzbiſchofes, jedoch auf Koſten der Unterthanen im J.
1583 eine Ueberwerfung dieſes Stromes unter-
nom-

nommen *); welches Werk jedoch erst unter der
Regierung des Erzbischofes Wolf Dietrich vollendet wurde. Die Salzach ward nun von Mühl-
bach bis Bruck, in mehreren Strecken überwor-
fen, und mit Dämmen versehen, und erhielt ein
so sanftes Rinnsal, daß man in kleinen Schiffen
auf derselben auf- und niederfahren konnte.

Ff Ge-

---

*) Hierher gehörige Actenstücke finden sich in Franz Ant.
Reisigl's Abhandlung von Ueberwerfung der Salzache.
Salzburg 1791, wo jedoch S 13. nicht Wolf Dietrich,
sondern Johann Jacob zu lesen ist.

Georg,

ein und fünfzigster Erzbischof vom Jahre 1586 bis 1587.

Der bisherige Coadjutor des Erzbischofes und Domprobst Georg von Küenburg war ein Neffe des Erzbischofs Michael, und ein Sohn des Christoph von Küenburg, damaligen Pflegers zu Moßheim im Lungau. Im fünfzehnten Jahre seines Alters ließ ihn sein Oheim, Erzbischof Michael, zu sich nach Salzburg kommen, um ihm eine anständige Erziehung zu geben. Die Domschule hatte damals zwey gelehrte und rechtschaffene Lehrer: den Magister Bartolomäus Esterer, und Georg Agricola. Diesen Männern vertraute der Erzbischof die Erziehung und erste wissenschaftliche Bildung seines Neffen an. Nachdem nun dieser hoffnungsvolle Jüngling an der Domschule in der lateinischen Sprache, so wie in den Anfangsgründen der schönen Künste und Wissenschaften genugsam unterrichtet, und inzwischen

schen auch, seiner Jugend ungeachtet, zu einem
Domherrn von Salzburg aufgenommen worden
war; wurde er von seinem Oheime auf die hohe
Schule zu Freyburg geschickt, und den dortigen
Lehrern, Heinrich Loritus Glareanus, und
Heinrich Hartung, durch ein Schreiben besonders empfohlen. Hier brachte er zwey Jahre zu, und
studierte nicht nur Philosophie und Geschichte, sondern legte sich auch auf die Hebräische, Griechische
und Französische Sprache. Von da begab er sich
auf die Universität zu Löwen, wo er vier Jahre
verweilte, und sich vorzüglich der Theologie und
andern geistlichen Wissenschaften widmete. Inzwischen ward ihm zwar sein Oheim, Erzbischof
Michael, durch den Tod entrissen; dessen ungeachtet aber blieb er gleichwohl noch so lange, bis
er seine akademische Laufbahn ganz vollendete.
Als er nach Hause gekommen war, wurde er in
das Domkapitel eingeführet, und wegen seiner Geschicklichkeit bald zu verschiedenen Aemtern verwendet. Erzbischof Johann Jacob ernannte ihn zu
seinem geheimen Rathe und Kammermeister. Er
stieg nun von Würde zu Würde. Er ward Probst
zu Altenötting, bald darauf Domprobst und
Erzpriester, dann Coadjutor des Erzbischofs, und
endlich, nachdem dieser verschieden war, selbst

Erz-

Erzbischof und Fürst zu Salzburg *). Die Dom=
probsten, welche er neben der Coadjutoren bey be=
halten hatte, legte er am 14ten May 1586 nie=
der, und am 18ten des darauf folgenden Mona=
tes nahm er, als nunmehriger Erzbischof, von der
Regierung Besitz. Am 23. July wurde an des=
sen Stelle der Domherr Michael von Wolken=
stain und Rottenegg zum Donprobste erwählet.
Ernest von Wolkenstain, und Sebastian von
Haunsperg, Ritter zu Jerusalem, wurden nach
Rom um das Pallium geschickt. Nachdem diese
zurückgekommen waren, empfieng Erzbischof Georg
am 5ten October 1586 vom Bischofe Urban zu
Passau, in Beyseyn der Bischöfe zu Chiemsee,
Seckau und Lavant, die bischöfliche Weihe, und
ließ sich das Pallium umhängen. Am 6ten dar=
auf hielt er, jedoch ohne Pracht und Herrlichkeit,
seinen öffentlichen Einritt in die Stadt, und em=
pfieng von den Ständen die Huldigung. Tags
vorher entschied er einen, zwischen dem Erbtruch=
seße, und dem Erbschenke des Erzstiftes entstan=
denen Rangstreit, und zwar zu Gunsten des Er=
stern. Am Tage nach der Huldigung überreichte
ihm

---

*) Solange er Coadjutor war, gab man ihm, wie Stain=
hauser in dessen Lebensbeschreibung berichtet, nur den
Titel: Ihro Gnaden.

ihm die Ritterschaft durch einen Ausschuß eine
Beschwerschrift, worin sie über Kränkung ihrer
Freyheiten klagte, und um Abhülfe bath. Allein
hierüber erfolgte erst nach einem Zeitraume von
mehr als drey Monaten folgende Entschließung:

„Der Hochwürdigste Fürst und Herr Herr
„Georg, Erzbischove zu Salzburg, legat des
„Stuehls zu Rom 2c. Unser gnädigister Herr Hat
„sich in N. gemainiglich des löbl. Stands Ihrer
„fürstl. Gnaden 2c. gehorsamen Ritterschafft und
„Adels Verordneten ausschuß unterthänigisten Re-
„lation auf das Ihnen den 7ten Octobr. des nechst
„verschienen 1586 Jahrs zugestellte Concept, die
„bewilligte Freyheiten betreffl. der nothdurf nach
„ersehen, und darauß der nothdurff nach befunden,
„daß ermelter Außschuß die in berührtem Concept
„bewilligte zween articul, die Inventur und Ger-
„habsazung betreffent, auß etlichen Fürgewendten
„Ursachen yber den Innhalt des buchstabens, in
„dem mehrgemelten Concept begriffen, noch weit-
„her auf die darauf folgente gerichtliche Handlun-
„gen, immassen es in etlichen benachbaarten Für-
„stenthumen, alß Steyer, Chärnten und Bay-
„ern zwischen dem stand der Ritterschafft und Adel
„gebräuchig, zu extendiren begehren thuen. dar-
„auf haben Ihr fürstl. Gnaden 2c. der Sachen weit-
                                        „her

„her nach zu dencken, und Ihrer fürſtl. Gnad.
„ꝛc. würdigen Domcapitl mainung und Räthlich
„bedencken darüber zu vernemen nit unterlaſſen.
„Und, wiewohl Ihr fürſtl. Gnad. ꝛc. derſelben ge=
„treuen lieben Ritterſchafft aufnemen und wohlfahrt
„nach allen Ihren Vermögen genädigiſt zu beför=
„dern wohlgeneigt, ſo wiſſen doch die Verordnete
„ſich dargegen vernünfftig wohl zu berichten, daß
„Ihr fürſtl. Gnad. ꝛc. an dero Erzſtifft nichts aig=
„nes haben, ſondern deſſen allein ein Verwalter
„und diſpenſator, und Ihrer diſ. enſation Raitung
„zu thuen ſchuldig, und dem Erzſtifft mit Ayds=
„pflicht, die Sie der Päbſtlichen Heiligkeit ſowohl,
„als Kayſerl. Maneſtätt laiſten müſſen, dermaſ=
„ſen ſtarck verbunden, daß Ihrer fürſtl. Gnad. ꝛc.
„waß davon zu Vergeben, und fürnemlich deſſen
„Jus, Recht und Gerechtigkeit zu ſchmälern we=
„der verändwortlich noch gebührlich ſeyn wolle.
„und demnach wollen ſie Sein fürſtl. Gnaden ꝛc.
„gdiglich getröſſten, die Herrn Verordnete, wie
„auch ein ganz löbl. Ritterſchafft werde die in
„dem nbergebnen Concept nbergriffne Freyheiten
„zu gutten genügen mit danck annemen, und in
„dem waß in Ihrer fürſtl. Gnad. ꝛc. gewalb und
„macht nit ſteht, unterthänig für entſchuldigt hal=
„ten. dann waß die fürgebrachte beſchwärungen,

„ſo

„so ainem oder dem andern grundherrn, da es bey
„der reſttiction in dem Concept begriffen beleiben
„ſolle, belangt, da Vermeinen Ihre fürſtl. Gnad.
„ꝛc. daß dieſelben leichtlich verhüett werden mö-
„gen, wann man die Sachen treulich verſtehen,
„und, wie billich, auf einer und der andern ſeithen
„ordentlich und recht handlen, und fürnemlich der
„Unterthanen Nuz und wohlfahrt bedencken, und
„Eigennuzigkeit auf ein ort ſtellen werde.

„Die Robath bey denen Unterthannen betref-
„fent, da iſt Ihr fürſtl. Gnad. ꝛc. nit geſinnet,
„dem Stand von der Ritterſchaft, oder derſelben
„Holden waß ohngebührliches und beſchwärliches
„aufzuladen. dargegen aber könnten Ihr fürſtl.
„Gnad. ſich der berührten Robath von wegen des
„Erzſtiffts dem alten Herkommen zuwider, und für-
„nemlich, waß die Unterhaltung der weeg und
„Steeg, wie auch erbauung der Pfleg- und lands-
„gerichts Häußer ꝛc. berühren thut, deßgleichen
„auch in einer ohnverſehentlichen landsnoth gar nit
„begeben, der genädigen Zuverſicht, die Herrn
„Verordneten werden an dieſer Ihrer fürſtl. Gnad.
„ꝛc. entlicher reſolution Zufriden ſeyn, und Ihrer
„fürſtl. Gnaden gnädige und vätterliche wohlmai-
„nung gehorſamlich wohl zu Gemüth führen, und
                                        „die

„die zu unterthänigen Dank annemmen. — Salzburg „den 17ten Jänner des 1587igsten Jahrs.‟

Nach Ertheilung dieser Entschließung lebte Erzbischof Georg, dessen vortrefflicher Charakter seine Unterthanen zu den schönsten Hoffnungen berechtiget hatte, nur noch wenige Tage; denn an dem zunächst folgenden Sonntage, als den 25sten Januar 1587 zwischen 6 und 7 Uhr in der Frühe, da er eben das Morgengebeth verrichtete, wurde er von einer tödtlichen Krankheit so heftig überfallen, daß er unter den Armen zweyer Edelknaben bereits verschieden war, als man ihm zu Hülfe eilte. Dieser unerwartete Todfall eines allgemein geliebten Fürsten verbreitete in der Stadt eine außerordentliche Bestürzung *). Am 28sten darauf wurde der entseelte Erzbischof mit gewöhnlicher Feyerlichkeit in der Domkirche zunächst bey dem Sacramenthäuslein beerdiget, und ihm folgende Grabschrift gesetzet;

GEORGIUS A KUENBURG

pallio ornatus anno M. D. LXXXVI. hæresses ex urbe profligavit, majora etiam facturus, si solos septem menses ac dies totidem, præsedisset.

Nach

---

*) Der Franciscaner, Joh. Dominicus Feß, vermuthlich damals noch zu Salzburg anwesend, schrieb in schönen lateinischen Hexametern: Epicedian in discessum e vita Reverendissimi Patris, illustrissimique Principis ac Domini Domini Georgii de Khuenburg, Archiepiscopi Salisburgensis, Sedisque Apostolicæ Legati &c. pia æternaque memoria dignissimi.

Nachlese

zu den vorigen Theilen

der

Chronik

von

Salzburg.

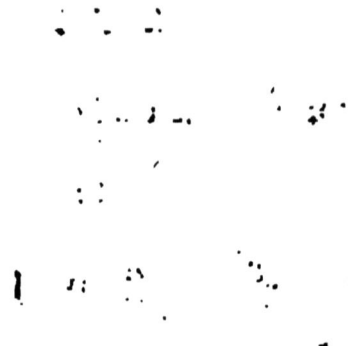

Zum ersten Theile.

Gebhard
vom Jahre 1060 bis 1088.

Das Kloster zu Michaelbeuern ist durch den Patriarchen Sigehart von Plaien im Jahre 1072 nur erneuert, und wie es scheint, zu einer ordentlichen Abtey erhoben, nicht aber erst gestiftet worden; denn dasselbe hatte zwar vorher nur einen Rector zum Vorsteher, war aber bereits im zehnten Jahrhunderte vorhanden, und erhielt unterm 20sten September 978 vom Kaiser Otto II. eine merkwürdige Urkunde *), worin derselbe erkläret, daß er alle Rechte und Güter, welche ihm in der Grafschaft des Pfalzgrafen Hartwich angehöret hätten, dem zu Ehren des heil. Michael gestifteten Kloster Biwern geschenkt und übergeben habe.

Die

---

*) Diese Urkunde ist mit gelehrten Anmerkungen abgedruckt in dem hiesigen Intelligenzblatte vom J. 1803. Stück 48. S. 747.

Die Urkunde, wodurch Kaiser Heinrich IV.
die Verwandelung des Stiftes Gurk in ein Bisthum bewilligte, und diesem alle Besitzungen, die
er theils selbst jenem Stifte verliehen, theils die
Gräfinn Hemma mit ihren Voreltern von den
Kaisern und Königen erhalten und demselben zu-
gewandt hatte, bestätigte, wurde am 9ten Januar
1072 zu Regensburg ausgefertiget *).

Conrad I.

vom Jahre 1106 bis 1147.

Die Urkunde, worin die Gränzen des Gur-
ker Kirchsprengels ausgewiesen, und die dahin
gehörigen Zehende beschrieben werden, ist vom Erzbischofe

---

*) Diese Urkunde findet sich vollständig im Historisch-, statisti-
schen Archiv für Süddeutschland II. Band S. 237 — 240.
Bei dieser Gelegenheit erlaube ich mir, einen Verstoß be-
merklich zu machen, welchen der Herausgeber dieses Ar-
chivs im ersten Bande S. 7. in Beziehung auf meine Sammlung der wichtigsten, die Staatsverfassung von Salzburg
betreffenden Urkunden sich hat zu Schulden kommen lassen.
Er führet da meine Sammlung, wiewohl unter einem etwas veränderten Titel an; und in einer darunter stehenden
Note liefert er den ständischen Freyheitsbrief vom 4. Aug.
1620 in einem vollständigen Abdrucke, als Supplement zu
meinem Werke, mit der Vorbemerkung, daß derselbe darin mangle. Allein er ist darin S. 354 — 361 bereits vollständig abgedruckt, und zugleich mit einigen Anmerkungen
versehen.

bischofe Conrad am 17ten July 1131 zu Salzburg ausgefertiget worden *).

Zum zweyten Theile.

Philipp
vom Jahre 1246 bis 1256.

Der vom Erzbischofe Philipp überwundene
und gefangene Graf Albert von Tyrol stellte,
nach seiner Loslassung, am 26. December 1252 zu
Gmünd zwey Urkunden aus. In der ersten, welche auch vom Grafen Meinhard von Görz mit-
gefertiget wurde, übergab er dem Erzstifte Salzburg, zur Vergütung der, demselben zugefügten
Beschädigungen, die Schlösser Traburg und
Viergen nebst allen Rechten und Zugehörungen,
und verzichtete zugleich auf das Schloß Mittersill.
In der zweyten verpfändete derselbe dem Erzbischofe Philipp und seiner Kirche für schuldige 800
Mark Silbers das lehenbare Schloß Ant, und
die Besitzungen in Aals und Tymnitz, und zwar
mit der Zusage, daß, wofern er diese Schuld bis
zum

---

*) Sie findet sich ebenfalls im genannten Archiv II. Band
S. 245.

zum nächst künftigen Palmsonntage nicht gänzlich
abgeführet haben würde, alsdann die dafür verpfändeten Güter dem Erzstifte eigenthümlich an-
heim fallen sollten *).

Ladislaus
vom Jahre 1265 bis 1270.

Herzog Ulrich in Kärnthen hatte seinem, vom
Pabste abgesetzten Bruder, Erzbischofe Philipp,
gegen den neuen Erzbischof Ulrich mit bewaffneter Hand allen möglichen Beystand geleistet, und
dadurch dem Erzstifte Salzburg einen Schaden
verursacht, welcher, nach seinem eignen Bekennt-
niße, auf 40,000 Mark Silbers geschätzet wurde.
Damit ihm solcher Schade nicht zum Verderben
seiner Seele kommen möchte, hatte er bey seinem
herannahenden Alter dem Erzbischofe Ladislaus,
und dem Erzstifte zu einer Genugthuung dafür
die Stadt St. Veit, die Veste und Mark zu
Klagenfurt, die Veste zu St. Georgen im
Jeunthal, und 300 Mark Gült angebothen und
übergeben, alle diese Stücke jedoch von dem Erzstifte wieder zu Lehen genommen. Der von ihm
hierüber errichtete Brief wurde in Gegenwart mehrerer

*) Auch diese beyden Urkunden stehen in dem erwähnten Ar-
chiv II. Band S. 263 u. 264.

rerer Zeugen ausgefertiget zu St. Radegund 1268 an dem dritten Jdus des Moneyds Julii *).

Friederich II.
vom Jahre 1270 bis 1284.

Herzog Ludewig in Baiern hatte während des Krieges, welcher zwischen den einander entgegengesetzten Erzbischöfen Philipp und Ulrich ausgebrochen war, auf Anweisung des Erstern das ganze Zillerthal in Besitz und Verwahrung genommen, und dasselbe auch mehrere Jahre hindurch besessen. Da er es nicht mehr abtreten wollte; so entstand deßhalb zwischen ihm, und dem Erzbischof Friederich II. ein weitaussehender Streit, zu dessen Beylegung Bischof Heinrich von Regensburg von beyden Theilen als Schiedsrichter ernannt wurde. Dieser sprach nun, daß Herzog Ludewig schuldig wäre, das ganze Zillerthal mit allen Rechten und Freyheiten dem Erzstifte Salzburg zurückzugeben. Der Herzog erkannte nunmehr auch in einer eignen, in Grüenthal am St. Aegidien-Tage 1281 ausgestellten Urkunde **) die Gerechtig-

keit

___

*) Diese Urkunde steht gleichfalls im angeführten Orte S. 267.

**) Diese Urkunde findet sich wieder in dem mehrgedachten Archiv Bd. II. S. 30.

keit dieses Spruches, und leistete zugleich Verzicht auf alle Rechte, welche ihm oder seinen Erben im Zillerthal, wie immer, zukommen möchten, je doch mit Ausnahme des ihm vor Alters zustehenden Landgerichts.

Rudolph
† vom Jahre 1284 bis 1290.

Im Jahre 1285 den 9ten July wurde zu Salzburg, in Gegenwart des Grafen Diepold von Ortenberg, zwischen dem Erzbischofe Rudolph, und dem Bischofe Heinrich von Regensburg ein Tauschvertrag geschlossen. Dieser trat dem Erzbischofe das Schloß Wildeneck, und dessen Zubehörden ab, wie es vordem die Grafen von Ortenberg besessen hatten. Dagegen überließ der Erzbischof dem Bischofe zu Regensburg seine Gerechtsamen und Gefälle in den Bezirken von Brichsen, Söll, und Rohrdorf *).

Friederich III.
vom Jahre 1315 bis 1338.

Im zweyten Jahre seiner Regierung, nämlich im J. 1316 ereignete sich eine so große Ueberschwem-

---

*) Die über diesen Tausch vom Bischofe Heinrich ausgestellte Urkunde steht am angeführten Orte S. 46.

schwemmung, daß die Salzach aus ihrem Ufer trat, den Weg durch den engen Paß bey Werfen durch Anhäufung von Steinen und Bäumen so lange, bis er wieder geräumet wurde, völlig versperrte, und in Salzburg sowohl, als zu Laufen die Brücke zerriß, mehrere Häuser und Gassen mit Schlamme füllte, auch viele Menschen ersäufte *).

Die Stiftung des Bürgerspitales zu Salzburg fällt nicht auf das Jahr 1317 sondern erst auf das Jahr 1327. Bis dahin gab es in der Stadt keine Versorgungsanstalt für verarmte Bürger und andere brefthafte Personen; sondern man pflegte die Armen, welche vor Alter oder Gebrechlichkeit dem Bettel nicht mehr nachgehen konnten, auf Tragbahren vor den Thüren der Domkirche, des Kapitelhauses und der erzbischöflichen Residenz auszusetzen, damit sie von der andächtigen Gemeinde ein Almosen, von den Domherren und den Erzbischöfen aber die Ueberbleibsel der Mittags- und Abendsspeisen erhalten möchten. Durch den scheußlichen Anblick dieser armen, ohne Pflege und Obdach auf offener Gasse darnieder liegenden Leute, wovon mehrere durch die Kälte aufgerieben wurden, und oft längere Zeit unbegraben liegen blieben,

G g　　ward

---

*) *Anonymi Leobiensis* Chronicon in *Hieron. Pezii* Scriptor. Rer. Austriac. Tom. I. pag. 918.

ward Erzb. Friederich III. so lebhaft gerührt,
daß er, mit Einstimmung des Domkapitels, den
Entschluß faßte, für arme und gebrechliche Personen beyderley Geschlechts ein gemeines Spital
zu errichten. Der Ort, worauf er dasselbe erbau-
te, gehörte ehedem nebst der St. Blasienkirche dem
Kloster Admont, welchem er dafür aus den Gütern des Erzstiftes eine andere Entschädigung an-
wies. Der von ihm, zu Salzburg am 17ten July 1327 ausgestellte Stiftungsbrief ist zwar bereits
in einem öffentlichen Blatte *) erschienen; allein
seiner Wichtigkeit wegen verdienet er, näher auf-
bewahret zu werden. Er lautet also:

In nomine sancte & individue Trinitatis
amen. Fridericus Dei gratia sancte Salzburgen-
sis Ecclesie Archiepiscopus, apostolice sedis Legatus, ad perpetuam rei memoriam. Libenter
necessitatibus, & indigentiis personarum misera-
bilium quantum nobis ex alto conceditur con-
sulere & providere curamus, recensentes quod
non erit oblivio pauperum, & quod propter
miseriam inopum & gemitum pauperum exurget
Dominus. Quodque fiducia magna est coram
sum-

*) In dem hiesigen Intelligenzblatte vom J. 1803. St. LIII.
S. 831.

animo Deo elemosina omnibus facientibus eam,
testimonio scripturarum. Sane hactenus cum
nondum esset in civitate nostra hospitale com-
mune in quo languidi & pauperes colligerentur,
tales & tante in personis ipsorum languidorum
& pauperum frequenter contingebant calamita-
tes & miserie, quod piis mentibus non solum
crudeles, sed etiam videri poterant inhumane.
Nam ut de ceteris transeamus, plerique frigore
extincti reperiebantur in plateis mortui, ipso
mortis tempore humano subsidio, & post mor-
rem sepulture officio destituti. Mulieres partu-
rientes post parietes clamores dabant horribiles
inter doloris vehementis angustias, nullo ob-
stetricum eis ministerio suffragante. Languidi
quoque utriusque sexus ad valvas Ecclesie no-
stre metropolitane, in vilibus decumbentes lec-
tulis, aditum & introitum multis spurciciis &
fetoribus, usque ad non modicam abhominatio-
nem & detestationem transeuntium, sordida-
bant. Nos igitur Eius contemplatione qui mise-
ricordibus misericordiam pollicetur viscera misericordie gerentes super calamitatibus & mise-
riis prenotatis, Prehabito diligenti tractatu cum
dilectis in Christo Præposito, Decano & Ca-
pitulo nostro, de illorum Consilio, beneplacito

&

& confenfu, devota etiam populi civitatis no-
ftre inftantia accedente, comparavimus legitime
aream, que olim fuit abbatis & Monafterii ad-
montenfis, juxta Capellam Sancti Blafii in in-
troitu dicte civitatis, ad portam que refpicit
ad occidentem, & in ea fundavimus & erexi-
mus hofpitale novum, eique eandem Capellam
Sancti Blafii univimus, & decrevimus annexam
fibi fore perpetuo & unitam. Cimiterium quoque Capellæ adjunximus memorate. Ordinamus
itaque & hac in perpetuum valitura conftitutio-
ne firmamus, quod unus presbiter eidem hofpitali in fpiritualibus deferviat, qui a Plebano
civitatis, qui pro tempore fuerit, preficiatur &
etiam removeatur ex caufa rationabili, feu mu-
tetur, fibique in fpiritualibus fit fubjectus.
Porro præsbiter idem apud hofpitale habitet,
& de bonis illius competens ei pro victu &
veftitu procuratio deputetur. Singulis quoque
diebus iufto impedimento ceffante, in prefata
capella miffam celebret, quam tamen non in-
choet, nifi completa miffa, poft ortum diei in
Ecclefia parrochiali, folita celebrari, vel faltem
ea hora celebret, qua in aliis Capellis civitatis
celebrari confuevit. Diebus dominicis ftet
ad hoftium domus in qua pauperes & langui-

di

Hi decumbunt, & facie converfa ad illos festa
eis pronunciet, & dicat confeffionem vulgarem,
cum oratione dominica & fymbolo fidei coram
eis.,

„Similiter quoque faciat hys diebus, quibus Euchariftiam eis porrigit, adjuncta aliqua-
li exhortatione, qua illorum devotio ad facra-
menti reverentiam incitetur. Dictis etiam lan-
quidis & pauperibus, in ipfo hofpitali degenti-
bus, etiam alia ecclefiaftica facramenta miniftret,
& corpora illorum nec non eorum qui hofpitali famulantur, & de pane eius vivunt, qui
alibi fepulturam non elegerint, in prefato fe-
peliat Cimiterio hofpitalis, nec quemquam alium in illo fepelire prefumat, nihil etiam ultra
præmiffa de juribus parochialibus audeat attemp-
tare dictus presbiter, absque ipfius plebani
Licentia fpirituali. Oblationum vero que tempore miffe offeruntur fuper altare, pars dimidia
cedat celebranti, altera dimidia remaneat ufibus
hofpitalis falva, quod in anniverfario dedica-
tionis, nec non diebus fanctorum Stephani pro-
thomartiris & Blafii Epifcopi & martiris, Ple-
banus per fe vel alium in dicta Capella juxta
antiquam confuetudinem follempniter celebrabit,

&

& ea que fibi offeruntur integraliter retinebt, fuademus etiam eidem Plebano, eumque obfecramus per vifcera Mifericordiæ Jefu Chrifti, quod dictos pauperes & languidos a cura fua non excludat omnino, fed eis quando & prout expedire viderit, predicet verbum Dei. Collecte autem pro ipfo hofpitali non fiant in Kathedrali & parochiali Ecclefiis, nifi per fex dominicas currentes poft illas dominicas, quibus pro luminaribus Kathedralis Ecclefie, nec non fancti Petri, & in Nunnburch monafteriorum diftinctis temporibus per tabulas collecte fieri confueverunt, In feftivitatibus tamen Kathedralis & parochialis ecclefiarum, nec non capellarum civitatis, fique his fex dominicis occurrerint, hofpitalis collecte ceffabunt. Porro nuncii hofpitalis libere poffunt mendicare & petere victualia hoftiatim. Luminaria quoque & calices & alia paramenta, ad diuinum officium neceffaria in Capella predicta debent de bonis ipfius hofpitalis, ficut opus fuit procurari. Ipfum quoque hofpitale a preftanda canonica portione fepefato Plebano, feu ecclefiæ parochiali, & a qualibet alia præftatione quocunque nomine cenfeatur, de hys, que ex caufa donationis inter vivos, vel etiam ex qualibet

bet

set ultima voluntate eidem obvenerint, nec non
a quolibet alio onere fit liberum & immune.
Premiffis quoque adicimus, quod fi Deus dicto
hofpitali tantum dignatus fuerit concedere incre-
mentum, quod pro comoditate & neceffitate
fua oportunum videatur, Capellam fæpedictam
ampliari, vel in partem aliam dicte aree col-
locari, hoc faciendi liberam facultatem habeat,
quia non videtur infringi, quod in melius co-
mutatur, nullum tamen ex hoc plebano fepe-
dicto in fubiectione ipfius Capelle & aliis fuis
juribus preiudicium generetur. Eiusdem vero
hofpitalis gubernatio Regimen & adminiftratio
in temporalibus fiat per Laicos providos, ido-
neos, & boni teftimonii, quorum inftitutionem,
deftitutionem & mutationem nobis & noftris
fuccefforibus refervamus, & hy cum affumpti
fuerint, iurent corporaliter bona & iura illius
utiliter regere, proventus & redditus illius in
perfonarum ufum miferabilium fideliter difpen-
fare, & in ufus alios non convertere dicta bona. Deinde de bonis exftantibus inventarium
faciant, & annis fingulis de adminiftratione fua
hiis quos nos aut fucceffores noftri ad hoc de-
putavimus teneantur reddere rationem. Tot-
que perfonas miferabiles teneant & colligant,

quot

quot ex proventibus & bonis prefatis pote-
runt fuftentari. Porro omnibus vere penitenti-
bus & confeſſis, qui de bonis ſibi a Deo col-
latis ad conſtructionem ſepedicti hoſpitalis, vel
fuſtentationem pauperum in illo degentium,
fubſidium preſtiterint de omnipotentis dei miſe-
ricordia, nec non beatorum Apoſtolorqm Petri
& Pauli, ac fanctorum Confeſſorum Rudwerti
& Virgilii patronorum noſtrorum conſiſi ſuf-
fragiis quadraginta dies de injunctis ſibi peni-
tentiis relaxamus, eosque ſecundum quantita-
tem fubſidii preſtiti & devotionis affectum, omnium bonorum, que in univerſis eccleſiis nobis
fubjectis, divina conceſſerit fieri gratia, partici-
pes facimus & conſortes. In cuius rei teſtimo-
nium & certitudinem pleniorem prefentes man-
davimus fieri literas, noſtri & prefati noſtri
Capituli ſigillorum appenſione munitas. Dat.
Salzburg. 16. Kalend. Augusti Anno Domini
milleſimo trecenteſimo viceſimo feptimo.„

Im Jahre 1335 ertheilte der Erzbischof dem
Bürgerspitale zu Salzburg einen Freyheitsbrief,
wodurch er daſſelbe berechtigte, alles Waſſer, das
es finden würde, zu ſeinem Nußen einzufangen und
zu gebrauchen. Da aber in der ganzen Gegend
herum

herum keines zu finden war; so suchte ein Domherr,
Namens Albert, dieser Noth auf eine ruhmwür=
dige Art abzuhelfen; indem er sich entschloß, durch
den Mönchberg einen Canal graben, und durch
denselben den andern Arm der Alm zu dem Spi=
tale hereinleiten zu lassen. Im folgenden Jahre
wurde diese Arbeit wirklich unternommen, und auch
glücklich vollendet.

Pilgrim II.
vom Jahre 1365 bis 1396.

Der Kaufbrief, laut dessen Erzbischof Pil=
grim II. vom Bischofe Conrad zu Regensburg
die Veste Utter, den Thurm zu Engelsperg, und
die Herrschaft Partschinz gekauft hatte, ist am
Eritag vor sand Georgentag 1380 errichtet,
und mit des Erzbischofs anhängenden Insigel ver=
siegelt worden *).

Durch eine, am 16ten April 1387 zu Salz=
burg ausgefertigte Urkunde bestätigte dieser Erzbi=
schof das Augustinerkloster zu Rattenberg, wel=
ches Johann Jägermaister, Freyherr von Run=

dels=

---

*) Er ist nunmehr abgedruckt im Historisch= Statistischen Ar=
chiv für Süddeutschland II. Band S. 42.

delburg, ein Lehenmann des Erzstiftes, aus seinem Vermögen für 12 Mönche gestiftet, und auf seinem eigenthümlichen Grunde erbauet hatte. Der erste Prior dieses Klosters hieß Johannes Spies, welcher hinnach daselbst für arme Kranke und Pilgrime ein Spital errichtete.

Da bisher zwischen den Landrichtern, und den Urbarrichtern in Betreff der Gerichtsbarkeit öfter Mißhelligkeiten entstanden waren; so ließ Erzbischof Pilgrim II. zur Beylegung derselben folgende Verordnung *) ergehen:

„Wier Pilgram von gotes genaden Erzbis
„schof zu Salzburg, Legat des Stuels zu Rom,
„verjechen vnd thun khundt mit dem Brieff, Das
„wir von mißhelung, Dy zwischen vnsern Rich-
„tern vnd Ambtleuten, von der landtgericht vnd
„vrbargericht wegen Oft gewessen seindt zuwenden,
„sollich Irrsall geschafft haben, Der landtgericht
„vnd vrbargericht Recht, Dabey neblich landt-
„rich-

---

*) Eine, dem Anscheine nach, fast gleichzeitige Abschrift dieser Verordnung findet sich in der Registratur des Pfleggerichts Salfelden, woraus mir auch gegenwärtige Abschrift durch die Güte eines gelehrten Freundes (M. J. F.) mitgetheilet worden ist. Darnach muß nun die Vermuthung des verewigten Verfassers der Nachrichten von Juvavia §. 389. not. c) S. 585. berichtigt werden.

„richter, Vrbarrichter und auch das Landt=
„volckh, vnd vnser Margckht vnd vrbarleuth hin=
„für Bleyben sollen zu verschreiben Als wier die
„In vnser Camer vnd in vnsern Registern von
„vnsern vorforderen, dy In etlich Ambt ye Brieff
„Darumben geben haben, verschrieben gefunden
„haben, vnd Darumben setzen wir vnd wellen, vnd
„schaffen auch, Das vnser LandtRichter, In vnsern
„Ambtern vnd herschafften, wellicher zu den Zey=
„ten ist, hinfür auf vnsren vrbar vnd in vnsren
„Märgckhten, in denselben gericht, vnd hintz vn=
„sren vrbarleuten, Anders nit richten sol, dan vmb
„Todtschleg, Deuf vnd notzegen, vnd was by=
„selben drey sach Rechtlich antrifft, vnd derselben
„sach ayne geschiecht, da sol der landtrichter, den
„der sollich Tat beget, vehten vnd einemen, Alls
„er mit gürttl vmbfangen ist, vnd dem Rechten
„Hintz Demselben nachckhumen vnd nachfarn, als
„billich ist, Aber vnser Ambtmann sol sich dessel=
„ben manns, weybs, Khindt vnd hab, vnd auch
„des vrbars zu vnsren Hannden vnderwinden, vnd
„damit hanndlen, nach vnsrem Nutz vnd willen,
„Auch soll vnser vrbarRichter, auf vnsren vrbarn,
„vnd hintz vnsren vrbarleuten, All ander sach Rich=
„ten, von vnsren Wägen, Aber der landtrichter
„soll vnd mag hintz andern leuten, dy auf vnsern
„vr=

„vrbarn nit geſtoßen ſindt, Richten, vmb all ſach,
„Alls von Alter Herkhumen, vrkhundt des Brieffs
„geben zu Saltzburg am Pfintztag vor ſandt Oſ-
„walbentag, Nach Criſti geburde, Dreyzehn hun-
„dert Jar, vnd darnach in dem Siben und acht-
„zigiſten Jare.

Zum dritten Theile.

Eberhard III.

vom Jahre 1403 bis 1427.

Als im Jahre 1420 gegen die Huſſiten in
Böhmen ein Kreuzzug beſchloſſen, und allen denjenigen, welche gegen dieſe und andere Ketzer die
Waffen ergreifen, oder zu deren Bekriegung ſonſt
etwas beytragen würden, durch den Pabſt Martin V. ein vollkommener Ablaß verheißen wurde;
erhielt unſer Erzbiſchof, auf Begehren des Kaiſers Sigismund, von dem Pabſte den Auftrag,
allenthalben in ſeiner Provinz das Kreuz predigen
zu laſſen. Er ließ daher am 19ten September
1420 an ſeine Suffraganbiſchöfe, an die Aebte,

Pröb-

Pröbste, und andere Priester ein Schreiben erge=
hen, wodurch er ihnen den päbstlichen Ablaßbrief
mittheilte, und sie zur ungesäumten Kundmachung
und Befolgung desselben ernstlich ermahnte *).

---

*) Dieses erzbischöfliche Schreiben nebst dem päbstlichen Ab=
laßbriefe findet sich in Joh. Georg Schelhorns Ergöß=
lichkeiten aus der Kirchenhistorie Band I. St. IV. S.
607 — 621.